GEORGE R. KNIGHT

HANDBUCH FÜR PHARISÄER

AUF DEM WEG ZUR VOLLKOMMENHEIT

ADVENT-VERLAG

Titel der amerikanischen Originalausgabe:
The Pharisee's Guide to Perfect Holiness – A Study of Sin and Salvation
© 1992 by Pacific Press Publishing Association, Boise, Idaho (USA)
Projektleitung: Elí Diez
Übersetzung: Gustav Schopf
Redaktionelle Bearbeitung: Günther Hampel
Theologische Fachberatung: Bruno Ulrich
Korrektorat: Anita Sprungk
Einbandgestaltung: Studio A Design GmbH, Hamburg
Titelfoto: Bavaria Bildagentur
Satz: EDP

⊟ Das Buch auf Diskette:
Info beim Advent-Verlag anfordern.

Die Bibelzitate sind – falls nichts anderes vermerkt – der Bibelüberset-
zung Martin Luthers (Revision 1984) entnommen. Ansonsten bedeutet:

EB	=	Elberfelder Bibel (rev.)	Hfa	=	Hoffnung für alle
EÜ	=	Einheitsübersetzung	JB	=	Jerusalemer Bibel
GN	=	Die Gute Nachricht			

© 1997 Advent-Verlag GmbH, Lüner Rennbahn 16, D-21339 Lüneburg
Gesamtherstellung: Grindeldruck GmbH, D-20144 Hamburg
ISBN 3-8150-1269-4

Inhalt

Vorwort

Vollkommenheit! „Kaum ein Begriff in der Heiligen Schrift hat mehr Anstoß erregt als dieser. Viele können das Wort *vollkommen* nicht ertragen. Schon die bloße Erwähnung ist ihnen ein Greuel."[1] So hat sich John Wesley vor 200 Jahren geäußert, aber seine Einschätzung trifft auch heute noch zu.

An dem Begriff „Vollkommenheit" und allem, was damit zusammenhängt, haben sich die Geister im Laufe der Jahrhunderte immer wieder geschieden. Die einen waren begeistert, die anderen fühlten sich abgestoßen. Leider haben sich diese gegensätzlichen Haltungen auch auf viele andere Aspekte des göttlichen Erlösungswerkes ausgewirkt, das sowohl *für* den Menschen als auch *im* Menschen geschieht.

Es ist eine der größten Tragödien in der Geschichte des Christentums, daß Gottes Erlösungsplan zum Schlachtfeld rivalisierender theologischer Gruppierungen geworden ist. Allein schon die Tatsache, daß es eine solche Auseinandersetzung gibt, zeigt, wie verloren wir Menschen tatsächlich sind.

Das vorliegende „Handbuch für Pharisäer" ist eine Studie über Sünde und Erlösung. Es greift einige der wichtigsten Themen im Blick auf unsere christliche Existenz auf. Im Gegensatz zu Veröffentlichungen, die sich lediglich mit gewissen Teilbereichen der Erlösung beschäftigen, versucht dieses Buch, einen Gesamtüberblick darüber zu geben, was Gott *im* Menschen tut. Das hat Vorteile und Nachteile. Um des Gesamtverständnisses willen ist es beispielsweise nicht möglich, jeden Teilaspekt erschöpfend zu behandeln.

---

[1] J. Wesley, „The Works of John Wesley" (Peabody, 1984, 3. Aufl.), 6/1.

Darüber hinaus versucht das „Handbuch für Pharisäer" die Wechselbeziehung zwischen den verschiedenen Aspekten der Erlösung aufzuzeigen. Das Buch geht von der grundlegenden These aus, unterschiedliche Definitionen von Sünde hätten zur Folg, daß man auch auf unterschiedliche Weise Gerechtigkeit „erwerben" will.

Das größte Defizit im Gedankengebäude der Pharisäer zur Zeit Christi war ihr falsches Verständnis von Sünde. Daraus ergab sich nämlich eine höchst fragwürdige Definition von Gerechtigkeit und Vollkommenheit. Bedauerlicherweise ist ihre Denkweise und die daraus entstandene geistliche Verwirrung nicht mit den Pharisäern von damals ausgestorben, sondern geistert seit jeher durch die Christenheit – die Adventgemeinde nicht ausgenommen.

Wir Siebenten-Tags-Adventisten haben uns aktiv an der Auseinandersetzung darüber, wie Menschen erlöst werden, beteiligt. Einige von uns haben das menschliche Bemühen, die Heiligung und eine Art sündloser Vollkommenheit propagiert. Andere sind der Überzeugung, Erlösung sei eigentlich als juristische (forensische) Rechtfertigung zu verstehen. Der Mensch erlange die Heiligung dadurch, daß ihm Christus stellvertretend sein vollkommenes Leben anrechnet. Wieder andere vernachlässigen das menschliche Bemühen völlig und behaupten, daß „Jesus alles macht", deshalb könne sich der Christ beruhigt zurücklehnen, nachdem er zum Glauben an Christus gefunden hat.

Wie bei den meisten meiner Bücher, so ist auch dieses aus persönlicher Erfahrung entstanden. In den vergangenen dreißig Jahre habe ich abwechselnd zwei der oben erwähnten Betrachtungsweisen gelehrt und mit der dritten geliebäugelt. Inzwischen ist mir klar, daß keine dieser Vorstellungen dem wahren Sachverhalt entspricht. Deshalb ist das vorliegende Buch ein Versuch, ein vielschichtiges Thema möglichst verständlich darzustellen.

Seit meiner Abkehr vom Agnostizismus[1] im Jahre 1961 habe ich darum gerungen, zu verstehen, was es bedeutet, erlöst zu sein – zu erkennen, was Gott sowohl *für* uns als auch *in* uns tun kann. Dieses

---

[1] Der Agnostizismus lehrt, daß der Mensch Gott, wenn es ihn denn gibt, nicht erkennen kann.

Buch ist in gewissem Sinne das Resultat meiner persönlichen Erfahrung. Darüber hinaus ist es die Frucht zahlreicher Begegnungen mit anderen Christen sowie wissenschaftlicher Studien und biographischer Erinnerungen zu diesem Thema. Ich halte es für ungeheuer wichtig, zu verstehen, wie wir vor Gott gerecht sein können und wie wir dafür bereit werden, an seinem Reich der Liebe sowohl in der Gegenwart als auch in der Zukunft teilzuhaben.

Das „Handbuch für Pharisäer" ist mehr als eine abstrakte theologische Arbeit. Ich glaube, daß Theologie ihren Zweck verfehlt, wenn sie sich nur an den Verstand wendet, ohne eine Hilfe für das tägliche Leben des Christen zu sein. Theologische Höhenflüge, die den Herausforderungen des christlichen Alltags nicht standhalten, nützen wenig. Deshalb hoffe ich, daß meine Darlegungen nicht nur einen intellektuellen „Aha-Effekt" auslösen, sondern dem Leser helfen, inmitten einer von Sünde bestimmten Welt einen festen Glaubensstandpunkt zu finden.

Das vorliegende Buch ist der Gipfelpunkt von drei Werken, die vor ihm erschienen sind und zu ihm hinführen.[1] Ehrlich gesagt, hat es mir weit mehr Mühe bereitet als die anderen Veröffentlichungen. Mehrfach war ich versucht, schwierige Gedankengänge und Themen auszublenden oder zu umgehen, habe mich aber dann doch dazu entschlossen, mich gründlich mit ihnen auseinanderzusetzen. Natürlich kann kein Buch der Tiefe und dem unermeßlichen Reichtum des Erlösungsplans gerecht werden.

Etwas hat mich bei meinen Studien für dieses Buch besonders überrascht: Christen unterschiedlichster Herkunft stimmen in bezug auf das, was Gott im Blick auf sein Erlösungswerk *für* die Menschen und *in* ihnen getan hat bzw. noch tut, im Wesentlichen überein. Sogar Adventisten, die offensichtlich entgegengesetzte Positionen vertreten, liegen in ihrer Meinung im allgemeinen dicht beieinander, wenn

---

[1] G. R. Knight, „From 1888 to Apostasy: The Case of A. T. Jones" (Washington, D. C., Review and Herald, 1987); ders., „Angry Saints: Tensions and Possibilities in the Adventist Struggle Over Righteousness by Faith" (Washington, D. C., Review and Herald, 1989); ders., „My Gripe with God: A Study of Divine Justice and the Problem of the Cross" (Washington, D. C., Review and Herald, 1990).

sie durch die „harten Fragen" sowohl der Theorie als auch des Lebens genötigt sind, konkret Stellung zu nehmen. Die christliche Gemeinde streitet sich hauptsächlich darüber, wo Abgrenzungen zu erfolgen haben und wie bestimmte Etappen und Begriffe zu definieren sind.

Wenn ich diese Tatsache auch als entmutigend empfunden habe, so stimmt mich doch die Tatsache hoffnungsvoll, daß die gemeinsame Basis bei diesem Thema bedeutend größer ist, als ich anfangs vermutet hatte. Im Verlauf meiner Studien erkannte ich immer mehr die Weisheit der Worte des anglikanischen Bischofs J. C. Ryle bezüglich des Verständnisses von Heiligkeit: „Der Jüngste Tag wird zeigen, wer recht hatte und wer sich geirrt hat. In der Zwischenzeit bin ich mir ziemlich sicher, daß wir selbst keine Ahnung von wahrer Heiligkeit haben, wenn wir denen mit Bitterkeit und Kälte begegnen, die Bedenken haben, mit uns zusammenarbeiten."[1]

Noch etwas zum Stil des Buches. Ich habe mich in dieser Beziehung auf eine nicht ganz ungefährliche Gratwanderung zwischen einer möglichst verständlichen Sprache einerseits und wissenschaftlicher Genauigkeit andererseits begeben. Herausgekommen ist ein Kompromiß, von dem ich hoffe, daß er für den Leser akzeptabel und gewinnbringend ist.

Wer dieses Buch liest, wird feststellen, daß sich die Kapitel acht und neun besonders eingehend mit spezifisch adventistischen Belangen befassen. Ich hielt das für nötig, weil die dort behandelte Problematik in der adventistischen Diskussion und Eschatologie von zentraler Bedeutung ist.

Ich vertraue darauf, daß das „Handbuch für Pharisäer" allen, die ein Leben „in Christus" führen möchten, zum Segen wird.

George R. Knight

---

[1] J. C. Ryle, „Holiness: Its Nature, Hindrances, Difficulties and Roots" (Welwyn, Evangelical Pren, 1979), XIV.XV.

Kapitel 1

Pharisäer – wirklich nur Heuchler?

Die Bibel ist für mich immer noch eine aufregende Lektüre.[1] Ich möchte das am Beispiel der Pharisäer verdeutlichen. Im Neuen Testament kommen sie meist nicht gut weg. Andrerseits behauptet „The Jewish Encyclopedia", daß aus den neutestamentlichen Schriften keine umfassende „Einschätzung des Charakters der Pharisäer" zu entnehmen sei, weil sich die christlichen Schreiber durchweg polemisch über sie äußerte.[2]

In ähnlicher Weise betont die „Encyclopedia Judaica", daß in der Christenheit Begriffe wie „Heuchler" und „Schlangenbrut" (Mt 3,7; Lk 18,9ff.) fälschlicherweise pauschal und unreflektiert auf die Pharisäer ganz allgemein angewendet würden. Dabei seien sich die Führer dieser religiösen Gruppierung sehr wohl dessen bewußt gewesen, daß es in ihren Reihen auch unaufrichtige Menschen gegeben habe. Sie selbst hätten solche Mitglieder als „schändliche Flecken" und als „Pest der pharisäischen Partei" bezeichnet.[3] Vielleicht müssen wir unser Bild von den Pharisäern doch hier und da korrigieren.

Zweifellos wäre es um die Welt und die Gemeinde von heute besser bestellt, wenn sich mehr Menschen fragten: „Was muß ich tun, daß ich das ewige Leben ererbe?" (Lk 10,25; vgl. Mt 19,16) Für die Pharisäer war das eine zentrale Frage. Von morgens bis abends frag-

---

[1] Siehe G. R. Knight, „My Gripe With God: A Study in Divine Justice and the Problem of the Cross", 13.

[2] „The Jewish Encyclopedia", Stichwort „Pharisäer".

[3] „Encyclopedia Judaica", Stichwort „Pharisäer".

ten sie sich, wie sie Gott am besten dienen könnten.Pharisäer nahmen sich nicht nur verstandesmäßig vor, das Richtige zu tun. Sie setzten die höchste Moral auch in ihrem Alltagsleben um.

Im Gleichnis vom Pharisäer und Zöllner läßt Jesus den Pharisäer sagen: „Ich danke dir, Gott, daß ich nicht bin wie die andern Leute, Räuber, Betrüger, Ehebrecher ..." (Lk 18,11) Und im Verlauf des Gleichnisses wird deutlich, daß der Herr die Wahrheit dieser Selbsteinschätzung nicht bezweifelt. Vielmehr tadelt er die selbstgerechte Haltung des Pharisäers, die selbst das Gute in Gottes Augen entwertet.

Oder denken wir an den „reichen Jüngling", der von sich behauptet, er habe die Gebote seit seiner Jugend „gehalten" (Mt 19,18-20). Auch ihm widerspricht Jesus nicht: „Das stimmt nicht!" oder: „Nimm den Mund mal nicht zu voll!"

Es dürfte damals schwer gewesen sein, Menschen zu finden, die den Pharisäern in bezug auf den Gehorsam gegenüber Gottes Wort und im Blick auf ein sittlich einwandfreies Leben das Wasser reichen konnten. Um das häufig verzerrte Bild von den Pharisäern ein wenig zurechtzurücken, möchte ich einige ihrer bewundernswerten Wesenszüge herausgreifen.

Vor allem liebten und verteidigten sie die heiligen Schriften als Gottes Wort. Dabei waren sie sehr darauf bedacht, die Botschaft und Bedeutung der einzelnen Schriftstellen zu erfassen und zu bewahren. Schwierig wurde es allerdings, wenn es zu einem Textabschnitt unterschiedliche Auslegungen gab. Um diesem Dilemma zu entgehen, stellte man die Theorie auf, daß es seit Moses Zeiten neben dem geschriebenen Text auch eine mündliche Tradition gegeben habe. Diese habe den Bibeltext ergänzt und seine genaue Bedeutung festgelegt.[1] So verstanden die Pharisäer ihre mündlichen Traditionen als Ausdruck ihrer Ehrfurcht vor dem heiligen Wort Gottes.

Ein zweites wichtiges Merkmal der Pharisäer war ihre Liebe zum Gesetz und ihre Hingabe an Gottes Willen. Travers Herford faßt

---

[1] G. F. Moore, „Judaism in the First Centuries of the Christian Era: The Age of the Tannaim" (Cambridge, Mass., Harvard University Press, 1946), 1/235-262; „The Universal Jewish Encyclopedia", Stichwort „Pharisäer".

diese Sichtweise der Pharisäer treffend zusammen und stellt fest, daß es „das vordringliche Bestreben der Pharisäer war, die Torah [das Gesetz] zum obersten Leitmotiv des Lebens, d. h. des Denkens, Redens und Tuns zu machen, indem man ihren Inhalt erforscht, ihren Vorschriften gehorcht und, als die Grundlage alles dessen, dem Gott, der die Torah gegeben hat, bewußt dient".[1]

Den Pharisäern war es überaus ernst damit, Gottes Gesetz nicht zu übertreten. Deshalb schufen sie im Laufe der Zeit ein ausgeklügeltes System von Verordnungen und Durchführungsbestimmungen, um sich vor jeglicher Gesetzesübertretung zu schützen. Gerade durch die mündliche Tradition errichteten sie „einen Zaun um das Gesetz", um „es zu beschützen, indem man es mit Warnzeichen umgab, die dem Menschen Einhalt geboten, ehe er die Grenzlinie überschritt und das heilige Gebot verletzte".[2]

Die Angst vor Gesetzesübertretung führte schließlich zu einer schier unübersehbaren Fülle von Anordnungen. Zur Zeit Christi hatten die Pharisäer für jeden Lebensbereich einen, wie sie meinten, schützenden Zaun errichtet. Allein um das Sabbatgebot rankten sich im Laufe der Zeit 1521 mündliche Regeln.[3] Es war beispielsweise genau festgelegt, wie groß ein Stein sein durfte, den man am Sabbat in die Hand nahm, wie weit man ihn tragen oder werfen durfte, ohne das Sabbatgebot zu übertreten. Angesichts der Vielzahl von Regeln mußte man es mit seiner Religion sehr ernst meinen, wenn man als Pharisäer leben wollte.

Strenggläubige Pharisäer nahmen es nicht nur mit dem Sabbat genau, sondern auch mit dem Zehnten. Manche gingen sogar soweit, Küchenkräuter wie Minze, Dill und Kümmel zu verzehnten (Mt 23,23). Außerdem schreckten sie davor zurück, Speisen zu essen oder anzurühren, die als unrein galten, um sich ja nicht zu verunreinigen.

Man mag über solche Praktiken denken, wie man will, eines muß man den Pharisäern lassen: Sie wollten ein Gott geweihtes und vom

---

[1] Ebenda.
[2] G. F. Moore, „Judaism", 1/259.
[3] Ebenda, 2/28. Siehe Beispiele im „Seventh-day Adventist Bible Students' Sourcebook", Stichwort „Sabbat".

Halten des Gesetzes bestimmtes Leben führen. Jesus rügte ihre diesbezügliche Genauigkeit nicht, auch wenn er die Einseitigkeit ihres Verhaltens nicht verschwieg (Mt 23,23). Und Paulus betonte im Rückblick auf sein Leben als Pharisäer, daß er „nach der Gerechtigkeit, die das Gesetz fordert, untadelig gewesen" sei (Phil 3,6).

Ferner war auch der missionarische und evangelistische Eifer der Pharisäer bemerkenswert. Jesus bescheinigte ihnen: „Ihr zieht über Land und Meer, um einen einzigen Menschen für euren Glauben zu gewinnen." (Mt 23,15 JB) Sie waren nicht nur bemüht, Nichtjuden für ihre religiösen Anschauungen zu gewinnen, sondern auch ihre Landsleute. In ihrem Bemühen um Reinheit, stellten die Pharisäer die Vorschriften, die das Leben und den Dienst der Priester bestimmten, als idealen Lebensstil für jeden Juden dar. „Auf diese Weise meinten sie aus der heiligen Gemeinde Israels das ‚wahre Israel' Gottes zu machen." Das führte dazu, daß der Durchschnittsjude zwar „auf die Pharisäer ... als Musterbeispiele an Frömmigkeit und als Verkörperungen des idealen Lebens"[1] schaute, andrerseits aber ihren pharisäischen Lebensstil ablehnte.

Weiterhin fällt auf, daß die Pharisäer sozusagen „Adventgläubige" waren. Sie warteten sehnsüchtig auf den verheißenen Messias und die Errichtung seines Königreichs. Die Hoffnung darauf spornte sie unentwegt an, ihr Leben am Gesetz auszurichten. Der Messias sollte sie gehorsam und treu vorfinden, wenn er käme. Manche von ihnen glaubten, daß der Messias kommen würde, wenn die Torah (das Gesetz) nur einen Tag lang vollkommen von Israel gehalten wurde. Deshalb weihten sie ihr ganzes Leben dem großen Ziel, diesen Tag durch perfekte Heiligkeit herbeizuführen.[2]

Die Pharisäer waren tatsächlich eine hoch motivierte Elitetruppe. Man schätzt, daß sich ihre Zahl zur Zeit Jesu auf etwa sechstausend Personen belief. Die Theologen unter ihnen bezeichnet das Neue Testament als „Schriftgelehrte". Der Name „Pharisäer" bedeutet „die

---

[1] J. Jeremias, „Jerusalem in the Time of Jesus" (Philadelphia Fortress Press, 1969), 262-267.

[2] Babylonischer Talmud, Sanhedrin, 97b220; Shabbath, 118b; Jerusalemer Talmud, 246.252.

Abgesonderten", und die Angehörigen dieser Gruppierung verstanden sich als „die Heiligen, die wahre Gemeinde Israels".[1]

Die Wurzeln der Pharisäer liegen in nachexilischer Zeit. Anfang des sechsten Jahrhunderts v. Chr. (587) hatte Gott sein ungehorsames und götzendienerisches Volk in die Gefangenschaft nach Babylon führen lassen. Als ein Teil der Juden nach ungefähr sechs Jahrzehnten ins Heilige Land zurückkehrte, wurde der Schriftgelehrte Esra zur zentralen Gestalt in Jerusalem. Er führte Israel wieder zum Gehorsam gegenüber Gottes Geboten und bewahrte es vor erneutem Abgleiten in die Götzenverehrung der umliegenden Völker.

Die Pharisäer tauchen als organisierte Gruppe zum erstenmal im zweiten Jahrhundert vor Christus zur Zeit der Makkabäer auf.[2] Um ein erneutes Exil zu vermeiden, pflegten sie einen Lebensstil und eine theologische Sichtweise, die absolute Treue Gott gegenüber garantieren sollte. Auf diese Weise distanzierten sie sich von den umliegenden Völkern und deren Lebensgewohnheiten. Im übrigen verstanden sie ihren am Gesetz orientierten Glaubens- und Lebensstil auch als Gegengewicht zu der diesseitsbezogenen und halbherzigen Lebensweise der sadduzäischen Priesterschaft sowie zum oberflächlichen Verhalten des einfachen Volkes.

Die Pharisäer waren fest davon überzeugt, daß sie dem Messias durch ihre Frömmigkeit den Weg bereiten könnten.[3]

Angesichts dieser positiven Darstellung der Pharisäer klingt es schockierend und geradezu revolutionär, daß Jesus erklärt: „Wenn eure Gerechtigkeit nicht besser ist als die der Schriftgelehrten und Pharisäer, so werdet ihr nicht in das Himmelreich kommen." (Mt 5,20) Wie könnte sich jemand ernsthafter bemühen oder sein Leben

---

[1] Josephus, „Die jüdischen Altentümer", XVII, 2. 4; Jeremias, „Jerusalem", 246. 252.

[2] Damals war Israel politisch durch das syrische Herrschergeschlecht der Seleukiden bedroht und mußte sich religiös gegen das erneut eindringende Heidentum wehren.

[3] Zur Geschichte der Pharisäer siehe G. F. Moore, „Judaism". 1/3-124; Louis Finkelstein, „The Pharisees: The Sociological Background of Their Faith" (Philadelphia, Jewish Publication Society of America, 1938), 1/73-81; Jeremias, „Jerusalem", 245-267; „The International Standard Bible Encyclopedia", 1977-1988, Stichwort „Pharisäer".

Gott entschlossener zur Verfügung stellen als diese religiöse Elitetruppe?

Das Haar in der „theologischen Suppe"
der Pharisäer

Das Hauptproblem, das sich in der pharisäischen Vorstellung von
Gott und der Erlösung erkennen läßt, war das fragwürdige Verständnis der Sünde und der sich daraus ergebenden Folgen.

Aus rabbinischer Sicht[1] war Sünde eine einzelne, schuldhafte
Handlung. Sie wurde nicht als ein prinzipiell sündiger Zustand des
Herzens und des Geistes verstanden. Man hatte nicht begriffen, daß
der Sündenfall (1 Mo 3) eine grundlegende Veränderung zum Bösen
im Wesen des Menschen mit sich gebracht hatte. Das führte zu der
Annahme, der Mensch könne noch immer – wie die Ureltern im
Paradies vor ihrem Fall – ein gerechtes Leben führen.

In diesem Sinne schreibt G. F. Moore: „Es gibt keinen Hinweis
dafür, daß sich die ursprüngliche Natur Adams als Folge des Falls
irgendwie verändert und daß er an seine Nachkommen eine sittlich
geschwächte Natur weitergegeben hätte, in der die Begierden und
Leidenschaften Vernunft und Tugend beherrschen." Es deutet auch
nichts darauf hin, daß „der Wille zum Guten ... geschwächt worden
ist".[2]

Die Rabbiner lehrten zwar, der Menschen habe einen „yezer ha-
ra", einen bösen Trieb, führten das aber nicht auf den Sündenfall
zurück, sondern darauf, daß die ersten Menschen bereits so erschaffen worden seien. Der Trieb zum Bösen, so sagten sie, könne beherrscht und in Gottes Dienst gestellt werden. Außerdem könne der
Mensch ihn durch das Studium der Torah und das Nachsinnen über
das Gesetz und dessen Anwendung im täglichen Leben beherrschen.
Moore schreibt: „Der Geist [und das Leben], der auf diese Weise mit

---

[1] Der Rabbinismus war eine nachbiblische Entwicklung im Judentum, aber seine
Anschauungen beherrschten nach allgemeiner Auffassung das Denken der Pharisäer in neutestamentlicher Zeit.

[2] „Encyclopedia Judaica", Stichwort „Sünde"; G. F. Moore, „Judaism", 1/479.

dem Glauben erfüllt wird, ist gegen Versuchungen von außen und böse Gedanken von innen gefeit."[1]

E. P. Sanders faßt die rabbinische Position dahingehend zusammen, „daß es für den Menschen die Möglichkeit gibt, nicht sündigen zu müssen. Trotz der Neigung zum Ungehorsam steht es dem Menschen frei, zu gehorchen oder nicht zu gehorchen."[2] Im Klartext heißt das: Die Menschen könnten praktisch aus eigenem Vermögen ein sündloses Leben führen.

Die Juden erkannten natürlich, daß vollkommener Gehorsam selten war, deshalb lehrten sie auch Reue und Vergebung. Aber selbst die Reue galt als eine Art Erlösung aufgrund menschlicher Werke, indem der Mensch das Böse läßt und das Gute tut. Auf diese Weise werden die begangenen Sünden durch eine sittliche Erneuerung weiß wie Schnee (Jes 1,18).

Zwar verstanden die Rabbiner Gottes Vergebung als reales Geschehen, aber der Höhepunkt rabbinischer Lehre über die Gnade Gottes als unverdiente Herablassung gipfelte doch in etwas anderem: daß nämlich Gott dem Volk das Gesetz gegeben und einen Bund mit Israel geschlossen hatte, in dem das Halten des Gesetzes als Erwiderung der Gnadenwahl Gottes im Mittelpunkt steht. „Der ‚gerechte' Mensch ist" daher in Wirklichkeit „nicht, wer das Gesetz ohne Fehl und Tadel befolgt, sondern nur, wer danach strebt, sein Leben nach dem Gesetz einzurichten" und „bereut, wenn er versagt". Auch George Eldon Ladd weist darauf hin, daß die aufrichtige Absicht, das Gesetz zu halten, und „das eifrige Bemühen, es zu erfüllen, die Merkmale des gerechten Menschen sind".[3]

Auf diese Weise stellte die jüdische Theologie den Gesetzesgehorsam in den Mittelpunkt des Verhältnisses zwischen Mensch und Gott, obwohl sie auch die Realität und die Notwendigkeit der Gnade, der Vergebung und der Reue anerkannte. Im praktischen Leben führte

---

[1] Ebenda, 1/479.489-492.

[2] E. P. Sanders, „Paul and Palestinian Judaism" (Philadelphia, Fortress Press, 1977), 114f.

[3] G. F. Moore, „Judaism", 1/509.510.521; G. E. Ladd, „A Theology of the New Testament" (Grand Rapids, Mich., Wm. B. Eerdmans, 1974), 496.498f.

17

das zu einer gesetzlichen Sicht des Gehorsams, wenn auch das Judentum in seiner erleuchtetsten Form lehrte, daß der Geist des Gesetzes, der sich in der Liebe zu Gott (vgl. 5 Mo 6,5; 10,12) und zum Nächsten (vgl. 3 Mo 19,18) äußert, von größter Bedeutung ist.

Während der Jahrhunderte, in denen sich das Pharisäertum entwickelte, veränderte sich die Rolle des Gesetzes im jüdischen Denken tiefgreifend. Ladd zeigt, daß durch die besondere Stellung des Gesetzes der Gedanke des Gnadenbundes Gottes in den Hintergrund gedrängt und das Gesetz „zur Bedingung für die Zugehörigkeit zum Volk Gottes" wurde. Und was noch wichtiger ist: Das Halten des Gesetzes wurde „zur Grundlage des Urteils Gottes über den einzelnen. Die Auferstehung wird der Lohn für die sein, die dem Gesetz treu ergeben waren." So wurde das Gesetz zur Hoffnung für die Gläubigen, zum Mittelpunkt der Rechtfertigung, der Erlösung, der Gerechtigkeit und des Lebens.[1]

Es überrascht nicht, daß diese Überbewertung des Gesetzes im Judentum zu einer Art frommer Buchführung führte, die sich streng an den Buchstaben des Gesetzes hielt. Man kann sich das unter dem Bild einer Waage vorstellen. Bei den Frommen überwiegen die zahlreicheren Verdienste, während bei den Gottlosen die Übertretungen das Übergewicht haben. Die Mischna bringt das auf den Punkt, wenn sie sagt: „Die Welt wird zwar durch Gnade gerichtet, dennoch hängt alles vom Überschuß der Werke ab [ob sie nun gut oder böse sind]."[2]

Der Talmud vertritt später denselben Gedanken: „Wer überwiegend gute Taten vollbringt, erbt den Garten Eden, wer aber überwiegend Übertretungen begeht, erbt die *Gehenna* [Hölle]." Soweit herrscht Klarheit, doch problematisch wird es bei denen, wo sich Verdienste und Versäumnisse, Leistung und Versagen die Waage halten.

Dieses Thema wurde in neutestamentlicher Zeit heftig diskutiert, besonders zwischen den pharisäischen Schulen Hillels und Scham-

---

[1]   Ebenda, 497.
[2]   „Theological Dictionary of the New Testament", Stichwort „dikaios"; Mishna, Aboth 3/16 (Klammern im hebr. Original).

mais. In einer Überlieferung aus jener Zeit heißt es, Gottes Gnade zeige sich darin, daß er die Waagschale zugunsten der Gerechtigkeit herunterdrückt.[1]

An dieser Stelle wollen wir als bedeutsam festhalten: *Das leistungsorientierte pharisäische Gerechtigkeitsverständnis spaltete die Sünde in einzelne Teile auf. Es definierte Sünde als eine Vielzahl von falschen Handlungen*, obwohl es im Judentum auch Denker gab, die Sünde als aufrührerische Grundhaltung und als Beleidigung Gottes erkannten. Walther Eichrodt bemerkt, daß die Aufspaltung der Sünde in eine Reihe von einzelnen Handlungen vor allem dadurch gefördert wurde, daß „das Alte Testament, wenn es von der Sünde spricht, *den Nachdruck* ohne Zweifel *auf ihren aktuellen, konkreten Ausdruck legt*". Deshalb war die eigentliche Bedeutung der Sünde als Rebellion gegen Gott ein Schlag gegen die pharisäische Sicht der Sünde und ihren geistigen Hintergrund. Die Übertretung jeder einzelnen Vorschrift des Gesetzes war Sünde, wenn man das Bild von den Waagschalen in Betracht zieht.[2]

Wie bereits erwähnt, zog die pharisäische Sicht bezüglich des Gesetzes und der Sünde eine ständig wachsende Zahl von Vorschriften nach sich, denn der fromme Jude wollte sich gegen ein ungewolltes Übertreten des Gesetzes absichern. Diese Denkweise führte dazu, daß eine umfangreiche Sammlung von schriftlich und mündlich überlieferten Verordnungen entstand. Sie umfaßten alle Lebensbereiche und mußten möglichst genau befolgt werden. Eine davon „zu verletzen, war dasselbe, wie wenn man das ganze Gesetz [die fünf Bücher Mose] verwarf und sich weigerte, Gottes Joch auf sich zu nehmen".[3]

---

[1]   Jerusalemer Talmud, 1/1, zit. bei Robert Brooks, „The Spirit of the Ten Commandments" (San Francisco, Harper & Row, 1990), 10; Werner Foerster, „From the Exile to Christ" (Philadelphia, Fortress Press, 1964), 218f.; J. A. Ziesler, „The Meaning of Righteousness in Paul" (Cambridge, Cambridge Univ. Press, 1972), 122.

[2]   G. F. Moore, „Judaism", 1/461.465f.; Walther Eichrodt, „Theology of the Old Testament", (London, SCM Press, 1967), 2/401; „Theological Dictionary of the New Testament", Stichwort „hamartano"

[3]   J. Bonsirven, „Palestinian Judaism in the Time of Jesus Christ", (New York, Holt, Rinehart and Winston, 1964), 95; siehe auch Mt 11,29; Apg 15,10.

Angesichts dieses Hintergrunds überrascht es nicht, daß der reiche Jüngling fragte, was er Gutes *tun* müsse, um das ewige Leben zu haben (vgl. Mt 19,16). Wir brauchen uns auch nicht zu wundern, daß Jesus auf das pharisäische Denkmuster dieses Mannes einging, indem er ihm eine detaillierte Aufzählung der Gebote gab (Verse 18.19).

Jesus holte also den jungen Mann dort ab, wo er sich befand. Doch Jesu abschließender Rat bezüglich des Wegs zur Gerechtigkeit und Vollkommenheit läßt den Buchstaben des Gesetzes weit hinter sich und dringt zur eigentlichen Absicht des Gesetzes vor, nämlich zur Liebe zu Gott und zum Nächsten. Jesus rief letztlich nicht zum Beachten einzelner religiöser Forderungen auf, sondern erwartete, daß der junge Mann sein ichbezogenes Leben aufgab und sich Gott rückhaltlos weihte. Dieses Ansinnen ging dem Fragesteller offenbar zu weit, denn er trat traurig den Rückzug an. Offenbar erscheint es dem Menschen leichter, Gesetze dem Buchstaben nach zu halten, als sich ihrem Geist zu öffnen.

Eine der großen Tragödien des Pharisäertums bestand darin, daß es bei dem ernsthaften Versuch, den Buchstaben des einzelnen biblischen oder mündlichen Gesetzes zu befolgen, die eigentliche Absicht des Gesetzes mehr und mehr aus dem Gesichtskreis verdrängte. *Die falsche Auffassung von der Natur der Sünde führte notwendigerweise zu einem falschen Verständnis von Gerechtigkeit. Wenn Sünde als eine Aneinanderreihung einzelner falscher Handlungen gesehen wird, muß sich Gerechtigkeit logischerweise aus einer Kette richtiger Verhaltensweisen und Handlungen zusammensetzen.*

Auf der Grundlage dieses Denkens entwickelten die Pharisäer ihr „Waagschalenschema" in bezug auf Gottes Gerechtigkeit und sein Gericht. Aus dieser Denkweise heraus fragte der junge Mann, welche guten Taten *noch* nötig seien, damit sich die Waagschale der Gerechtigkeit Gottes zu seinen Gunsten neigte.

Jesu Antwort: „Wenn du vollkommen sein willst", reflektiert die Tatsache, daß die Pharisäer jener Zeit meinten, sie könnten das Aufrichten des Gottesreiches dadurch erreichen, daß sie ein „vollkommenes" Leben führten. Diese Absicht mag lobenswert gewesen sein, dennoch führte ihre falsche Sicht der Sünde zu einer falschen Vorstellung von Gerechtigkeit.

Obwohl die neutestamentlichen Schriften dieses pharisäische Verständnis von Sünde und Gerechtigkeit nicht stützen, wurde es dennoch durch die Jahrtausende hindurch auch in der Christenheit weitergetragen und ist selbst im ausgehenden zwanzigsten Jahrhundert immer noch lebendig – leider auch in der Adventgemeinde. Der bekannteste adventistische Theologe in den dreißiger und vierziger Jahren unseres Jahrhunderts hat im Blick auf Sünde und Gerechtigkeit exakt die pharisäische Position eingenommen.

Als M. L. Andreasen über die Heiligung sprach, betonte er, daß dieser Prozeß bei der Bekehrung beginnt und ein ganzes Leben lang anhält. „Jeder Sieg", schrieb er, „beschleunigt diesen Prozeß. Es gibt wenige Christen, die nicht einen Sieg über irgendeine *Sünde* errungen hätten, von der sie früher ... überwunden worden waren." Viele Menschen, die beispielsweise vom Tabak abhängig waren, haben den Sieg über das Rauchen errungen. Damit hat der Tabak aufgehört, für die Betreffenden eine Versuchung zu sein.

„An diesem *Punkt* ist er geheiligt. *Wie er eine sündige Gewohnheit besiegt hat, soll er über jede Sünde siegreich sein.* Wenn dieses Werk vollbracht ist, wenn er über Stolz, Ehrgeiz, Weltliebe – über alles Böse – den Sieg errungen hat, ist er *bereit für die Verwandlung.* Er ist in allen *Punkten* erprobt. Der Böse ist zu ihm gekommen und hat nichts Verdammenswürdiges an ihm gefunden. Satan hat keine Versuchungen mehr für ihn. *Er [der Gläubige] hat sie alle überwunden.* Er steht *ohne Fehl* vor dem Throne Gottes. Christus drückt ihm sein Siegel auf ...

So wird es auch mit der letzten Generation von Menschen sein, die auf dieser Erde lebt. Durch sie wird Gott schließlich veranschaulichen, was er für die Menschheit zu tun vermag ... [Die letzte Generation] wird jeder nur möglichen Versuchung ausgesetzt werden, aber sie wird nicht unterliegen. Sie wird zeigen, daß es möglich ist, ohne Sünde zu leben – das ist genau das, wonach die Welt Ausschau hält ... Es wird für alle offenbar werden, daß das Evangelium vollständig erlösen kann."[1]

---

[1] M. L. Andreasen, „The Sanctuary Service" (Washington D. C., Review and Herald, 1947, 2. Aufl.), 232.

Das obige Zitat spielt in der adventistischen Theologie im zwanzigsten Jahrhundert eine bedeutende Rolle. Ganze adventistische Denkrichtungen waren und sind auf dieses Verständnis von Sünde, Gerechtigkeit und Vollkommenheit festgelegt.

In diesem Buch soll nun nicht geleugnet werden, daß Gott in der Lage ist, vollständig zu erlösen, und daß es in der letzten Zeit Gläubige geben wird, von denen gesagt werden kann, daß sie „ohne Falsch" und „untadelig" sind (Offb 14,5). Doch es soll gezeigt werden, daß es in der adventistischen Theologie zwei deutlich voneinander abweichende Ansichten über das Wesen der Sünde gibt. Daraus haben sich innerhalb unserer Gemeinschaft eine Reihe von unterschiedlichen Vorstellungen in bezug auf Gerechtigkeit und Vollkommenheit entwickelt.

Das Thema Sünde wird ausführlich in Kapitel 2 dieses Buches behandelt. In den folgenden Kapiteln sollen die Themen Gerechtigkeit, Vollkommenheit und die umgestaltende Kraft des Glaubens aus einer ausgewogenen Sicht der biblischen Lehre von der Sünde dargestellt werden. Zunächst aber müssen wir uns wieder den Pharisäern zuwenden.

Das Problem mit dem Gutsein

Das Gleichnis vom Pharisäer und Zöllner ist wahrscheinlich die eindrucksvollste neutestamentliche Illustration zum Problem der menschlichen Tugendhaftigkeit.

„Es gingen zwei Menschen", so erzählt Jesus, „hinauf in den Tempel, um zu beten, der eine ein Pharisäer, der andere ein Zöllner. Der Pharisäer stand für sich und betete so: *Ich* danke dir Gott, daß *ich* nicht bin wie die andern Leute, Räuber, Betrüger, Ehebrecher oder auch wie dieser Zöllner. *Ich* faste zweimal in der Woche und gebe den Zehnten von allem, was *ich* einnehme. Der Zöllner aber stand ferne, wollte auch die Augen nicht aufheben zum Himmel, sondern schlug an seine Brust und sprach: Gott, sei mir Sünder [griech. Text: ‚dem Sünder'] gnädig! Ich sage euch: Dieser ging gerechtfertigt hinab in sein Haus, nicht jener. Denn wer sich selbst erhöht, der wird erniedrigt werden; und wer sich selbst erniedrigt, der wird erhöht werden." (Lk 18,9-14 – Hervorhebung hinzugefügt)

In bezug auf das Gebet des Pharisäers gilt es auf einige Dinge zu achten. Da fällt vor allem die Auflistung von Mängeln und Vorzügen auf. Zunächst rühmt er sich der Tatsache, daß es bestimmte Untugenden in seinem Leben nicht gibt, um dann ausdrücklich auf seine Tugenden hinzuweisen. Er hebt sich von den Sündern nicht nur dadurch ab, daß er nicht so ist wie sie, sondern vor allem dadurch, daß er anerkennenswerte Leistungen aufzuweisen hat. Beim Hinweis auf seine Rechtschaffenheit benutzt der Pharisäer fünfmal das persönliche Fürwort *Ich.*

Der Neutestamentler William Barclay bemerkt dazu, „daß sich der Pharisäer selbst ein Empfehlungsschreiben an die Adresse Gottes ausstellte".[1] Solch ein Katalog läßt sich offensichtlich nur dann aufstellen, wenn man den Begriff Sünde als die Summe einzelner böser Taten versteht. Der Pharisäer meinte andrerseits, den Grad seiner Gerechtigkeit anhand seiner Verdienste bestimmen zu können.

Zweitens verglich sich der Pharisäer mit dem Zöllner. Mit dem Ergebnis konnte er mehr als zufrieden sein: Er fühlte sich prächtig! Aber noch wesentlicher ist: Er benutzte die Fehler eines anderen, um mit seiner eigenen Leistung zu glänzen. Deshalb leitete Lukas das Gleichnis wohl nicht zufällig mit der Bemerkung ein, daß der Pharisäer nicht nur viel von sich selbst hielt, sondern dazu „die anderen verachtete", die nicht so gut waren wie er. Das ist leider bis heute ein häufig anzutreffendes Merkmal pharisäischen Geistes.

Drittens zeigt dieses Gleichnis, daß der Pharisäer trotz seiner Tugendhaftigkeit vor Gott völlig bankrott war. Sein Gebet war nicht nur ein Sprechen „mit" sich, „für" sich oder „über" sich (Vers 11), sondern er war sich seiner prinzipiellen Verlorenheit nicht einmal bewußt. Sein Selbstvertrauen und sein Streben nach Tugendhaftigkeit hatten ihn zu der Überzeugung gelangen lassen, es geschafft zu haben. Er glich Rabbi Simeon ben Jochai, von dem der selbstsichere Ausspruch überliefert ist: „Wenn es nur zwei Gerechte auf dieser

---

[1] W. Barclay, „The Gospel of Luke" (Edinburgh, Sankt Andrew Press, 1956, 3. Aufl.), 232.

Welt gibt, dann sind ich und mein Sohn diese zwei, und wenn es nur einen gibt, bin ich es!"[1]

Ohne es zu wollen, verrät der Pharisäer im Gleichnis, daß er weder vom Wesen noch vom Umfang der Sünde eine Ahnung hat. Er ist der Überzeugung, die Sünde könne dadurch ausgemerzt werden, daß man sich noch mehr bemüht und noch mehr tut. Eine fatale Folge dessen ist eine „verkommene Heiligung", die einen Keil treibt zwischen den Glauben an Gott und das tägliche Leben. Was dabei letztlich herauskommt, wirkt sich „schädlich auf die wahre Frömmigkeit aus".[2]

Das Gleichnis vom Pharisäer und Zöllner zeigt auf, wie sehr das Streben nach Gerechtigkeit fehlschlagen kann.[3] Die Ursache des Problems bestand darin, daß der Pharisäer bei Sünde und Gerechtigkeit an einzelne Taten dachte statt an Geisteshaltung (Sünde) und Beziehung zu Gott (Gerechtigkeit). Darüber hinaus begriff er nicht, daß Menschen von Natur aus Sünder sind und daß es gerade ihre Tugendhaftigkeit ist, die – aufgrund der vorhandenen Tendenz des menschlichen Geistes – den Menschen nur noch tiefer in die Arme der Sünde treibt, nämlich zu Stolz, Überheblichkeit und Selbstzufriedenheit.

P. T. Forsyth hat sich speziell zu diesem Problem geäußert und meint, daß *es nichts Tückischeres gebe als die Sünde der Tugendhaftigkeit*. Er spricht von der Sünde der „guten Menschen, die nicht wissen, daß sie nicht gut sind". In einem anderen Zusammenhang bezeichnet Forsyth den Pharisäismus als „Antichrist", weil er eine Religion ist, in deren Mittelpunkt der Mensch steht. Ellen White stimmte mit dieser Einschätzung überein, denn sie schrieb: „Die Pharisäer sind bis heute noch nicht ausgestorben. *Menschenwesen atmet Pharisäergeist.*"[4]

---

[1]   Rabbi Simeon ben Jochai, zit. ebenda, 233.

[2]   G. C. Berkouwer, „Faith and Sanctification" (Grand Rapids, Mich., Wm. B. Eerdmans, 1952), 120.

[3]   P. Toon, „Justification and Sanctification" (London, M. Morgan & Scott, 1983), 18.

[4]   P. T. Forsyth, zit. von A. M. Hunter, „P. T. Forsyth" (Philadelphia, Westminster Press, 1974), 58; P. T. Forsyth, „The Justification of God" (London, Latimer House, 1948), 116; E. G. White, „Das bessere Leben" (Hamburg, Saatkorn, 1978), 67 – Hervorhebung hinzugefügt.

Ohne das Wissen um das Ausmaß der Sünde fehlt dem Menschen ein grundlegendes Element zur Selbsteinschätzung. Nur wenn wir davon wissen, können wir verstehen, „warum Menschen bestimmte Dinge tun – von geringfügigen Vergehen bis hin zu brutalen Verbrechen". Der Theologe Bernard Ramm hat recht, wenn er schreibt, erst ein richtiges Konzept in Sachen Sünde lasse uns erkennen, „daß wir Sünder ‚in unserer Kommandozentrale' sind". Von dort kommen die Befehle zum Handeln. Das biblische Verständnis von der Tiefe und dem Wesen der Sünde hilft uns, die Sünde der Tugendhaftigkeit zu begreifen und die Notwendigkeit einzusehen, daß wir uns voll und ganz auf die Erlösung durch Gottes Barmherzigkeit verlassen müssen.[1]

Dem Pharisäer im Gleichnis fehlten all diese Einsichten. Die Folge davon war, daß dieser fromme und „rechtschaffene" Mensch, der sich in seinem Gebet selbst rechtfertigen wollte, den Tempel als Ungerechtfertigter verließ.

„Nichts ist für Gott so beleidigend und für den Menschen selbst so gefährlich wie Stolz und Selbstzufriedenheit", schrieb Ellen White.[2] Gefährlich vor allem deshalb, weil der Fromme aufgrund seiner Tugendhaftigkeit seinen Mangel nicht empfindet. Das veranlaßte den puritanischen Schriftsteller William Perkins dazu, einen nur guten Menschen als „einen schönen Greuel" zu bezeichnen.[3]

Nicht nur, daß die Pharisäer alter und neuer Prägung keinen Mangel empfinden, nein, indem sie sich ihrer moralischen Tugendhaftigkeit und ihrer religiösen Leistungen rühmen, schwingen sie sich im allgemeinen auch noch zum Richter über andere Menschen auf. „Der Selbstgerechte wird immer zwangsläufig auf andere herabsehen. So wie der Pharisäer sich an anderen mißt, legt er seinen eigenen Maßstab auch bei seiner Umgebung an. Er vergleicht seine Gerechtigkeit mit der ihren, und je schlechter sie sind, desto besser

---

[1] B. Ramm, „Offense to Reason: A Theology of Sin" (San Francisco, Harper & Row, 1985), 146f. – Hervorhebung hinzugefügt.

[2] E. G. White, „Bilder vom Reiche Gottes" (Hamburg, Saatkorn, 1982), 132.

[3] A. Simpson, „Puritanism in Old and New England" (Chicago, University of Chicago Press, 1955), 8.

schneidet er ab. Seine Selbstgerechtigkeit verleitet ihn dazu, sich zum Ankläger zu erheben. Er verdammt ,die anderen Leute' als Übertreter von Gottes Gesetz und bekundet dadurch doch nur den Geist Satans, der ja der ,Verkläger der Brüder' genannt wird." (vgl. Offb 12,10)[1]

So häßlich können die Früchte angeblicher Tugendhaftigkeit aussehen. Eines der ersten Anzeichen dieser höchst gefährlichen geistlichen Krankheit zeigt sich in der Regel an der Neigung zu liebloser Kritik.

Ein zweites Symptom pharisäischer Gesinnung ist das Bedürfnis, alles in Regeln und Vorschriften zu pressen. Damit soll nichts gegen die Notwendigkeit hoher christlicher Maßstäbe gesagt werden; die sind zu allen Zeiten unverzichtbar. Aber es gibt auch eine ungesunde Weise, damit umzugehen, dann nämlich, wenn Regeln, Ordnungen und Gesetze zum Selbstzweck geworden sind, anstatt Menschen zu helfen, Gott und ihren Nächsten zu lieben.

Keine Frage, daß die Pharisäer und Schriftgelehrten mit ihren vielen Vorschriften edle Absichten verfolgten: Sie wollten Gottes heiliges Gesetz vor Übertretung schützen. Wer am Sabbat nicht die geringste Unbesonnenheit begeht – so die schiefe Logik –, der wird das Sabbatgebot ganz gewiß nicht übertreten. So entstanden 1521 Vorschriften, um den Sabbat zu schützen.

Bei den Speiseordnungen und zeremoniellen Reinheitsvorschriften war es ähnlich. Ihr Eifer um kultische Reinheit beim Gottesdienst hatte zur Folge, daß die Pharisäer auch für alle anderen Lebensbereiche Reinheitsgebote verbindlich machten. Die beträchtliche Vielzahl an Vorschriften bot außerdem die Möglichkeit, Pluspunkte für die persönliche Gerechtigkeit zu sammeln, die man täglich auf die Waagschale zum Heil aufhäufen konnte. Andrerseits jedoch führte dies bei den weniger Eifrigen zu einem um so höheren Sündenkonto.

In Wirklichkeit wurde trotz aller guten Absichten das genaue Gegenteil von dem erreicht, was man eigentlich wollte. Deshalb wies Jesus die Pharisäer immer wieder darauf hin, wie fragwürdig ihre Verordnungen waren. Zum Beispiel stellte er die pharisäische Sabbattheologie wieder vom Kopf auf die Beine, indem er daran erin-

---

[1] E. G. White, „Bilder vom Reiche Gottes", 130.

nerte, daß der Sabbat um des Menschen willen und nicht der Mensch um des Sabbats willen gemacht ist (vgl. Mk 2,27). *Im Eifer um ihre Vorschriften hatten die Pharisäer nämlich das Gesetz der Liebe vergessen, das diesen Satzungen erst Sinn und Bedeutung verleiht.* In ihrer Leidenschaft für ihre Verordnungen gingen sie schließlich so weit, daß sie Menschen, die sich nicht daran hielten, gnadenlos verfolgten. Das mußte zum Beispiel der Gelähmte am Teich Bethesda erfahren, weil er am Sabbat sein „Bett" nach Hause trug (Jo 5,9-15). Dem von Jesus am Sabbat geheilten Blindgeborenen erging es ähnlich (Jo 9,1-16).

Den Pharisäern war der Buchstabe des Gesetzes – in diesem Fall, daß man am Sabbat kein Werk tun durfte – wichtiger als der Geist des Gebots. Jesus widersetzte sich solch einseitiger Betonung und zog sich dadurch den blanken Haß der Pharisäer zu, die nicht eher ruhten, als bis sie den Störenfried ans Kreuz gebracht hatten.

Die Rolle, die die geistliche Elite Jerusalems bei der Kreuzigung Jesu spielte, stellte den Gipfel geistlicher Verwirrung dar. In ihrem Verlangen, Gottes Gesetz zu schützen, kreuzigten sie den Messias, der ihnen durch Mose das Gesetz gegeben hatte. In Sachen Theologie beharrten sie unnachgiebig auf Rechtgläubigkeit, offenbarten dabei aber einen Mangel an Liebe. Unglücklicherweise verwechselten die Pharisäer moralische Unbescholtenheit und Rechtgläubigkeit mit echter Frömmigkeit.

Saulus von Tarsus wurde ursprünglich von solchen Vorstellungen beherrscht. William Coleman beschreibt ihn als einen, der „dem strengen Kreis derer beigetreten war, die bereit waren zu morden, weil sie liebten".[1] Solche Liebe war auf ein falsches Ideal gerichtet. Ehrenwerte Beweggründe sind keine Gewähr dafür, daß man auch ehrenwert handelt. Die alten Weinschläuche der frühpaulinischen Vorstellung von Sünde und Gerechtigkeit barsten erst auf dem Wege nach Damaskus (Apg 9,1-9). Von diesem Zeitpunkt an verkündigte er ein anderes Evangelium.

Ein weiteres pharisäisches Problem war die Neigung, aus der Religion eine Schau zu machen. Coleman begründet das so: „Was nützt es, ein gerechtes Leben zu führen, wenn niemand davon weiß?"

---

[1]   W. Coleman, „Pharisees' Guide", 113.

Folglich „ist es wichtiger, anstatt demütig zu sein, demütig zu scheinen".[1]

Zwei der auffälligsten äußerlichen Merkmale pharisäischer Frömmigkeit waren die demonstrative Benutzung der Phylakterien und der Quasten. Das eine waren kleine Behältnisse, die Teile des Gesetzes enthielten und an der Stirn sowie am linken Unterarm befestigt wurden, das andere Knoten am unteren Saum der jüdischen Gewänder, die an das Gesetz erinnern sollten.

An diesen effektheischenden Gebrauch von Äußerlichkeiten dachte Jesus, als er im Blick auf die Pharisäer sagte: „Alles, was sie tun, tun sie nur, damit die Menschen es sehen: Sie machen ihre Gebetsriemen breit und die Quasten an ihren Gewändern lang, bei jedem Festmahl möchten sie den Ehrenplatz und in der Synagoge die vordersten Sitze haben, und auf den Straßen und Plätzen lassen sie sich gerne grüßen und von den Leuten Rabbi nennen." (Mt 23,5-7 JB)

„Welchen Eindruck machen wir?" wurde zur wichtigsten Frage für viele Pharisäer. Viele ihrer religiösen Praktiken waren so berechnet, daß sie in der Öffentlichkeit die höchstmögliche Wirkung erzielten. Wenn sie sich zur Gebetszeit gerade auf der Straße befanden, warfen sie sich nieder, und „der Verkehr mußte so lange warten, bis die Gebetshandlung beendet war" (vgl. Mt 6,5.6). Jesus ging mit den Pharisäern wiederholt hart ins Gericht, weil ihr frommes Gehabe nicht mit ihrer wirklichen Gesinnung übereinstimmte.[2]

Es war gerade dieser heuchlerische Aspekt im Pharisäismus, gegen den Jesus einige seiner schärfsten Angriffe richtete: „Wie fein hat von euch Heuchlern Jesaja geweissagt, wie geschrieben steht: ‚Dies Volk ehrt mich mit den Lippen, aber ihr Herz ist fern von mir.'" (Mk 7,6; vgl. Jes 29,13) Bei anderer Gelegenheit warf Jesus ihnen vor, sie seien verblendete Führer, die zwar Mücken aussiebten, aber Kamele verschluckten (Mt 23,24).

Möglicherweise kannte das Judentum jener Zeit das Problem der pharisäischen Heuchelei (5. Jh.). Der Talmud führt nämlich sieben Klassen von Pharisäern auf, von denen fünf entweder als Heuchler

---

[1]   Ebenda, 116.
[2]   Ebenda, 29.

oder verschrobene Narren galten: „(1) ‚Die Schulter-Pharisäer‘, die sozusagen ihre guten Taten prahlerisch auf ihren Schultern trugen; (2) ‚die Warte-ein-Weilchen-Pharisäer‘, die immer sagten: ‚Gedulde dich einen Augenblick, bis ich die gute Tat getan habe, die auf mich wartet‘; (3) ‚die lädierten Pharisäer‘, die lieber gegen eine Wand liefen und sich dabei stießen, so daß sie bluteten, als sich den Anblick einer Frau zuzumuten; (4) ‚die Stößel-Pharisäer‘, die mit tief gebeugtem Kopf, wie der Stößel im Mörser, herumliefen; (5) ‚die ständig rechnenden Pharisäer‘, die sagten: ‚Laß mich wissen, was ich Gutes tun muß, um meine Versäumnisse auszugleichen‘; (6) ‚die gottesfürchtigen Pharisäer‘ nach der Art Hiobs; (7) ‚die Gott lieben-den Pharisäer‘ gemäß Abraham.“[1]

Obwohl Jesus nicht immer zart mit den Pharisäern umging, standen ihm manche doch positiv gegenüber. Wahrscheinlich waren es Männer aus den beiden letzten Gruppen, die sich selbst vom Fanatismus oder der kauzigen Frömmigkeit ihrer Gesinnungsgenossen abgestoßen fühlten. Jesus wurde beispielsweise von Pharisäern vor den Machenschaften des Herodes gewarnt (Lk 13,31). Nikodemus setzte seine Karriere und sein Leben aufs Spiel, als er sich wegen der Grablegung Jesu bei Pilatus verwendete (Jo 3,1; 19,38-40). Nach Pfingsten bekannte sich offensichtlich eine Reihe von Pharisäern zum auferstandenen Christus (Apg 15,5).

Vermutlich hatten es manche von ihnen selbst nach der Bekehrung nicht leicht, aus ihrem früheren pharisäischen Denken auszubrechen: ständig neue Gebote und Vorschriften aufzustellen, Wert auf Äußerlichkeiten zu legen, menschliche Verdienste zu betonen, gern zu kritisieren und sogar andere Christen zu bekämpfen, die sich nicht an das hielten, was sie sich selbst und der Gemeinde auferlegt hatten (vgl. Apg 15, den Galaterbrief und Rö 13; 14).

Es war eine der verhängnisvollsten Erfahrungen der frühen Christenheit, daß von Anfang an pharisäischer Geist in die Gemeinde hineingetragen wurde. So wie das Trojanische Pferd für die Trojaner, wurde der Pharisäismus zu einer tödlichen Bedrohung für das biblische Christentum. Paulus mußte viel Kraft und Zeit aufwenden, um

---

[1] „The Jewish Encyclopedia“, Stichwort „Pharisäer“.

den „getauften Pharisäismus" zu bekämpfen. Ausrotten konnte er ihn jedoch nicht.

Pharisäer sterben niemals aus

Die Kirchengeschichte zeigt, daß der christliche Pharisäismus anscheinend unausrottbar ist. Leider trifft das auch für die Adventgemeinde zu. Das Pharisäertum ist deshalb immer noch lebendig, weil *es sich nicht um eine historische Gruppierung handelt, sondern um einen Geisteszustand oder eine Gesinnung.* Seinem Wesen nach entspricht der Pharisäer in seiner Grundstruktur dem, was die Bibel den „natürlichen Menschen" nennt. Der natürliche Mensch hält sich für gut, weil er einen nach außen hin tadellosen Lebenswandel mit wahrer Gerechtigkeit verwechselt.

In vieler Hinsicht besteht ein zentrales Problem der Pharisäer paradoxerweise in ihrer Unbescholtenheit. Sie brauchen nämlich Christus nicht. Sie sehen sich und ihr Leben von einem rein menschlichen Standpunkt und sind stolz auf ihre moralischen Qualitäten.

„Mit einem hartgesottenen Sünder kann man etwas anfangen", schreibt P. T. Forsyth. „Er kann wenigstens in Stücke geschlagen werden. Ich weiß aber nicht, was man mit schleimigen [sic] Heiligen anfangen soll, die sanft in Watte gepackt sind, in ihrer Religion schlummern oder zu Leder gegerbt sind, wie ein Handschuh, geschmeidig und zäh zugleich ... Gibt es etwas Zufriedeneres, Selbstsüchtigeres und Hoffnungsloseres? ... Wenn Religion den Grad satter Selbstzufriedenheit und unerschütterlicher Selbstsicherheit erreicht hat, wird sie zu einem harten Panzer, den nicht einmal Gottes Gnade mehr zu durchbrechen vermag."[1]

Eines der größten Probleme von Menschen, die stolz sind auf ihren achtbaren Lebenswandel, besteht darin, daß sie sich über ihre Verlorenheit hinwegtäuschen und nicht mehr daran denken, daß sie völlig auf Gottes Gnade angewiesen sind. Dieses Problem verschärft sich in der Regel noch, wenn solche Leute wohlhabend und einflußreich sind. Der einfache Mann auf der Straße weiß meist um seine

---

[1] P. T. Forsyth, „The Work of Christ" (London, Hodder and Stoughton, o. J.), 161f.

Bedürftigkeit, aber die Selbstgerechten aus „Laodizea" halten es für ausgeschlossen, daß sie „elend und jämmerlich, arm, blind und bloß" sein könnten. Sie weisen es weit von sich, daß auch sie durch „Feuer" geläutert werden müßten. Sie brauchen weder das „weiße Kleid" der Gerechtigkeit Christi noch eine „Salbe", die ihnen die Augen für ihren wahren Zustand öffnen könnte (vgl. Offb 3,15-18).

Wenn man das alles in Betracht zieht, fällt es nicht schwer, Coleman zuzustimmen, der schreibt, daß „die Pharisäer unsere nicht allzu fernen Vettern sind. Sie haben kaum etwas getan, was wir nicht ebenfalls mit aller Kraft versucht hätten, um ihnen in Tat und Einstellung zu entsprechen. Wir haben sie als Prügelknaben benutzt, obwohl es angebracht gewesen wäre, sie als Spiegel zu gebrauchen."[1]

Neupharisäischer Geist zeigt sich allerdings nicht nur im Stolz auf die eigenen geistlichen und moralischen Qualitäten, sondern auch in unbarmherziger Kritiksucht. Emil Brunner formulierte das so: „Wo gibt es einen Menschen, der nicht auch zugleich ein Pharisäer ist? Wen von uns verlangt es nicht nach einem kleinen Thron, von dem aus er über andere richten kann?"[2]

Es gibt nichts Ätzenderes als Kritiksucht. Muß es nicht aufhorchen lassen, wenn vorgebliche Christen rücksichtslos ihren Prediger, ihre Gemeinde und alle, die nicht ihrer Meinung sind, kritisieren? In dieser Hinsicht stehen sie ihren Vorgängern aus alter Zeit in nichts nach. *Wenn Kritik ein Maß erreicht, das alle positiven Äußerungen überdeckt, ist das ein Zeichen für Pharisäertum.* Während der Generalkonferenz der Gemeinschaft der Siebenten-Tags-Adventisten in Minneapolis 1888 machte sich solch ein pharisäischer Geist breit.[3]

Auch in der Adventgemeinde von heute ist dieser Geist zu spüren, überall dort, wo man neue Vorschriften aufstellt und alles kritisiert, angefangen bei der Art und Weise, wie Menschen Gott anbeten, bis hin zu der Frage, was in einer adventistischen Familie zum Frühstück auf dem Tisch stehen darf und was nicht.

[1]   W. Coleman, „Pharisees' Guide", 123.
[2]   E. Brunner, „The Mediator", (New York, The Macmillan Co., 1934), 494.
[3]   G. R. Knight, „From 1888 to Apostasy: The Case of A. T. Jones", 44f.; G. R. Knight, „Angry Saints: Tensions and Possibilities in the Adventist Struggle Over Righteousness by Faith", 80.99.

Selbstverständlich kennen Pharisäer alle Regeln der Nächstenliebe, aber sich liebevoll um Menschen zu kümmern haben sie nie gelernt. Schon 1888 bezeichnete Ellen White solche Leute als „Eisberge, kalt, ohne Sonne, finster und abschreckend".[1]

Jeder von uns hat wahrscheinlich solche „Evangelisten" kennengelernt, und, was noch schlimmer ist, mancher von uns (wie auch ich) hat selbst mit pharisäischem Eifer um Feinheiten des adventistischen Lebensstils und der Lehre gekämpft. Wieviel Zeit ist in fruchtlosen Diskussionen um Details des Gesetzes vergeudet worden! Aber von Zeit zu Zeit ist uns die Erleuchtung gekommen, daß es manchmal wichtiger ist, dem Geist des Glaubens zu gehorchen, als stundenlang über Glaubensthemen zu diskutieren. Wahrscheinlich ist es leichter, anderen Menschen Vorschriften aufzudrängen, als sich liebevoll um sie zu kümmern.

Mich erschreckt der Gedanke, daß *in jedem von uns ein kleiner Pharisäer steckt, der der Welt oder der Gemeinde seine Meinung aufzwingen möchte.* Dabei geben wir uns nicht damit zufrieden, eine Art „adventistische Mischna" oder mündliche Überlieferung zu schaffen, die wir unseren Nachbarn aufladen wollen. Noch schlimmer ist, daß wir sogar versuchen, Gott in unsere theologische Zwangsjacke zu stecken. Den Pharisäern aller Zeiten scheint nichts wichtiger zu sein, als den Gott des Himmels nach ihrem eigenen religiösen (Schein-)Bild zu schaffen.

---

[1] E. G. White an G. I. Butler, 14. Okt. 1888.

Kapitel 2

Sünde – ein uraltes Problem

Die moderne, säkulare Gesellschaft ist trotz ihres enormen Wissens und ihrer wirtschaftlichen Potenz seltsam hilflos, wenn es darum geht, das Problem zu verstehen, dem sie ständig und überall begegnen.

Vor etwa sechzig Jahren schrieb der Psychiater Karl Menninger: „Wie wir es auch drehen und wenden mögen, es ist schwierig, sich unser Universum als eine harmonische Einheit vorzustellen; im Gegenteil, überall begegnen uns Tatsachen, die auf starke Konflikte hinweisen. Liebe und Haß ... Schöpfung und Vernichtung – es sieht ganz so aus, als sei das ständige Aufeinanderprallen gegenläufiger Strömungen das, was der Welt zugrunde liegt und sie am Laufen hält."[1]

Natürlich steht man dem Phänomen des Bösen hilflos gegenüber, wenn man den Schlüssel zu seiner Erklärung weggeworfen hat.

Fünfunddreißig Jahre nachdem Karl Menninger die oben angeführten Sätze geschrieben hatte, plagte er sich noch immer mit demselben Problem. 1975 veröffentlichte er sein bahnbrechendes Werk: „Whatever Became of Sin?" (Was ist aus der Sünde geworden?). Im Rahmen seiner Ausführungen über die Grundlagen der modernen Kultur verwies er auf den verhängnisvollen Trend, daß zunächst „Sünden zu Verbrechen geworden sind und heute Verbrechen zu Krankheiten gemacht werden". Das hat dazu geführt, daß heute die

---

[1] K. Menninger, „Man Against Himself" (New York, Harcourt, Brace & World, 1938), 3.

Deutung des Verbrechens als Krankheit zu oft benutzt wird, um der sittlichen Verantwortung auszuweichen. Die heutige Gesellschaft, so argumentiert er, kann nicht gesunden, solange sie sich nicht mit dem verlorengegangenen Konzept der Sünde auseinandersetzt.[1]

Ein anderer Psychiater, O. Hobart Mowrer, brachte die Sache auf den Punkt, als er schrieb: *„Solange wir die Realität der Sünde leugnen, verbauen wir uns selbst anscheinend die Möglichkeit einer radikalen Befreiung oder Genesung."*[2]

Beide Autoren stammen aus einer Berufsgruppe, die dem Christentum ganz allgemein und dem Phänomen Sünde im besonderen ablehnend gegenübersteht. Dennoch haben beide den Finger auf ein zentrales Problem menschlicher Existenz gelegt, dem auch in der Bibel höchste Bedeutung zugemessen wird. Von Anfang an haben christliche Theologen die Sünde als das eigentliche Menschheitsproblem erkannt. G. C. Berkouwer schreibt, daß „jeder Versuch, unsere Sünde zu bagatellisieren, in einem radikalen Gegensatz zum Gesamtzeugnis der Heiligen Schrift steht". James Stalker hatte schon Jahrzehnte früher geschrieben, daß „alle Irrlehren ihren Ursprung in einem unzureichenden Sündenverständnis haben".[3]

Der Apostel Paulus wußte, daß das richtige Verständnis der Sünde nicht nur nötig ist, um die Ursache der Probleme, mit der sich die Menschheit herumschlagen muß, zu verstehen, sondern daß dies auch das entscheidende Element für das Verständnis der Erlösung ist. Seine Argumentation im Römerbrief wird erst dann verständlich, wenn man etwas von der Macht und Allgegenwart der Sünde weiß.

Römer 1 zeigt, daß alle Nichtjuden Sünder sind, und im zweiten Kapitel belegt Paulus, daß die Juden ihnen nichts voraushaben, denn sie tun „ebendasselbe" (Rö 2,1). Die Grundlage der paulinischen Lehre von der Erlösung ist seine Feststellung, „daß alle, Juden wie Nichtjuden, unter der Herrschaft der Sünde stehen ... Alle haben

---

[1] K. Menninger, „Whatever Became of Sin?" (New York, Hawthorn Books, 1975), 45ff.

[2] O. H. Mowrer, „The Crisis in Psychiatry and Religion" (N. J. Princeton, D. Van Norstrand, 1961), 40.

[3] G. C. Berkouwer, „Sin" (Grand Rapids, Mich., Wm. B. Eerdmans, 1971), 287; J. Stalker, „The Atonement" (New York, American Tract Society, 1909), 88.

gesündigt und die Herrlichkeit verloren, die Gott ihnen zugedacht hatte." (Rö 3,9.23 – Grundtext)

Erst nachdem Paulus die Leser zu dieser Schlußfolgerung geführt hat, kann er damit anfangen, seine Lehre von der Erlösung zu entwickeln. In der Tat, schon im nächsten Vers beginnt er seine Argumentation mit der Feststellung: Alle sind Sünder (Vers 23), deshalb werden auch alle, die errettet werden, „ohne Verdienst gerecht ... aus seiner Gnade durch die Erlösung, die durch Christus Jesus geschehen ist" (Vers 24).

In den nächsten Kapiteln legt er dar, wie Gott das Problem Sünde im menschlichen Leben durch die Rechtfertigung und Heiligung löst. Auf diese theologischen Begriffe wird in den Kapiteln 4 und 5 näher eingegangen. Zunächst müssen wir uns aber, darin dem Römerbrief folgend, genauer mit dem Wesen der Sünde befassen.

An dieser Stelle soll noch einmal betont werden, daß *die Botschaft von der Erlösung erst dann richtig verstanden werden kann, wenn man zuvor begriffen hat, was Sünde wirklich ist.* Edward Vick hat recht, wenn er sagt, daß „das erste Element der christlichen Vollkommenheit [oder jeder andere Aspekt der Erlösung] die Erkenntnis ist, daß wir Sünder sind". Das bedeutet nicht allein, daß wir zugeben müssen, die sündhaften Handlungen A, B und C getan zu haben. Vor allem gilt es anzuerkennen, „daß wir grundsätzlich zu jener Art Menschen gehören, die solche Dinge tun ... Anzuerkennen, daß wir Sünder sind, bedeutet anzuerkennen, daß es eine Macht gibt, die uns beherrscht und daran hindert, so zu sein, wie Gott uns haben möchte. Diese Macht ist die *Sünde.*"[1]

Es ist geradezu unmöglich, die Bedeutung und Dimension des Problems Sünde zu überschätzen. Wenn Paulus feststellt, daß alle Menschen, Juden wie Nichtjuden, „unter der Herrschaft der Sünde stehen" (Rö 3,9 – Grundtext), dann meint er es auch so.

Der entscheidende Fehler der Pharisäer bestand darin, daß sie die Macht der Sünde unterschätzten. Daher glaubten sie, die Sünde sei durch die Überwindung der Sünden A, B und C aus der Welt zu

---

[1] E. W. H. Vick, „Is Salvation Really Free?" (Washington, D. C., Review and Herald, 1983), 86.

schaffen. Sie übersahen dabei völlig – und das war ihr großes Problem –, daß die Herrschaft der Sünde fortbesteht, auch dann wenn die Verfehlungen A, B und C überwunden sind. Der Sieg über einzelne sündige Verhaltensweisen macht aus Sündern keine Gerechten. Der Mensch bleibt Sünder, auch wenn er Teilsiege erringt. Selbst bei Aufbietung aller Kraft bleibt unser frommes Tun untaugliches Flickwerk.

Millard J. Erickson hat scharfsinnig bemerkt: „Wenn der Mensch im Grunde gut ist und seine intellektuellen und moralischen Fähigkeiten im großen und ganzen intakt sind, sind alle Probleme, die mit seinem Ansehen bei Gott zu tun haben, relativ geringfügig." Für solche Menschen mag das wesentliche Lebensproblem in Unwissenheit oder in sozialer und wirtschaftlicher Benachteiligung bestehen. Bei solchem Denken wird die Verbesserung des ökonomischen Systems oder „Erziehung das Problem lösen; ein gutes Vorbild oder Beispiel" für den Weg der Gerechtigkeit ist dann alles, was nötig ist. „Andrerseits wird eine viel radikalere Kur benötigt, wenn der Mensch von Natur aus verdorben oder rebellisch ist und daher weder imstande noch willens ist, das zu tun, was er als richtig erkannt hat."[1]

Die Pharisäer aller Zeiten haben ständig die Bedeutung dessen heruntergespielt, was Paulus als die „Macht" der Sünde im menschlichen Leben bezeichnet. Darum haben sie die menschliche Fähigkeit, mit der Sünde fertig zu werden, überschätzt. Ellen White schrieb dazu: „Erziehung und Bildung, Willensstärke und menschliche Anstrengungen haben zweifellos ihre Bedeutung, doch wenn es darum geht, unser Herz zu verändern, müssen sie allesamt kapitulieren. Mag sein, daß sich mit ihrer Hilfe eine passable Fassade aufrechterhalten läßt, aber die Beschaffenheit des Herzens, unser Denken, Fühlen und Empfinden verändern sich dadurch nicht ... Um einen Sünder in einen Heiligen zu verwandeln, reicht menschliche Kraft nicht aus. Das bringt nur einer zustande: Jesus Christus."[2]

---

[1] M. J. Erickson, „Christian Theology" (Grand Rapids, Mich., Baker Book House, 1986), 562.

[2] E. G. White, „Der bessere Weg" (Lüneburg, Advent-Verlag, 1995), 17.

Ursünde und „Erbsünde"

Die Universalität der Sünde

Sünde ist eine nicht zu leugnende Realität im Leben. Wir begegnen ihr überall. Armeen, Polizei, Richter, Gerichte und Strafanstalten sind ein schlagender Beweis für ihre Verbreitung und Macht. Der Theologe John Macquarrie beleuchtet dieses Problem, wenn er schreibt: „Wenn wir einen Blick auf das gegenwärtige, menschliche Leben werfen, stellen wir eine tiefgehende Zerrüttung im Dasein fest, einen krankhaften Zustand, der sich auf das gesamte Dasein zu erstrecken scheint, ob wir nun die Gesellschaft oder den einzelnen betrachten." Reinhold Niebuhr hat diese Erkenntnis in einen prägnanten Satz gefaßt: „Wo Geschichte ist ... ist Sünde."[1]

Selbst wenn es keine Bibel gäbe, die an vielen Stellen darüber spricht, würde es dennoch eine Lehre von der Sünde geben. Sünde ist ein ganz realer Bestandteil des Lebens und nicht etwa nur eine clevere Erfindung christlicher Theologen. In den Werken heidnischer Schriftsteller und Philosophen der Antike findet sich die Auseinandersetzung mit der Sünde ebenso wie in philosophischen, literarischen, soziologischen, psychologischen oder politischen Schriften der heutigen Zeit. Der Schriftsteller John Steinbeck z. B. schrieb in diesem Sinne: „Ich glaube, es gibt eine Geschichte in der Welt und nur diese eine ... Die Menschen sind gefangen – in ihrem Leben, ihren Gedanken, in Begierden und Verlangen, in Habsucht und Grausamkeit, aber auch in ihrer Freundlichkeit und ihrem Edelmut – in einem Netz von gut und böse."[2]

Aufgrund solcher Einsichten schrieb der Theologe James Orr, daß „die christliche Lehre von der Erlösung [und vom Sündenfall]

---

[1] R. Niebuhr, „The Nature and Destiny of Man: A Christian Interpretation" (New York, Charles Scribner's Sons, 1964), 2/80; B. Ramm, „Offense to Reason", 157; J. Macquarrie, „Principles of Christian Theology" (New York, Charles Scribner's Sons, 1977, 2. Aufl.), 69.

[2] E. Brunner, „The Christian Doctrine of Creation and Redemption" (Philadelphia, Westminster Press, 1952), 90; B. Ramm, „Offense to Reason", 10-37; J. Steinbeck, „East of Eden" (New York, Bantam Books, 1967), 366.

durchaus nicht nur auf dem Bericht in 1. Mose 3 beruht, sondern auch auf der Realität von Sünde und Schuld in dieser Welt, die es auch gäbe, wenn das dritte Kapitel der Genesis [1. Mose] niemals gechrieben worden wäre".[1]

Bibelgläubige Christen verstehen den Bericht vom Sündenfall (1. Mose 3) nicht als mythische Erzählung aus grauer Vorzeit, sondern als zuverlässigen Bericht von der menschlichen Ursünde. So sah das zweifellos auch der Apostel, der in Römer 5,12 erklärt: „Wie durch einen Menschen die Sünde in die Welt gekommen ist und der Tod durch die Sünde, so ist der Tod zu allen Menschen durchgedrungen, weil sie alle gesündigt haben".

An anderer Stelle (Rö 3,9-23) betont er wiederholt, daß „alle gesündigt haben" und „Kinder des Zornes von Natur aus" sind (Eph 2,3), während es im Buch Jeremia (17,9 Hfa) heißt, daß des Menschen Herz „arglistig und unverbesserlich" ist. Und David war der Meinung, daß der Mensch von Geburt in der Sünde gefangen ist: „Siehe, ich bin als Sünder geboren, und meine Mutter hat mich in Sünden empfangen." (Ps 51,7) Schließlich sei noch einmal Paulus mit einer Aussage zitiert, die den Sachverhalt auf die Spitze treibt: „Gott hat alle eingeschlossen in den Ungehorsam, damit er sich aller erbarme." (Rö 11,32)

Obgleich Römer 5,12 die Tatsachen darlegt, daß (1) Adam gesündigt hat und durch seinen Ungehorsam (2) alle Menschen in Sünde geraten sind, „versucht der Apostel nicht, im Detail zu schildern, wie das geschah". In Wirklichkeit, so behauptet Ramm, „geht es Paulus an dieser Stelle nicht in erster Linie um die Betonung der Tatsache, daß die Menschheit sündig ist. Er schildert vielmehr die herrliche Erlösung in Christus."

Die eigentliche Anklageschrift findet sich bereits in Römer 1,17 bis 3,23.[2]

---

[1] J. Orr, „The Christian View of God and the World" (New York, Charles Scribner's Sons, 1897), 182.

[2] A. Barnes, zit. bei H. Shelton Smith, „Changing Conceptions of Original Sin" (New York, Charles Scribner's Sons, 1955), 129; B. Ramm, „Offense to Reason", 50.

Römer 5 erklärt nicht, wie es möglich war, daß Adams Sünde auch seine gesamte Nachkommenschaft mit ins Verderben ziehen konnte. Doch es gibt im Alten wie im Neuen Testament Belege dafür, daß genau das geschah. Den ersten Text, der diesen Prozeß deutlich schildert, finden wir in 1. Mose 5,3 (EB). Dort heißt es, daß „Adam ... zeugte einen Sohn ihm ähnlich, nach seinem Bilde, und gab ihm den Namen Set".

Hier wird deutlich unterschieden zwischen dem Adam vor dem Fall, der nach dem Bilde Gottes erschaffen war, und seinem Sohn, der ein Abbild Adams nach dem Sündenfall war. In 1. Mose 8,21 wird dieses Thema erneut aufgenommen, als Gott am Ende des Sintflutberichts über den Menschen sagt: „Das Dichten und Trachten des menschlichen Herzens ist böse von Jugend auf." (1 Mo 8,21).

Ähnlich äußerte sich Jesus Nikodemus gegenüber: „Was vom Fleisch geboren ist, das ist Fleisch; und was vom Geist geboren ist, das ist Geist." (Jo 3,6). Wobei sich der Begriff Fleisch, wie auch in den Schriften des Paulus (vgl. Rö 7,17.18; 8,5.8.9.13; Gal 5,24), nicht auf den Körper, sondern auf die sittliche Beschaffenheit des Menschen bezieht.

Bei genauerem Hinsehen zeigt sich, daß das Problem der Sünde, das in 1. Mose 3 aufkommt, dort nicht endet. Man entdeckt es in der Geschichte von Kain und Abel (1 Mo 4), in dem Bericht über Noah und seine Zeit (1 Mo 6), es durchzieht die ganze Bibel bis hin zum letzten Buch der Heiligen Schrift, der Offenbarung des Johannes. Und über den Rahmen der Bibel hinaus, findet es sich bis heute in jeder Phase der Weltgeschichte.

Das Konzept der Ursünde macht es möglich, uns selbst, wie auch die Welt um uns herum zu verstehen, auch wenn wir den Mechanismus ihrer Weitergabe an die Nachkommen nicht völlig durchschauen. „Ohne den Begriff einer Ursünde bleiben wir uns selbst unbegreifbar", schrieb der Religionsphilosoph, Mathematiker und Physiker Blaise Pascal.[1]

---

[1] B. Pascal, zit. ebenda, 1; vgl. B. Pascal, „Pensées", 7, 445.

Das Wesen der Ursünde

Die Tatsache, daß sowohl die Bibel als auch die tägliche Erfahrung die universale Verbreitung der Sünde bezeugen, wirft natürlich die Frage nach dem Wesen der „Ursünde" auf. Was ist das genau, was seither Adams Nachkommen von ihm als Folge des Sündenfalls geerbt haben? Die zwei geläufigsten Antworten darauf sind: Schuld und eine verdorbene Wesensart.

Von vielen wird die Vorstellung von einer vererbten Schuld allerdings abgelehnt. Der Prophet Hesekiel gehörte beispielsweise zu diesem Personenkreis. Er schrieb: „Denn nur wer sündigt, der soll sterben. Der Sohn soll nicht tragen die Schuld des Vaters, und der Vater soll nicht tragen die Schuld des Sohnes." (Hes 18,20). Schon Mose hatte auf derselben Ebene argumentiert: „Die Väter sollen nicht für die Kinder noch die Kinder für die Väter sterben, sondern ein jeder soll für seine Sünde sterben." (5 Mo 24,16) Der Grund dafür ist die Tatsache, daß Sünde etwas Persönliches ist. Im Jakobusbrief heißt es: „Wer nun weiß, Gutes zu tun, und tut's nicht, dem ist's Sünde" (Jak 4,17).

Sünde hat nicht nur eine persönliche, sondern auch eine moralisch-sittliche Komponente. Sie ist, wie wir später noch ausführlicher besprechen werden, eine gewollte, bewußte Entscheidung gegen Gott. Daraus folgert Ramm, daß „die Schuld eines Menschen nicht einem anderen angerechnet werden kann". Bereits im 19. Jahrhundert verwies der Theologe Washington Gladden darauf, daß die Vorstellung, Gott strafe den einzelnen wegen der Sünde Adams, eine „unmoralische Theologie" ist.[1]

Andrerseits sieht es so aus, als habe Ellen White zumindest an einer Stelle die Meinung vertreten, daß Schuld vererbbar sei. Sie schrieb: „Das, was Kinder erben, ist die Sünde. Die Sünde hat sie von Gott getrennt. Jesus gab sein Leben, damit er die unterbrochene Verbindung zu Gott wieder herstellen kann. Vom ersten Adam emp-

---

[1]   B. Ramm, „Offense to Reason", 76; W. Gladden, zit. bei Smith, „Changing Conceptions of Original Sin", 176.

fängt der Mensch nichts als Schuld und das Todesurteil."[1] Auf derselben Linie scheint sich Gottes Aussage in den Zehn Geboten zu bewegen, daß er „die Missetat der Väter heimsucht bis ins dritte und vierte Glied an den Kindern derer, die mich hassen" (2 Mo 20,5; vgl. 2 Mo 34,7; 4 Mo 14,18; 5 Mo 5,9).

Um sie richtig zu verstehen, müssen diese beiden Aussagen im Gesamtzusammenhang der Offenbarung Gottes gesehen werden. Am Wortlaut des zweiten Gebots läßt sich nichts deuteln, auch wenn er zunächst anderen Aussagen der Heiligen Schrift zu widersprechen scheint. Vielmehr gilt es, aus dem Gesamtzusammenhang heraus die Bedeutung der Aussage und den Grund für die Tatsache zu verstehen, daß die Sünden der Väter an den Kindern „heimgesucht" werden.

Ellen White zeigt eine Lösung dieses Problems auf, indem sie erklärt: „Es ist unvermeidlich, daß Kinder unter den Folgen elternlichen Fehlverhaltens leiden müssen. Aber sie werden für die Schuld der Eltern nicht zur Rechenschaft gezogen, es sei denn, sie hätten auch daran Anteil gehabt. Gewöhnlich treten aber die Kinder in die Fußtapfen ihrer Eltern. Durch Vererbung und Beispiel machen sie sich der gleichen Sünden wie ihre Eltern schuldig. Die Anlage zu schlechten Neigungen und niedrigen Gewohnheiten wird genauso wie körperliche Krankheit und Entartung vom Vater auf den Sohn bis ins dritte und vierte Glied vererbt."[2]

Auch der Theologe James Denney hilft uns, die Beziehung zwischen Vererbung und Schuld zu verstehen: „Vererbung ist *kein* unabwendbares Schicksal. Was wir von unseren Eltern empfangen haben, verstrickt uns nicht in ein Netz von Schuld und Elend, aus dem es kein Entrinnen gibt" – wenn wir zu Gott gehören. Es ist unmoralisch und feiger Unglaube zu behaupten, daß unser Schicksal durch die Taten oder Untaten unserer Vorfahren bereits festgelegt sei. „Die Sünden der Väter sind nur dann verderbenbringend, wenn die Söhne sie sich zu eigen machen. Die vererbten Neigungen mögen stark

---

[1]   E. G. White, „Child Guidance" (Nashville, Tenn., Southern Publ. Assn., 1954), 475.

[2]   E. G. White, „Patriarchen und Propheten" (Hamburg, Saatkorn, 1973), 280.

sein, sie sind aber in des Menschen Natur nicht das allein Ausschlaggebende; sie werden ihm nur dann für immer zum Verhängnis, wenn er eine Beziehung zu Gott ablehnt und das böse Erbe bewußt zum Teil seiner selbst macht."[1]

Wenn das wahr ist, stellt sich allerdings die Frage: Warum sündigen dann ausnahmslos alle Menschen? Warum verfängt sich letztlich jeder in den Schlingen der Sünde? Warum konnte ihr niemand entkommen?

Albert Knudson weist darauf hin, daß es jeder Mensch mit Sünde und Schuld zu tun hat. Allerdings besteht zwischen diesen Begriffen eine Spannung. Schuld setzt Freiheit voraus, aber die allgemeine Verbreitung der Sünde scheint auf eine Ursache hinzuweisen, die schon da ist, bevor sich ein Menschen für die böse Tat entscheidet. „Wenn Sünde auf freie Entscheidung zurückzuführen ist, dann gibt es eigentlich keinen vernünftigen Grund für ihre Universalität. Ihre Universalität weist auf ein Element der Unvermeidbarkeit hin, auf eine angeborene Neigung oder einen Hang zum Bösen, der schon vor dem Gebrauch der Freiheit vorhanden ist."[2]

Ellen White teilte diese Auffassung, als sie schrieb, daß wir nicht nur „uns anerzogene Neigungen zum Bösen" haben, sondern auch ererbte Neigungen besitzen. Aufgrund dieser ererbten Neigungen zur Sünde braucht einem Kind nicht beigebracht zu werden, wie man sündigt.[3]

J. C. Ryle verweist darauf, daß ein Mensch „immer weiß, wie man sündigt!", wie unwissend er auch sonst sein mag. Offenbar hängt das damit zusammen, daß wir „Kinder des Zorns von Natur" sind (Eph 2,3). „Denn von innen, aus dem Herzen der Menschen, kommen heraus böse Gedanken, Unzucht" und vieles andere (Mk 7,21). „Auch der süßeste Säugling ist kein kleiner ‚Engel', wie seine

---

[1] J. Denney, „Studies in Theology" (London, Hodder and Stroughton, 1895), 263 – Hervorhebung hinzugefügt.

[2] A. C. Knudson, „The Doctrine of Redemption" (New York, Abingdon-Cokesbury-Press, 1933), 263 – Hervorhebung hinzugefügt.

[3] E. G. White, „Das Leben Jesu" (Hamburg, Saatkorn, 1974), 670; vgl. ders., „Patriarchen und Propheten", 280.

Mutter ... ihn vielleicht zärtlich nennt, sondern ein kleiner ‚Sünder'."[1] Nicht, daß er schon bewußt sündigen würde, aber doch in dem Sinne, daß er mit dem Hang geboren wurde, die Sünde zu wählen, sobald er alt genug ist, das zu tun.

John Faulkner faßt die biblische Sicht der Ursünde folgendermaßen zusammen: Die „Ursünde bedeutet, daß in den Ureltern der Menschheit durch ihre freiwillige und bewußte Übertretung ein Hang zum Bösen aufkam, den sie aufgrund der Naturgesetze an ihren Nachwuchs weitergaben".[2]

Wenn Schuld und Sünde auch nicht von einer Generation auf die andere übertragen werden können, so pflanzt sich doch die innewohnende Neigung oder der Hang zur Sünde fort. Diese Veranlagung – die fleischliche Gesinnung, von der in Römer 8,7 die Rede ist – bleibt so lange die impulsgebende Kraft im Menschen, bis sie durch die Bekehrung oder die Erfahrung der geistlichen Wiedergeburt ersetzt wird.

Über die Tatsache hinaus, daß schon Säuglinge potentielle Sünder sind und von Natur aus zum Bösen neigen, soll aber auch darauf hingewiesen werden, daß sie von Geburt aus mehr besitzen als nur den Hang zur Sünde. Das wurde in den großen Auseinandersetzungen über die Sündhaftigkeit der menschlichen Natur ersichtlich, die in der Theologie des 19. Jahrhunderts ausgetragen wurden.

Leonard Woods vertrat die Auffassung, daß der Mensch schon böse geboren sein müsse, weil die sittliche Verderbtheit (1) so allgemein verbreitet ist wie der Verstand und das Gedächtnis; (2) sie sichtbar wird, sobald die Kinder alt genug seien, um ihre Gefühle zu zeigen; (3) sie nicht auf eine Veränderung der Natur der Kinder nach ihrer Geburt zurückgeführt werden kann; (4) sie sich spontan zeigt und schwierig auszumerzen ist; (5) sie uns mit Gewißheit voraussagen läßt, daß jedes Kind ein Sünder wird.[3]

---

[1] J. C. Ryle, a. a. O., 5.3.
[2] J. A. Faulkner, „Modernism and the Christian Faith" (New York, Methodist Book Concern, 1921), 280.
[3] L. Woods, zit. bei Smith, „Changing Conceptions of Original Sin", 79f.

Henry Ware widersprach Woods, indem er darlegte, daß die genannten fünf Argumente genausogut natürliche Heiligkeit wie auch natürliche Verderbtheit beweisen könnten: (1) Selbstverständlich stimme es, so Ware, daß Kinder sündige Neigungen an den Tag legen; es dürfe aber nicht übersehen werden, daß sie auch über angeborene gute Neigungen verfügen. (2) Nicht nur sündige, sondern auch tugendhafte Reaktionen können spontan auftreten. (3) Wenn die sündige Veranlagung nicht auf Veränderungen nach der Geburt zurückgeführt werden könne, müsse man dieses Prinzip auch für die tugendhaften Neigungen gelten lassen. (4) In beiden Fällen ist es schwierig, sie gänzlich zu unterbinden. (5) Und nicht zuletzt könne man nicht nur voraussagen, daß alle Kinder sündigen werden, sondern auch, daß sich bei allen gute Charakterzüge zeigen.[1]

Einige Theologen erkannten die Tatsache an, daß der Mensch bereits bei der Geburt sowohl gute als auch schlechte Neigungen aufweist. William Newton Clarke zum Beispiel behauptete, daß jedem von Anfang an das doppelte Erbe von Gut und Böse mitgegeben sei. Andererseits bestritt er, daß die Menschen moralisch neutral seien. Im Gegenteil, „Gott hat gewiß die Menschheit mit einem Antrieb zum Höheren ausgestattet ... die Natur neigt dem Guten zu". Das Gute könnte tatsächlich dadurch zustande gebracht werden, daß die „allgemeinen Verhältnisse" entsprechend gestaltet würden. Mit anderen Worten, die Menschheit kann durch die Anwendung wissenschaftlicher Erkenntnisse in Umwelt und Gesellschaft gebessert werden.[2]

Ellen White stimmte Clarke bis zu einem gewissen Grad zu. Sie schrieb: „Nicht nur verstandesmäßige, auch geistliche Kräfte schlummern im Innern eines jeden – ein Empfinden für das Rechte, ein Verlangen nach dem Guten. Aber gegen diese Anlagen kämpft eine feindliche Macht an." Nach ihrer Auffassung neigt jedoch die Natur eher zum Bösen als zum Guten. Zur Natur jedes Menschen, so schrieb sie, „gehört ein Hang zum Bösen, ein Drang, dem er ohne

---

[1] H. Ware, zit. ebenda, 82f.
[2] W. N. Clarke, „An Outline of Christian Theology" (New York, Charles Scribner's Sons, 1898), 244f.

Hilfe nicht widerstehen kann". Der Mensch kann seine bösen Neigungen deshalb nur durch die Kraft Christi überwinden.[1]

Anders als einige ihrer Interpreten, vertrat Ellen White nicht die Auffassung, daß die Menschen sittlich neutral geboren werden, denn jeder Mensch erbt einen „Hang zum Bösen". Diese Anlage ist derart fest im Wesen des Menschen verankert, daß nur die umwandelnde Kraft Christi diesem Zug nach unten Einhalt gebieten kann (vgl. Kapitel 4). Soziologische und psychologische Veränderungen sowie gentechnische Eingriffe reichen deshalb nicht aus, um das tiefsitzende Problem der Sünde zu lösen.

Nirgendwo berichtet die Bibel davon – ausgenommen bei Jesus Christus –, daß jemals ein Mensch bereits „wiedergeboren" auf die Welt gekommen wäre oder sündlos gelebt hätte. Selbst gottesfürchtige Eltern zu haben reicht nicht aus, den angeborenen Hang zum Bösen aufzuheben.[2] Selbst Kinder, die in die besten christlichen Familien hineingeboren worden sind, sind nicht gegen sündige Regungen wie Egoismus oder geistlichen Hochmut geschützt. Gerade solche sündigen Verhaltensweisen machen das Wesen der Sünde aus – mehr als offensichtlich böses Tun. Auf dieses Thema kommen wir im nächsten Abschnitt noch näher zu sprechen.

Die Tatsache, daß manche weder Tag noch Stunde ihrer Bekehrung kennen, bedeutet nicht, daß es diese notwendige geistliche Wende in ihrem Leben nicht gegeben hätte. Es läßt sich allerdings nicht leugnen, daß es gerade bei „sittlichen Helden" kaum Hoffnung auf Bekehrung gibt, weil sie nach außen so glänzend dastehen. Jesus hat das in den Gleichnissen von den beiden Söhnen und der verlorengegangenen Münze überzeugend veranschaulicht (vgl. Lk 15). Weil solche Menschen ihren Mangel nicht spüren, haben sie deshalb auch kein Verlangen nach Umkehr (Lk 15,17). Hinzu kommt, daß ihre Anständigkeit sie dazu verleitet, an anderen gnadenlose Kritik zu

---

[1] E. G. White, „Erziehung" (Hamburg, Advent-Verlag, 1954), 25.

[2] Wegen einer entgegengesetzten Position siehe bei M. Moore, „The Refiner's Fire" (Boise, Idaho, Pacific Press, 1990), 132, Anm. 6. Die Vorstellung, daß ein Mensch „von neuem geboren" werden könne, setzt sich derzeit in bestimmten adventistischen Kreisen immer mehr durch.

üben (Verse 25-30). Diese Kritiksucht ist ungeachtet ihres äußerlich vorbildlichen Verhaltens ein Zeichen dafür, daß in ihrem Herzen und ihrer Gesinnung etwas nicht stimmt. Wie wir schon am Beispiel der Pharisäer gesehen haben, ist nichts trügerischer und gefährlicher als die „Sünde der Tugendhaftigkeit".

Wenn es um Bekehrung und geistliche Wiedergeburt ging, hatte es Christus mit denen besonders schwer, die sich auf ihre moralischen Qualitäten verließen. Sie brauchten keine Bekehrung. Das ist die große Selbsttäuschung der Pharisäer aller Zeiten.

Ob es uns gefällt oder nicht, ob wir es gelten lassen oder nicht, ob wir es uns eingestehen oder nicht: In jedem Menschen steckt der Hang zum Bösen, der der Veränderung bedarf, ob man das nun hinter einer frommen Maske oder äußerlicher Rechtschaffenheit zu verbergen sucht oder nicht.

Die Folgen der Ursünde

Bevor wir das Thema Ursünde verlassen, müssen wir noch etwas über ihre Folgeerscheinungen sagen. Anhand von 1. Mose 3 lassen sie sich anschaulich darstellen.

Erstens wären da die religiösen Auswirkungen. Die ursprünglich vertraute Beziehung Adams und Evas zu Gott wurde zerstört. Im Bibeltext heißt es: sie versteckten sich vor Gott dem Herrn und fürchteten sich vor ihm (Verse 8-10). Nachdem sie Gott mißtraut und damit entthront sowie die „Liebe zu Gott von der ersten Stelle in ihrer Seele" verdrängt hatten, wurde ihnen der Schöpfer fremd.[1]

Wir kennen diesen Mechanismus von der mitmenschlichen Ebene her. Ein Kind, das ungehorsam war, versucht den Eltern aus dem Wege zu gehen, weil es ihnen nicht in die Augen schauen kann. Es gibt jetzt etwas in seinem Herzen, das es verbergen möchte. Auf ähnliche Weise kann der vor Gott schuldige Mensch Gottes Gegenwart nicht mehr ertragen. Die Sünde hat die enge Beziehung zwischen Mensch und Gott zerstört.

---

[1]   J. Orr, „God's Image in Man" (New York, A. C. Armstrong and Son, [1906], 2. Aufl.), 223.

Nun wäre es schon schlimm genug gewesen, wenn sich die Entfremdung zwischen Gott und Mensch auf das passive Sich-vor-Gott-Verbergen beschränkt hätte, aber dem ist nicht so. Sünde ist ihrem Wesen nach aktives Handeln gegen Gott. Das veranlaßte den Apostel Jakobus zu der Aussage, daß sich die Welt in „Feindschaft mit Gott" befindet (Jak 4,4). Und Paulus wies darauf hin, daß Gott für unsere Erlösung schon alles getan hatte, als wir noch seine Feinde waren (vgl. Rö 5,10; Kol 1,21.22).

„Ein Feind ist nicht gerade jemand", schrieb Leon Morris, „der als guter und treuer Freund lediglich ein bißchen versagt. Vielmehr muß er dem Lager unserer Gegner zugerechnet werden." Das heißt: Sünder sind Menschen, „die ihr Bestreben den Wegen und Plänen Gottes genau entgegensetzen".[1]

Zweitens hat die Sünde Auswirkungen auf zwischenmenschlicher und sozialer Ebene. Das wurde zum erstenmal sichtbar, als es in der ersten Familie in der Geschichte den ersten Streit gab. Als Gott Adam auf den Verzehr der verbotenen Frucht hin ansprach, schob der alle Schuld seiner Frau zu: „Das Weib, das du mir zugesellt hast, gab mir von dem Baum, und ich aß." (1 Mo 3,12)

Das Verhängnis bestand darin, daß sich die Folgen der Ursünde nicht auf die Differenzen des ersten Menschenpaars beschränkten. Die Schilderungen in 1. Mose 4-11 zeigen nämlich, daß sich die sozialen und gesellschaftlichen Auswirkungen der Sünde unaufhaltsam auf die gesamte Menschheit ausweiteten. Bereits in der ersten Familie steigerten sich diese Folgen zum Brudermord (vgl. 1 Mo 4), und schließlich bildeten sie das Grundmotiv, das alle biblischen Berichte durchzieht.

Eine dritte Folge der ersten Sünde sind ihre Auswirkungen auf den Sünder selbst. Die Sünde tangiert auch das Verhältnis eines jeden Menschen zu sich selbst. Nachdem sich Gott Adams Version des Geschehens angehört hatte, wandte er sich Eva zu und fragte: „Warum hast du das getan?" Die entschuldigende Antwort lautete: „Die Schlange betrog mich, so daß ich aß." Diese Rechtfertigung zeigt, wie wenig der Mensch gewillt oder imstande ist, mit sich selbst ins

---

[1]   L. Morris, „The Atonement" (Downers Grove, Ill., InterVarsity Press, 1983), 136f.

47

Gericht zu gehen oder sich zumindest aufrichtig mit seiner Schuld und den Beweggründen, die sein Handeln bestimmen, auseinanderzusetzen. „Nichts ist so abgründig wie das menschliche Herz. Voll Unheil ist es; wer kann es durchschauen?" (Jer 17,9 GN)

Diese religiösen, sozialen oder gesellschaftlichen und persönlichen Auswirkungen der Sünde ergeben sich daraus, daß der Sündenfall bestimmte Veränderungen der menschlichen Natur nach sich zog. Adam und Eva waren als Ebenbilder Gottes geschaffen worden (1 Mo 1,26.27), ihre Kinder dagegen waren nur noch Abbilder ihrer in Sünde geratenen Eltern (1 Mo 5,3) – behaftet mit einem fatalen „Hang zum Bösen".

Die Bibel bedient sich einer Fülle von Bildern, um den Zustand des sündigen Menschen anschaulich zu machen. „Unrein ist beides, ihr Sinn und ihr Gewissen." (Tit 1,15) Sie sind darüber hinaus während der gesamten Menschheitsgeschichte selbstsüchtig, geldgierig, prahlerisch, überheblich, bösartig, ungehorsam gegen die Eltern, undankbar usw. gewesen (vgl. 2 Tim 3,1-5; 1 Mo 6,5.6; Rö 1,18-32).

Das Bild, das die Bibel vom „natürlichen Menschen" zeichnet, ist nie erfreulich, selbst wenn manche Sünden gesellschaftlich eher akzeptabel erscheinen als andere. Eine zentrale Aussage der Schrift besteht in dem Urteil, daß das unbekehrte Herz und der nicht erneuerte Verstand ungeistlich sind (Rö 8,4-8).

Der Sündenfall wirkte sich auf die geistliche Orientierung der ersten Menschen und aller nachfolgenden Generationen aus, und davon ist bis heute jeder betroffen. Ellen White bemerkte dazu, „das menschliche Herz ist von Natur aus kalt, finster und lieblos". „Von Natur aus ist das Herz böse."[1] Ursprünglich hatte Adam einen untadeligen Charakter und reine Gedanken, aber „durch den Ungehorsam wurden diese Fähigkeiten in verkehrte Bahnen gelenkt. Selbstsucht trat an die Stelle der Liebe".[2]

Einige mögen behaupten, von dem Virus der Sünde nicht angesteckt worden zu sein, aber das steht im Widerspruch zu Gottes Offenbarung und zur menschlichen Erfahrung. Der puritanische Geist-

---

[1]   E. G. White, „Das bessere Leben", 22; E. G. White, „Das Leben Jesu", 155.
[2]   E. G. White, „Der Weg zu Christus" (Hamburg, Saatkorn, 1977), 9.

liche Thomas Gataker beschreibt das natürliche Herz treffend, wenn er sagt, „daß es wie ein Buch ist, das voll von Irrtümern und Druckfehlern ist", und „wie ein ödes, unfruchtbares Land, auf dem alles mögliche Unkraut wie von selbst sprießt und das ohne sorgfältige Bearbeitung nichts Gutes hervorbringt". Bernhard Ramm sagt, daß das Problem mit dem Sünder nicht darin besteht, daß „er bei diesem oder jenem versagt hat", sondern daß „sein ganzes Sein einem Schiff gleicht, dessen Ruder auf einen falschen Kurs eingestellt ist".[1]

Das Ruder im menschlichen Leben ist der Wille, jene „Macht der Entscheidung oder der Wahl", die „die bestimmende Macht in der Natur des Menschen ist". Der so überaus wichtige Wille war es, der sich beim Sündenfall zum Bösen neigte. Von Adam an bildet der fehlgeleitete Wille des Menschen bis heute den Kern aller negativen Folgen der Ursünde. Dies zeigt sich im täglichen Leben vor allem dann, wenn wir trotz besserer Erkenntnis das Böse dem Guten vorziehen. Weil es den Sündenfall gegeben hat, gibt es bis heute das ständige In-Sünde-Fallen. „Jede begangene Sünde", schrieb Ellen White, „ist ein Echo der ersten Sünde." Darum haben außer Jesus Christus alle Menschen gesündigt und damit die Herrlichkeit verloren, die Gott ihnen zugedacht hatte (Rö 3,23).[2]

Der Erlösungsplan, wie er im Neuen Testament dargestellt wird, setzt die Universalität der menschlichen Sündhaftigkeit voraus. Unmittelbar nachdem Paulus in Römer 3,23 dargelegt hat, daß alle Menschen von der Sünde betroffen sind, beginnt er seine Ausführungen über die Erlösung durch Christus (Vers 24).

Kann Sünde auch Liebe sein?

Daß Sünde und Liebe in einem Atemzug genannt werden, ja, daß Sünde geradezu Liebe ist, mag manchem merkwürdig erscheinen, sollte Christen aber nicht überraschen.

---

[1] T. Gataker, zit. bei B. W. Ball, „The English Connection: The Puritan Roots of Seventh-day Adventist Belief" (Cambridge, England, James Clarke, 1981), 68; B. Ramm, „Offense to Reason", 149.

[2] E. G. White, „Steps to Christ", 47 (vgl. „Der Weg zu Christus", 32); E. G. White, „Review and Herald", 16. April 1901, 241.

Wenn die Bibel von Liebe spricht, bedient sie sich verschiedener Wörter. Das bedeutsamste davon ist *agape*. Dieses Wort spiegelt die Art Liebe wider, mit der Gott den Menschen liebt, obwohl er solch liebevolle Zuwendung nicht verdient. *Agape* wird von den Schreibern des Neuen Testaments immer dann benutzt, wenn sie von der Beziehung Gottes zum Menschen sprechen. Darüber hinaus kann sich *agape* in neutestamentlichen Texten auch auf einen Lebensstil beziehen, der sich an der Liebe Gottes orientiert.[1]

Gott wünscht, daß die Menschen ihn und einander so lieben (*agapao*), wie er sie geliebt hat (vgl. Mt 22,36-40). Problematisch wird es allerdings, wenn sich die Liebe auf das falsche Objekt richtet. Jesus rügte beispielsweise die Pharisäer, weil sie es „liebten" (*agapao*), in den Synagogen auf den Ehrenplätzen zu sitzen (Lk 11,43). Von Demas, einem ehemaligen Mitarbeiter des Paulus, heißt es, daß er vom Glauben abgefallen sei, weil er die Welt „liebgewonnen" (*agapao*) hatte (2 Tim 4,10). Und der Apostel Johannes ermahnte die Gläubigen: „Habt nicht lieb [*agapao*] die Welt noch was in der Welt ist. Wenn jemand die Welt lieb hat, in dem ist nicht die Liebe des Vaters." (1 Jo 2,15)

Diese Bibelstellen besagen nicht, daß die Welt an sich schlecht ist, auch wenn sie jetzt unter Satans Herrschaft steht. Aber sie machen klar, wie falsch es ist, irgend etwas an Gottes Stelle zu setzen. Etwas herausfordernd könnte man also sagen: Sünde ist Liebe zum falschen Objekt! Andersherum: Wer das Geschaffene oder das Geschöpf mehr liebt als den Schöpfer, sündigt. Dabei spielt es keine Rolle, ob sich das Objekt der „Liebe" außerhalb meiner selbst oder in mir befindet.

Sünde ist Liebe, die mit falschem Ziel unterwegs ist und sich dabei eines entsprechend falschen Lebensstils bedient.

Das scheint auch das Problem der ersten Menschen gewesen zu sein. Sünde hat es allerdings bereits vor dem Sündenfall im Paradies

---

[1] Siehe „The New International Dictionary of New Testament Theology", Stichwort „Liebe"; vgl. D. D. Williams, „The Spirit and the Forms of Love" (New York, Harper & Row, 1968), 16-51; C. S. Lewis, „The Four Loves" (New York, Harcourt Brace Jovanovich, 1960).

gegeben. Nach der Bibel trug sich der „Urfall" im Himmel zu, als Luzifer danach strebte, Gott gleich zu werden, weil er von seinen Fähigkeiten und seiner Würde so angetan war, daß er sich schließlich selbst mehr liebte als seinen Schöpfer (vgl. Jes 14,12-14).[1]

Dieses Aufbegehren zog einen „Kampf im Himmel" nach sich, der am Ende dazu führte, daß „der große Drache, die alte Schlange, die da heißt: Teufel und Satan" auf die Erde geworfen wurde, „und seine Engel wurden mit ihm dahin geworfen" (Offb 12,7-9).

Im Sündenfallbericht wird deutlich, wie trügerisch sich die Schlange Eva genähert hat. Zunächst suchte sie mit spitzfindigen Argumenten Gottes Autorität zu untergraben. Das begann damit, daß sie Zweifel an Gottes Wort weckte: Sollte euch Gott tatsächlich verboten haben, von diesem Baum zu essen? (1 Mo 3,1). Danach weckte Satan Zweifel daran, ob Gott auch wirklich gemeint habe, was er gesagt hatte. Es sei doch widersinnig zu glauben, Gott werde seine Geschöpfe wegen einer Frucht töten (Verse 2-4). Drittens erregte der Versucher Zweifel an Gottes Güte, indem er vorsichtig andeutete, Gott sei möglicherweise nur darauf bedacht, die besten Dinge für sich zu behalten (Verse 5-6).

„Ihr werdet sein wie Gott", versprach er ihnen. Da man Gott nicht trauen könne, sei es vernünftiger, seine eigenen Ziele zu verfolgen. Vertraue auf dich selbst! Nimm dein Schicksal selbst in die Hände! – Das waren die Schlagworte, mit denen sich Satan an die ersten Menschen heranmachte. Nachdem Eva den Argumenten des Versuchers das Ohr geliehen hatte, nahm sie von der Frucht und aß (Vers 6).

Die Fragen, die wir jetzt stellen müssen, lauten: Wann sündigte Eva? Worin bestand ihre Sünde? Es heißt, daß Eva die Frucht nahm und aß. *Doch ich möchte darauf hinweisen, daß das Nehmen und Essen nicht an sich die Sünde war, sondern bereits die Folge.*

Eva sündigte, als sie Gottes Wort verwarf und Satans Vorschlag akzeptierte. Sie sündigte, als sie Gott absagte und auf eigene Faust handelte. Sie sündigte, als sie sich innerlich gegen Gott auflehnte und den eigenen

---

[1] Zur Anwendung von Jesaja 14,12-14 auf Luzifer siehe G. Knight, „My Gripe With God", 20.143, Anm. 3.

Willen zum Angelpunkt ihres Lebens machte. Sie sündigte, als sie die eigene Meinung mehr liebte als Gottes Weisungen.

Dieser Sünde der Auflehnung folgten sündige Handlungen. Die Handlung war nicht die eigentliche Sünde, sondern die Folge der Sünde, die ihr Herz regierte. Eva fiel bereits in Sünde, bevor sie die Frucht nahm. Sie fiel, als sie ihre Liebe zu etwas (der Frucht) oder zu jemandem (sich selbst) über die Liebe zu Gott stellte. Daraus ergibt sich, wie James Orr richtig feststellt, daß das Wesen der Sünde darin besteht, an Stelle von Gottes Willen das eigene Wollen „zum grundlegenden Gesetz meines Lebens" zu machen.[1]

Kein Interesse an SÜNDE

Meiner Meinung nach haben viele ernste Christen – darunter auch Adventisten – kein Interesse an der SÜNDE. Sie sind beunruhigt über solche Handlungen wie Lüge, Diebstahl oder gar Mord, doch nicht über SÜNDE. Derartige Handlungen sind bloß Flecken und Warzen an der Oberfläche. Es sind Symptome der Sünde, aber sie stellen nicht die SÜNDE selbst dar.

Natürlich weiß ich, daß die Bibel sagt: „Sünde ist Gesetzwidrigkeit." (1 Jo 3,4 JB) Und bei Ellen White heißt es: „Die einzige Definition der Sünde lautet Übertretung des Gesetzes."[2] Hier geht es mir aber darum, das gesamte biblische Verständnis sowohl der Sünde als auch des Gesetzes darzustellen. Die biblische Sicht von der Sünde wird in diesem Kapitel behandelt, die vom Gesetz im nächsten. Soweit können wir sagen, daß Sünde zumindest aus drei Elementen besteht: (1) einem Zustand der Rebellion, (2) einer zerbrochenen Beziehung und (3) einer Handlung.

Sünde ist auf ihrer elementarsten Ebene nicht ein unpersönliches Übel oder ein „Verhalten, das ein Überbleibsel unserer tierischen Herkunft ist", auch keine schlechte Eigenart, die im menschlichen Charakter begründet ist. Sie ist vielmehr *Aufstand oder Rebellion* ge-

---

[1] J. Orr, „God's Image", 216.

[2] E. G. White, MS 8, 1888 in „The E. G. White 1888 Materials" (Washington, D. C., E. G. White Estate, 1987), 128.

gen den Gott des Universums (Jes 1,2.4; Hos 7,13).[1] Die Sünde ist personen- statt sachbezogen. „An dir allein habe ich gesündigt", sagt der Psalmdichter (Ps 51,6). Sie ist ein persönlicher Angriff auf Gottes Autorität. Das „Fleisch", die unbekehrte, menschliche Natur, ist „Feindschaft gegen Gott" (Rö 8,7), der Sünder ist „Feind" Gottes (Rö 5,10).

Darüber hinaus ist Sünde nicht nur etwas Persönliches, sondern auch etwas Sittliches, Moralisches. Sie ist ein bewußter Akt des Willens, der sich gegen Gott richtet.

Darum kann Herbert Douglas zu Recht sagen, daß „Sünde die geballte Faust des Geschöpfes im Angesicht seines Schöpfers ist; Sünde ist das Geschöpf, das Gott mißtraut, das ihn, den Herrn des Lebens, entthront". Ähnlich erklärt Emil Brunner, daß Sünde „sich mit dem Sohn vergleichen läßt, der im Zorn dem Vater ins Gesicht schlägt ... sie ist das anmaßende Beharren des Sohnes, seinen eigenen Willen über den des Vaters zu stellen".[2]

Bei Eva war Sünde das Verlangen, „wie Gott" zu sein (1 Mo 3,5). Bei Kain war Sünde die Entscheidung, nach eigenem Willen zu handeln statt nach Gottes willen (1 Mo 4,1-7). James Orr schreibt: „Sünde besteht nach biblischer Auffassung darin, daß sich der Wille des Geschöpfes gegen die Unterordnung unter den souveränen Willen Gottes auflehnt und eine falsche Unabhängigkeit schafft – an die Stelle eines Lebens für Gott tritt ein Leben für sich selbst."[3] Dieses Streben nach Unabhängigkeit veranlaßte den „verlorenen Sohn" zum Aufbegehren gegen seinen Vater (Lk 15,11-17).

Von daher ist es offensichtlich, daß jede Sünde aus der Mißachtung des „größten Gebotes" sowie des ersten der Zehn Gebote folgt: „Du sollst den Herrn, deinen Gott, lieben von ganzem Herzen, von

---

[1] Vgl. H. Ridderbos, „Paulus – Ein Entwurf seiner Theologie" (Wuppertal, Brockhaus, 1970), 82; B. Ramm, „Offense to Reason", 81.95; E. Jacob, „Theology of the Old Testament" (New York, Harper & Row, 1958), 283; W. Eichrodt, „Theology of the Old Testament", 2/400.

[2] H. E. Douglas, „Why Jesus Waits" (Riverside, Calif., Upward Way Publishers, 1987, rev. Aufl.), 53; E. Brunner, „The Mediator", 462; vgl. E. Brunner, „Christian Doctrine of Creation and Redemption", 92.

[3] J. Orr, „Christian View of God", 172.

ganzer Seele und von ganzem Gemüt" und „Du sollst keine anderen Götter haben neben mir" (Mt 22,37; 2 Mo 20,3). So ist unter „Sünde" nicht nur eine Vielzahl einzelner Handlungen zu verstehen, sondern – wie wir bereits festgestellt haben – ein Zustand der Auflehnung und Rebellion gegen Gott und darum der Entfremdung.

Diese prinzipiell sündige Natur verleitet den Menschen zu sündigen Handlungen. Deshalb verweist James Denney darauf, daß „jeden ernsten Menschen nicht nur schmerzt, was er getan hat, sondern daß ihn auch das bedrückt, was er ist. Die Sünde, die auf uns lastet ... uns überwältigt, die uns aufschreien läßt: ‚O, ich elender Mensch, wer wird mich erlösen von diesem todverfallenen Leibe?‘, diese Sünde ist mehr als eine Reihe von einzelnen Handlungen ... Es ist unsere sündige Natur, die erlöst und erneuert werden muß."[1]

Die Sünde als ein Zustand der Rebellion gegen Gottes Willen steht in enger Beziehung zu Egoismus. Es zeugt von tiefer Einsicht, wenn Ellen White betont, daß „unter der Gesamtbezeichnung Selbstsucht jede andere Sünde aufgeführt werden könnte" und daß es „für Gott nichts Widerwärtigeres [gibt] als diesen beschränkten, nur um sich selbst kreisenden Geist".[2]

Häufig findet sich neben Selbstsucht und krankhafter Eigenliebe der Stolz. Durch stolze Selbstüberschätzung und hochmütiges Streben nach Unabhängigkeit wurde Luzifer zum Teufel und Eva zur Mutter einer in Sünde gefangenen Menschheit, und selbst im Kreis der Jünger Jesu trieb der Stolz traurige Blüten: Während sich Jesus auf sein Leiden und Sterben vorbereitete, feilschten seine Freunde um höchste Posten und Ämter.[3] C. S. Lewis schrieb: „... der Stolz ist die Quelle aller Sünden. Er ist der Ausdruck völliger Gottesferne."[4]

---

[1] J. Denney, „The Christian Doctrine of Reconciliation" (London, James Clarke & Co., 1959), 196.

[2] E. G. White, „Testimonies for the Church" (Mountain View, Calif., Pacific Press, 1948) 4/384; ders., „Christ's Object Lessons", 400 (vgl. „Bilder vom Reiche Gottes", 350).

[3] Vgl. Jes 14,12-15; Hes 28,13-17; 1 Mo 3; Mt 18,1.

[4] C. S. Lewis, „Pardon, ich bin Christ" (Basel, Brunnen, 1977), 113; vgl. G. R. Knight, „Philosophy and Education. An Introduction in Christian Perspective" (Berrien Springs, Mich., Andrews University Press, 1989, 2. Aufl.), 170-178.

Aus dieser aufrührerischen Natur folgen entsprechende sündige Verhaltensweisen und Taten.

In der Chronik des Sündenfalls fällt auf, daß die Auflehnung gegen Gott sofort und zwangsläufig zu zerstörten Beziehungen führt. Nichts ist in 1. Mose 3 so deutlich wie die Tatsache, daß beim Sündenfall alle Beziehungen der Menschen zerbrechen. Kern und Ursache dieser neuen Problematik war die Entfremdung der Menschen von Gott. Jesaja beklagt, daß Israels „Verschuldungen" es von Gott trennen und ihre Sünden Gottes Angesicht vor ihnen verbergen (Jes 59,2). Im Blick auf ihr Leben ohne Gott erinnert Paulus die Kolosser daran, daß sie Gott gegenüber „einst fremd und feindlich gesinnt" waren „in bösen Werken" (Kol 1,21).

Weil die Bibel Sünde immer im Zusammenhang mit Gott sieht, ist Sünde immer ein Beziehungsbegriff. Im Grunde gibt es nur zwei Möglichkeiten der Einstellung zu Gott – wir können Ja zu ihm und seinem Willen sagen oder Nein. Andere Möglichkeiten gibt es nicht. Sagen wir Ja, gehen wir eine Glaubensbeziehung ein, sagen wir Nein, handelt es sich um Auflehnung und ist somit Sünde. Kein sittliches Wesen kann Gott ignorieren, deshalb gibt es nur zwei Möglichkeiten der Beziehung zu ihm – die der Sünde und die des Glaubens.[1]

Wenn Sünde als zerbrochene Beziehung zu Gott zu verstehen ist, müssen bei der Wiederherstellung dieser Beziehung notwendigerweise Gerechtigkeit und Glaube im Mittelpunkt stehen.[2] Wenn die Sünde Auflehnung und Mißtrauen gegen Gott ist, dann muß Glaube Vertrauen zu Gott bedeuten. Sünde ist daher letztlich kein ethisches, sondern ein religiöses Problem. *Es handelt sich bei der Sünde nicht um ein gebrochenes Verhältnis zu Gesetzen und Verordnungen, sondern um ein gestörtes Verhältnis zum Gesetzgeber, dem Herrn des Gesetzes.*

Mag sein, daß nach all dem jemand sagt: „Das klingt gefährlich nach neuer Theologie!" Vielleicht ist es wirklich eine neue Theologie, aber dann – so hoffe ich zeigen zu können – die „neue Theologie der Bergpredigt".

[1] Mehr zu diesem Thema siehe bei Gustaf Aulén, „The Faith of the Christian Church" (Philadelphia, Muhlenberg Press, 1960), 231-236; Emil Brunner, „The Letter to the Romans" (Philadelphia, Westminster Press, 1959), 161.
[2] Siehe G. Knight, „My Gripe With God", 74-76.

Die Sünde als Zustand der Auflehnung und als zerbrochene Beziehung steht in direkter Verbindung zur Sünde als Tat. Jesus machte das deutlich, als er sagte: „Was aber aus dem Mund herauskommt, das kommt aus dem Herzen, und das macht den Menschen unrein. Denn aus dem Herzen kommen böse Gedanken, Mord, Ehebruch, Unzucht, Diebstahl, falsches Zeugnis, Lästerung." (Mt 15,18.19; vgl. Mk 7,20-23) „Ein guter Mensch bringt Gutes hervor aus dem guten Schatz seines Herzens; und ein böser Mensch bringt Böses hervor aus seinem bösen Schatz" (Mt 12,35).

Dieselbe Auffassung liegt auch Jesu Ausspruch zugrunde, daß ein fauler Baum nur schlechte Früchte hervorbringt, und sie stützt zugleich die Überzeugung des Jakobus, daß aus einem bitteren Quell bitteres Wasser fließt (Mt 7,17.18; Jak 3,11).

Brunner folgt dieser biblischen Erkenntnis, wenn er darauf verweist, daß die Bibel das Herz „als das Organ der Gesamtpersönlichkeit" ansieht. Die Sünde hat ihren Sitz im Herzen des Menschen. Das Herz „ist das Hauptquartier des Generalstabs ... es ist die Krone der Persönlichkeit, das Selbst, das sich gegen Gott auflehnt".[1] Deshalb setzt die Bibel das „Empfangen eines neuen Herzens" mit der Bekehrung gleich (Hes 11,19; 18,31; Eph 3,17).

Ein Sünder zu sein bedeutet in erster Linie also nicht, eine Vielzahl einzelner böser Taten zu begehen, sondern ein böses Herz zu haben, das ein Leben lang böse Handlungen hervorbringt. John Macquarrie schreibt dazu treffend, daß „sich die sündige Haltung in sündigen Taten ausdrückt, und natürlich bedeutet im allgemeinen Verständnis *Sünde* eine tatsächliche Sünde oder eine böse Tat. Theologisch gesehen liegt der Schwerpunkt aber mehr auf der Haltung als auf einzelnen Handlungen, die aus dieser Haltung heraus entstehen, denn die Haltung ist das grundlegend Böse."[2]

Diese Darstellung besagt nicht, daß einzelne Sünden unwichtig seien. Schließlich spricht die Bibel von sündigen Taten (vgl. 1 Jo 3,4).

---

[1]   E. Brunner, „Christian Doctrine of Creation and Redemption", 94.

[2]   J. Macquarrie, „Principles of Christian Theology", 261; vgl. Martin Luther bei Paul Althaus, „The Thelogy of Martin Luther", (Philadelphia, Fortress Press, 1966), 144f.

Die einzelnen Akte der Übertretung sind Sünden. Außerdem sind sie die äußerlich sichtbaren Zeichen der inneren SÜNDE, die sichtbaren Auswirkungen eines sündigen Herzens und einer sündigen Natur. Wollte man diese biblische Vorstellung graphisch darstellen, könnte das so aussehen:

SÜNDE ➜ Sünden

Das heißt, das sündige Herz bringt aufgrund seiner rebellischen Einstellung gegenüber Gott im täglichen Leben fortlaufend sündige Taten hervor. Ramm schreibt, daß „man Sünde zwar als Übertretung des Gesetzes definieren kann, daß dies aber ihrer Bedeutung und Tragweite nicht wirklich gerecht wird".[1]

Diese verengte Sicht führte beispielsweise bei den Pharisäern zu den in Kapitel 1 erörterten Problemen. Für diese frommen Männer bestand Sünde lediglich aus einer Reihe von Einzelhandlungen. Dementsprechend definierten sie Gerechtigkeit ebenfalls als eine Folge guter Taten. Diese eingeschränkte Sicht der Sünde führte zwangsläufig zu einem falschen Verständnis von Erlösung.

Paul Althaus bemerkt, daß die scholastischen Theologen zur Zeit Martin Luthers denselben Fehler begangen haben. Sie konnten sich die „Übertretungen des Gesetzes nur in Form von Gedanken, Worten und Taten" vorstellen.[2] Darum wurde durch die mittelalterliche Kirche die Erlösung als ein Überwinden der jeweiligen bösen Taten dargestellt. Das war genau der Punkt, der Luthers Reformation auslöste.

Erlösung im biblischen Sinne umfaßt weit mehr als das Bereinigen äußerlich sichtbaren Fehlverhaltens, so wichtig das zweifellos ist. Sie verlangt eine völlige Umwandlung des Herzens und Lebens, genauer: Sie verlangt eine erneuerte Beziehung zu Gott. Ein umgewandeltes Herz wird auch entsprechende Handlungen hervorbringen (vgl. Kapitel 4 und 5).

Die Theorie der Aufspaltung der Sünde in einzelne falsche Handlungen hat einen entscheidenden Fehler: Sie berücksichtigt die prin-

---

[1] B. Ramm, „Offense to Reason", 40.
[2] P. Althaus, „Theology of Martin Luther", 153.

zipielle Sündhaftigkeit der menschlichen Natur zu wenig oder gar nicht. Der Mensch ist nämlich nicht die Summe guter oder böser Taten, sondern eine Persönlichkeit, die Gott zugeneigt ist oder ihn ablehnt. Die Sünde zu überwinden bedeutet nicht, sich bis zum Umfallen anzustrengen, ein besserer Mensch zu werden, denn selbst das wäre noch zu wenig.

„Der Mensch", so schreibt G. C. Berkouwer, wird in der Bibel aufgrund seiner „gesamten Lebenseinstellung beurteilt – der Mensch als Sünder, als Schuldiggewordener, als Rebell gegen Gott. Diese biblische Sicht schließt jede Möglichkeit aus, der selbst verschuldeten Verlorenheit zu entrinnen."[1] Die Bibel bezeugt, daß sich der Mensch in Gefangenschaft, Knechtschaft und Sklaverei befindet und einem Verfallsprozeß unterworfen ist, dem ohne Gottes Eingreifen nicht Einhalt geboten werden kann.

Die Menschheit ist „tot ... in den Sünden" und „verloren" (Rö 6,6; Eph 2,1.5; Kol 2,13; Lk 19,10). Allein im Blick auf das Kreuz läßt sich der Abgrund der Sünde erkennen und erahnen, wie unendlich viel Gott einsetzen mußte, um das Problem Sünde für den einzelnen und die Welt zu lösen. Gott gibt sich nicht damit zufrieden, lediglich unser moralisches Erscheinungsbild aufzupolieren, sondern er will uns ganz und gar von der Sünde erlösen.

Weitere Aspekte der Sünde

Bevor wir uns von der Definition der Sünde als einem Zustand der Auflehnung, einer zerbrochenen Beziehung und einer Reihe von Handlungen abwenden, sollten wir noch kurz einige andere Aspekte der Sünde untersuchen.

Erstens: Versuchung ist noch keine Sünde. Jesus wurde versucht, doch er hat nicht gesündigt. Auch in unserem Leben ist Versuchung nicht gleichzusetzen mit Sünde. Aus Versuchung wird erst dann Sünde, wenn ich erkenne, worauf sie abzielt, ihr in Gedanken Raum

---

[1]   G. C. Berkouwer, „Sin", 241. Siehe auch J. Denney, „Studies in Theology", 80ff.; A. C. Knudson, „Doctrine of Redemption", 240f.; B. Ramm, „Offense to Reason", 40.

gebe, schließlich tue, wozu sie mich drängt, und ich so lange Gott aus meinem Leben verabschiede.

Zweitens: Sünde hat eine aktive und eine passive Seite. Wir können das Falsche tun, aber auch das Richtige unterlassen. Die meisten Christen verstehen unter Sünde vorwiegend die böse Tat und übersehen, daß es sich dabei um ein viel komplexeres Problem handelt. Man sündigt auch, wenn man das Gute als Ausdruck der Liebe zum Nächsten unterläßt. „Die verurteilende Macht des Gesetzes Gottes", schreibt Ellen White, „bezieht sich nicht nur auf Dinge, die wir tun, sondern auch über Dinge, die wir nicht tun ... Wir müssen nicht nur aufhören, Böses zu tun, sondern lernen, Gutes zu tun."[1]

In Jesu Schilderung vom Weltgericht sind die „guten" Pharisäer völlig überrascht, weil sie trotz aller guten Taten zu den Verlorenen gehören sollen. Während sie zu ihrer Rechtfertigung all ihre frommen Leistungen aufzählen, legt Christus den Finger gerade auf das, was sie nicht getan haben (Mt 25,31-46).

An dieser Stelle zeigt sich, daß wir zwar damit aufhören können, das Böse zu tun, aber doch selbstsüchtig und eigennützig bleiben. Ob ein Menschen wirklich umgewandelt worden ist und ihm Gottes Grundsätze „in Herz und Sinn geschrieben" sind, zeigt sich darin, ob er bemüht ist, anderen beständig in Liebe zu dienen. Daran entscheidet sich letztlich, was aus einem Menschen wird. Diese Voraussetzung war bei den Pharisäern trotz ihres frommen Lebenswandels offenbar nicht erfüllt.

Wenn wir das in Betracht ziehen, können wir H. Wheeler Robinsons Einschätzung zustimmen, daß sowohl unsere Sündhaftigkeit als auch Gottes Gnade unergründlicher sind, als es sich die meisten Menschen vorstellen.[2]

Aufgrund dieser einseitigen Sicht, Sünde sei vor allem ein Akt des Tuns, heben die meisten perfektionistischen Richtungen das Negative hervor. Bestimmte Dinge nicht zu tun, d. h. das Böse zu unterlassen,

---

[1] E. G. White, „Für die Gemeinde geschrieben" (Hamburg, Advent-Verlag, 1991), 1/232.

[2] H. Wheeler Robinson, „Redemption and Revelation" (London, Nisbet & Co., 1942), 241.

läßt sich im allgemeinen durch Willenskraft erreichen. Das Gute aufrichtigen Herzens zu tun, z. B. sich seines Feindes anzunehmen, bedarf einer Kraft, die nur der Heilige Geist vermitteln kann. Deshalb kommt selbst ein „guter" Mensch nicht ohne Bekehrung und innere Neuwerdung aus. Es genügt einfach nicht, Gott nicht zu hassen, sondern die Frage ist, ob wir ihn und seine Kinder mehr lieben als uns selbst.

Drittens: Sünde ist zwar Sünde, aber nicht alle Sünden sind in ihren Auswirkungen gleich schwer. Ellen White hielt beispielsweise Eigendünkel und Stolz für hoffnungslose und nahezu unheilbare Sünden.

In diesem Zusammenhang schrieb sie: „Nicht jede Sünde wiegt gleich schwer. Auch Gott kennt Unterschiede hinsichtlich der Größe der Schuld. Aber wie geringfügig diese oder jene ungerechte Tat in unseren Augen auch sein mag: vor Gott ist keine Sünde so gering, daß er darüber hinwegsehen könnte. Unser menschliches Urteil ist einseitig und unvollkommen; Gott aber beurteilt alles so, wie es wirklich ist. Da blickt man mit Verachtung auf einen Trunkenbold und denkt, daß ihn seine Sünde vom Reich Gottes ausschließen wird. Wie oft aber geht man über Hochmut, Eigenliebe, Habgier oder Klatschsucht hinweg, ohne ein Wort zu verlieren! Doch gerade diese Sünden sind vor Gott besonders verwerflich; denn sie stehen in schroffem Gegensatz zu seiner Selbstlosigkeit und Liebe. Wer in grobe Sünden gefallen ist, kann seine Schande und Bedürftigkeit kaum übersehen; er weiß, daß er der Gnade Christi bedarf. Der Stolze dagegen ist sich seiner Sünde oft nicht einmal bewußt. Sein Herz verschließt sich vor Christus, und er kann den Segen, den Gott bereithält, nicht empfangen."[1]

Das ist der Grund, warum das, was ich einfach mal die „alkoholfreien" Sünden der Pharisäer nennen möchte, gefährlicher und schwerer zu heilen ist als die Missetaten der Zöllner. Pharisäer und „Perfektionisten" jeden Kalibers sind nur allzuoft wegen der gewichtigeren, wenn auch verborgenen Unterlassungssünden zu Fall gekommen.

---

[1]   E. G. White, „Der bessere Weg", 31.

Ein vierter Aspekt, der behandelt werden muß, ist die Tendenz, die Sünde zu bagatellisieren. Manche werden nämlich nervös, wenn Sünde als zerbrochene Beziehung, Stolz oder Ichsucht dargestellt wird. Sobald Sünde auf diese Weise verstanden wird, wittern sie dahinter Abfall, eine Geringschätzung oder gar Ablehnung des Gesetzes.

Diese Gläubigen sehen Sünde als etwas, das gewogen und gemessen werden kann, und nicht als wesensmäßige Beschaffenheit des Menschen. Diese quantitative Sicht der Sünde lenkt das Augenmerk fast immer auf kleinste sündige Handlungen, anhand derer man „messen" könne, wie weit der Mensch bereits auf dem Weg zur Gerechtigkeit vorangekommen ist. Deshalb diskutierten die Pharisäer mit Vorliebe über Feinheiten von Sünde und Gerechtigkeit. Zum Beispiel darüber, wie viele Schritte man am Sabbat gehen durfte, ohne das vierte Gebot zu übertreten.

Diese quantitative Sicht der Sünde läßt sich anschaulich an einem Beispiel aus unserer Zeit zeigen. In einem Gesprächskreis ging es darum, welche Lehren man heute aus den Sünden Davids ziehen könne. Eine besonders „heilige" Teilnehmerin meinte: „Wir haben ja glücklicherweise nicht mit der gleichen Sünde zu tun wie David. Für einige von uns ist das Naschen zwischen den Mahlzeiten ein Problem."

Wahrscheinlich wird diese Schwester, sobald sie den Sieg über das Naschen zwischen den Mahlzeiten errungen hat, immer „größere" Erfolge erzielen, weil sie nämlich auf immer kleinere „Sündenhäppchen" stößt, die sich noch in ihrem Wesen befinden.

Das Faszinierende an der quantitativen Sicht der Sünde ist – menschlich gesprochen –, daß sowohl Sünde als auch Gerechtigkeit in mundgerechte Portionen zerlegt werden, die einem das Gefühl geben, Fortschritte auf dem Weg zur Heiligkeit zu machen, weil man dieses oder jenes bereits überwunden hat.

Wenn Sünde zum Beispiel als Tragen von Modeschmuck oder als Außerachtlassen bestimmter Ernährungsvorschriften definiert worden ist, dann ist die Sünde in dieser Festlegung „eingefangen", und man kann sein Leben ansonsten ohne große Beunruhigung führen, den teuersten Wagen fahren und den kostspieligen Designer-Anzug tragen.

Ich werde jenen adventistischen Arzt nie vergessen, der auf die Barrikaden ging, wenn jemand einen Ehering trug, weil er dagegen ein Zitat anführen konnte. Merkwürdigerweise aber fuhr er ein sündhaft teures, goldfarbenes Auto. Für ihn waren Sünde und Gerechtigkeit durch eine bestimmte Klassifizierung meßbar und handhabbar geworden. Damit aber hatte er beide bagatellisiert.

Wem drängte sich da nicht unwillkürlich das Bild jener Pharisäer auf, von denen Jesus sagte, daß sie Mücken heraussiebten, zugleich aber Kamele verschluckten?

Die qualitative Betrachtungsweise, die Sünde als Aufruhr und zerbrochene Beziehung zu Gott und Gerechtigkeit als Leben in der wiederhergestellten Beziehung versteht, stellt kein geringeres Problem dar. In Wirklichkeit ist diese Sicht sogar erheblich anspruchsvoller als die quantitative. Sie gestattet es nämlich nicht, Sünde und Gerechtigkeit aufzuspalten oder listenmäßig zu erfassen. Sie mißachtet das Gesetz nicht, vielmehr schätzt sie es höher ein. Sie erschöpft sich nicht im bloßen Herumflicken an äußerlichen Dingen oder einer „christlichen Verbesserung" des Lebensstils.

Tatsächlich geht es der qualitativen Sicht um die völlige Umwandlung des Herzens, des Verstandes und des Lebens. Da ist es nur folgerichtig, daß sie die Sünde nicht in immer kleinere Einheiten zerlegt, sondern das Augenmerk auf die größten Einheiten der Sünde richtet, in denen die kleineren übrigens mit enthalten sind. Aber über alle „Sündeneinheiten" hinaus, die angesichts des grundlegenden Gesetzes Gottes relativ bedeutungslos sind, sieht diese Sichtweise Sünde und Gerechtigkeit im Lichte der Beziehung des Menschen zu Gott und zu seinem Nächsten.

Allerdings übersteigt diese qualitative Betrachtungsweise alles, was ein Mensch von sich aus zu leisten vermag. Deshalb ist sie völlig auf Gottes Gnade angewiesen. Beim quantitativen Konzept, das Sünde und Gerechtigkeit in immer kleinere Einheiten aufspaltet, ist das nicht nötig. Ich könnte zum Beispiel das Naschen zwischen den Mahlzeiten mit entsprechender Willensanstrengung aufgeben und hätte damit aus eigener Kraft eine „Sünde" überwunden.

Mit entsprechend größerer Anstrengung oder geistiger Zucht wäre es gewiß auch möglich, sich z. B. nicht von den Reizen fremder

Frauen beeindrucken zu lassen. Es übersteigt aber die Grenzen des menschlichen Vermögens, Menschen beständig zu lieben, die einem schaden, einen demütigen oder gar mißhandeln. Dazu bedarf es der lebendigen, umformenden Kraft der Gnade Gottes. Mag sein, daß ein wenig Stolz aufkommt, wenn ein Sieg über die Naschsucht oder über lüsterne Phantasien errungen worden ist. Aber aller Stolz zerbricht, wenn es darum geht, die wirklichen Probleme in meinem Leben zu überwinden.

Damit diese Ausführungen nicht mißverstanden werden, möchte ich hinzufügen: Wenn Menschen Gott und den Nächsten lieben, *wird* sich diese Liebe verändernd auf das auswirken, was sie essen und trinken, und auch darauf, wie sie über ihren Nächsten denken und wie sie ihn behandeln.

Die qualitative Betrachtungsweise von Sünde und Gerechtigkeit schließt immer die quantitativen Aspekte mit ein. Umgekehrt ist das leider nicht der Fall. Ich kenne Leute, die zwar den „Sieg" übers Naschen zwischen den Mahlzeiten errungen haben, zugleich aber sehr bösartig zu denen sind, die ihre theologische Anschauung nicht teilen oder nicht ähnliche „Höhen" religiösen Fortschritts wie sie erklommen haben. Wie gesagt: Pharisäer sterben nicht aus. Eine falsche Sicht der Sünde führt leider auch zu einer falschen Auffassung von der Gerechtigkeit.

Sünden, die keine Sünden sind

Es ist schon schlimm genug, daß es Sünden gibt, die tatsächlich Sünden sind. Deshalb halte ich es für völlig überflüssig, auch das noch als Sünde abzustempeln, was in Wirklichkeit gar keine ist. Der Jakobusbrief liefert einige interessante Gesichtspunkte zu dieser Thematik. „Wer nun weiß Gutes zu tun, und tut's nicht, dem ist's Sünde." (Jak 4,17) Auch der Apostel Paulus sieht offenbar einen Zusammenhang zwischen Sünde und Erkenntnis, wenn er schreibt: „Durch das Gesetz kommt Erkenntnis der Sünde." (Rö 3,20; vgl. 4,15; 7,7)

Wie steht es aber mit denen, die gegen das Gesetz verstoßen haben, weil sie es nicht kannten? Haben sie „gesündigt"? Oder was ist mit denen, die Böses tun, ohne sich dessen bewußt zu sein? Mit anderen Worten, gibt es Sünden aus Unwissenheit oder ohne Absicht? Paulus scheint das so gesehen zu haben, denn er schreibt, daß er früher „ein Lästerer und ein Verfolger und ein Frevler" gewesen sei. Dem Buchstaben des Gesetzes nach hatte er gesündigt, obwohl sein Handeln nicht absichtlich ethisch böse war. Deshalb wies er darauf hin, daß ihm „Barmherzigkeit widerfahren" sei, weil er „unwissend ... im Unglauben" gehandelt hatte (1 Tim 1,13).

Mußten diese unbeabsichtigten Sünden als Sünde gewertet und vergeben werden? Paulus antwortete: Ja! Gott „hat mir seine Gnade im Überfluß geschenkt". Gerade mit ihm hatte Gott „Erbarmen" (1 Tim 1,14-16 GN). Diese Aussagen zeigen, daß seine Sünden in der Tat Sünden gewesen sind.

Im Alten Testament wurde zwischen bewußten und unbewußten Sünden deutlich unterschieden. David beispielsweise bat Gott, ihm die „verborgenen Sünden" zu verzeihen (Ps 19,13). H. C. Leupold charakterisiert Davids verborgene Sünden als „Sünden aus Schwachheit, die unabsichtlich begangen werden. Es sind Sünden, die wir gewöhnlich begehen, ohne uns dessen bewußt zu sein, sie begangen zu haben". Andererseits sind „bewußte Sünden" jene, die „in bewußter Herausforderung des Herrn" begangen wurden.[1]

Mose spricht ebenfalls über verschiedene Arten von Sünden. Sünden „aus Vorsatz" (4 Mo 15,30) können als mutwillig begangene Sünden verstanden werden. Aber die wiederholte Erwähnung, daß jemand „aus Versehen" sündigt (3 Mo 4,2.13.22.27; 4 Mo 15,27), enthält trotzdem, wenn man es im Zusammenhang liest, einen gewissen Grad bewußten Ungehorsams. Diese „aus Versehen" begangenen Sünden schlossen „sowohl bewußte Akte des Ungehorsams wie auch Vergehen ein, die das Ergebnis menschlicher Schwachheit und Anfälligkeit waren".[2] Sogar sündige Handlungen, die mehr zufällig und ohne den Vorsatz geschehen, anderen zu schaden, fielen unter die mosaische Gesetzgebung (vgl. 2 Mo 21,12-14).

---

[1]   H. C. Leupold, „Exposition of the Psalms" (Grand Rapids, Mich., Baker Book House, 1969), 183.

[2]   R. K. Harrison, „Leviticus", Tyndale Old Testament Commentaries (Downers Grove, Ill., InterVarsity Press, 1980), 60f.

Für dem Sünder bewußte Sünden gab es in der levitischen Gesetzgebung besondere, persönliche Opfer. Darüber hinaus wurden pauschal für das ganze Volk morgens und abends Brandopfer dargebracht, um die unabsichtlich begangenen Sünden zu sühnen. Auch der alljährliche Versöhnungstag enthielt Regelungen für die „unwissentlich begangenen Sünden" des Volkes (Hbr 9,7). Die einzigen Sünden, für die es im alttestamentlichen Opfersystem keine Versöhnung gab, waren vorsätzlich und bewußt begangene Sünden, die man nicht bereuen und mit denen man auch nicht brechen wollte. Für solche Menschen gab es keine Hoffnung, weder im Alten Bund (4 Mo 15,30.31) noch im Neuen Bund (Hbr 10,26).

An dieser Stelle soll noch einmal daran erinnert werden, daß der Begriff Sünde weiter zu fassen ist als nur im Sinne von Übertretung des Gesetzes. Arnold Wallenkampf legt in feiner Weise die weiterreichenden Aspekte dar, indem er schreibt, daß „der Apostel Paulus die endgültige Definition gab, als er sagte, daß *alles, was nicht aus dem Glauben kommt, Sünde ist*" (Rö 14,23). Auch Wallenkampf spricht von vorsätzlichen und unwissentlichen Sünden. Allerdings fügt er vorsichtig hinzu, daß auch Sünden aus Unwissenheit, Unreife oder menschlicher Schwachheit „unseren ewigen Tod zur Folge haben können, wenn wir nicht Jesus als unseren Erlöser annehmen".[1]

Methodistische Theologen unterscheiden zwischen einem ethischen und einem rechtlichen Verständnis der Sünde. Zur ethischen Sicht gehört der Vorsatz zur Sünde, wogegen zur rechtlichen Auffassung „jegliche Übertretung oder Verletzung des vollkommenen Willens Gottes gehört".[2]

Diese Unterscheidung leitet sich aus Wesleys Lehre her, daß es Sünden gibt, die „zu Recht so bezeichnet werden", und solche, die „zu Unrecht so bezeichnet werden". Die einen stellen bewußte Übertretungen eines bekannten Gesetzes dar, wogegen die anderen „unbewußte, unabsichtliche Übertretungen eines göttlichen Gesetzes

---

[1] A. V. Wallenkampf, „What Every Christian Should Know About Being Justified" (Washington, D. C., Review and Herald, 1988), 25.

[2] Laurence W. Wood. „A Wesleyan Response" und „The Wesleyan View" in „Christian Spirituality: Five Views of Sanctification", hgg. v. Donald L. Alexander (Downers Grove, Ill., InterVarsity Press, 1988), 19.113.

sind, das bekannt oder auch nicht bekannt sein mag". Allerdings bedürfen sowohl die bewußten als auch die unbewußten Sünden des „versöhnenden Blutes".[1]

Wesley stellt die unbewußt oder unabsichtlich begangenen Sünden auf die gleiche Stufe mit „Fehlern" und sieht in ihnen keine rebellische Übertretung des Willens Gottes. Nicht absichtlich begangene Sünden sind auf Unwissenheit, körperliche Schwäche, Reflexhandlungen, Fehleinschätzung oder andere Ursachen zurückzuführen. Allerdings ist die Grenzlinie zwischen vorsätzlichen und unabsichtlichen Sünden im Alltagsleben fließend.

Man könnte zum Beispiel fragen: Wenn ich mich im Zorn zu unbedachten Reaktionen hinreißen lasse, ist das dann willentlich oder unwillentlich? „Vielleicht", schreibt J. Robertson McQuilkin, „hat alles unabsichtlich begonnen; wenn man aber im Zorn beharrt, geschieht dies, weil man es will." Aus einer unabsichtlich begangenen Sünde kann leicht eine vorsätzliche werden, wenn der Mensch sich ihrer bewußt geworden ist und sie dennoch festhält (vgl. Jak 4,17).[2]

Ellen White benutzte zwar nicht Wesleys Ausdrucksweise, vertrat aber dieselbe Auffassung. „Wenn jemand, der täglich mit Gott in Verbindung steht, vom Wege abirrt ... geschieht das nicht, weil er vorsätzlich gesündigt hat; denn wenn er seinen Fehler erkennt, kehrt er wieder um und richtet seinen Blick auf Jesus. Die Tatsache, daß er geirrt hat, mindert in Gottes Augen nicht seinen Wert." Weiter heißt es: „Unabsichtlich in Sünde zu geraten ... ist etwas ganz anderes, als eine Versuchung bewußt herbeizuführen und die Sünde in die Tat umzusetzen."[3]

---

[1] John Wesley, „A Plain Account of Christian Perfection" (Kansas City, Mo., Beacon Hill Press of Kansas City, 1966), 54.

[2] Ebenda, 55; J. Robertson MacQuilkin, „The Keswick Perspective", in „Five Views on Sanctification" (Grand Rapids, Mich., Zondervan Publishing House, 1987), 172. Siehe auch Leo George Cox, „John Wesley's Concept of Perfection" (Kansas City, Mo., Beacon Hill Press of Kansas City, 1964), 180; Leon and Mildred Chambers, „Holiness and Human Nature" (Kansas City, Beacon Hill Press of Kansas City, 1975), *passim.*

[3] E. G. White, „Review and Herald", 12. Mai 1869, 290; ders., „Our High Calling" (Washington D. C., Review and Herald, 1961), 177.

Willentliche Sünde ist für Ellen White dasselbe wie für Wesley die eigentliche, bewußte Sünde, wogegen die unbeabsichtigte Sünde (Irrtum oder Sünde aus Unwissenheit) mit der zu Unrecht so genannten Sünde verglichen werden kann. Sowohl Wesley als auch Ellen White bezeichnen die unbewußten, unabsichtlichen Sünden als „Fehler" oder „Versehen".[1]

Bezeichnend ist jedoch die Tatsache, daß die Schreiber der Bibel, Theologen wie John Wesley und auch Ellen White die unbewußten, uneigentlichen Sünden dennoch als Sünde bezeichnen und nicht nur als harmlosen Ausrutscher.[2] Ferner ist bedeutsam, daß der Sühnetod Christi und auch das alttestamentliche Opfersystem sowohl für bewußt begangene als auch für unabsichtliche Sünden Vergebung vorsehen. Diese wichtige Tatsache wird uns noch einmal beschäftigen, wenn es um die Bedeutung der Vollkommenheit sowohl in der Bibel als auch im Schrifttum von Ellen White geht (Kapitel 7-9).

Zusammenfassung

Wir haben uns sehr ausführlich mit dem Problem Sünde befaßt. Das ist insofern wichtig, weil ein falsches Verständnis von Sünde zwangsläufig eine fragwürdige Vorstellung von Erlösung nach sich zieht. J. C. Ryle verweist darauf, „daß es nicht verwunderlich ist, wenn sich ein Mensch, der die wahre Natur der Krankheit seiner Seele nicht erkannt hat, mit falschen oder unzureichenden Heilmitteln begnügt".[3]

Ein richtiges Verständnis der Sünde ist ferner die Voraussetzung für ein zutreffendes Verständnis der Vollkommenheit. „Wann immer die Sicht der Sünde entstellt oder sie als zur Natur gehörend dargestellt oder mit der Vernunft hinwegerklärt wird, teilt der Begriff der Vollkommenheit dasselbe Schicksal", schreibt Hans LaRondelle.[1]

---

[1] E. G. White, „Gospel Workers", 162; J. Wesley, „A Plain Account of Christian Perfection", 55; E. G. White, „Für die Gemeinde geschrieben", 1/380.

[2] Für eine Darlegung der entgegengesetzten Position siehe Dennis E. Priebe, „Face-to-Face With the Real Gospel" (Boise, Idaho, Pacific Press, 1985), 28-30.

[3] J. C. Ryle, a. a. O., 1.

[1] H. K. LaRondelle, „Perfection and Perfectionism" (Berrien Springs, Mich., Andrews University Press, 1971), 3.

Das Problem besteht darin, daß Sünde trügerisch ist. Deshalb täuschen sich viele „über ihren eigenen inneren Zustand. Sie sehen nicht ein, daß sie von Natur aus maßlos unaufrichtig und von Grund auf verdorben sind. Sie zimmern sich ihre eigene Gerechtigkeit zusammen und sind zufrieden, wenn sie den menschlichen Maßstäben genügen, die sie an ihren Charakter anlegen. Das aber ist tödlich, denn sie werden scheitern, wenn sie dem göttlichen Maßstab nicht entsprechen. Die Anforderungen Gottes aber kann niemand von sich aus erfüllen."[1]

Besonders schwer tun sich in dieser Beziehung diejenigen, die an der „Sünde des Gutseins" leiden (vgl. Lk 15,25-29). Wer sich selbst als hinreichend gut einschätzt, empfindet kaum das Bedürfnis, Teilhaber der Gnade Gottes zu werden.

Anselm von Canterbury, ein mittelalterlicher Gelehrter, behauptete: „Nur wer ernsthaft darüber nachgedacht hat, wie schwer das Kreuz ist, kann begreifen, wie schwer die Sünde wiegt."[2]

Um die Krankheit *Sünde* zu heilen, bedurfte es des Todes und der Auferstehung vor allem Christi. Außerdem aber muß es auch im Leben jedes einzelnen Christen dazu kommen. Wie Christus das Kreuz erlitt, so müssen auch wir es erleiden. Aber hinter dem Kreuz, doch in enger Verbindung mit ihm, liegt das neue Leben. So geht der Weg zum Leben auch bei uns durchs Sterben hindurch.

Diese Themen werden im weiteren Verlauf breiten Raum einnehmen. Zuerst müssen wir aber noch einen Blick auf das Gesetz und seine Aufgabe im Universum und in unserem persönlichen Leben werfen.

---

[1] E. G. White, „Für die Gemeinde geschrieben", 1/338; vgl. ders., „Das bessere Leben", 11.
[2] Anselm zit. bei B. Ramm, „Offense to Reason", 38.

Kapitel 3

Vom Mißbrauch des Gesetzes

„Wir wissen", schreibt der Apostel Paulus, „daß das Gesetz gut ist, *wenn* es jemand recht gebraucht" (1 Tim 1,8 – Hervorhebung hinzugefügt). Es ist eine überraschende Tatsache, daß sich das Gesetz sachgemäß, aber auch unsachgemäß benutzen läßt. Paulus hält es für möglich, daß das Gesetz mißbraucht werden kann. Gottes vollkommenes Gesetz hat dann eine negative Wirkung, wenn es für Zwecke benutzt wird, für die es niemals gedacht war. Gerade darin besteht eine der großen Versuchungen, der wir Menschen gerne erliegen.

Paulus war sich dieser Gefahr offenbar bewußt; denn er war ein Pharisäer gewesen, der „sein Vertrauen auf irdische Vorzüge setzte"; einer, der „untadelig in der Gerechtigkeit war, wie sie das Gesetz vorschreibt" (Phil 3,4.6 JB). Paulus gestand nach seiner Bekehrung, daß er sich früher seiner moralischen Lebensführung vor Gott gerühmt habe. Als strenggläubiger Pharisäer hatte er keine Mühe gescheut, um Gott durch das Halten der Gebote zu beeindrucken.

Er vertrat demnach deren Meinung, daß „ein Mensch in das richtige Verhältnis zu Gott gelangen kann, indem er peinlich genau alles hält, was das Gesetz vorschreibt. Wenn er alle Werke des Gesetzes erfüllt, wird er vor Gott gerecht".[1] Für einen Pharisäer war klar: Wer das Gesetz hält, wird von Gott als gerecht eingestuft. Gehorsam gegenüber dem Gesetz galt als verläßliches Mittel, Rechtfertigung zu erwerben.

---

[1] William Barclay, „The Letter to the Romans" (Edinburgh, The Saint Andrew Press, 1957), 53.

Gerade diese Auffassung lehnte Paulus nach seiner Bekehrung als Mißbrauch des Gesetzes ab. An anderer Stelle schrieb der Apostel, Gottes Gesetz sei „heilig, gerecht und gut" (Rö 7,12). Hier stellt sich die Frage: Gut für wen und wozu? Sogar etwas, das heilig, gerecht und gut ist, kann für schlechte, unheilige und fragwürdige Zwecke mißbraucht werden. Das Gesetz muß im Rahmen der von Gott vorgesehenen Absicht zur Anwendung kommen, wenn es eine positive Wirkung im Leben des Christen entfalten soll. Geschieht das, wirkt es sich segensreich aus; wird es dagegen mißbraucht, entwickelt es sich zum Werkzeug des Todes.

Weder Christus noch die Schreiber des Neuen Testament haben die Bedeutung des Gesetzes heruntergespielt, im Gegenteil! Es war ihre Absicht, dem Gesetz den Platz zuzuweisen, der ihm zukommt. Besonders im Römerbrief ist das ganz deutlich zu erkennen. Wie in Kapitel 2 bereits ausgeführt, konnte Paulus auf das Thema Erlösung erst eingehen (ab Römer 3,24), nachdem er sich ausführlich über Wesen und Ausmaß der Sünde geäußert hatte (Rö 1-3,23).

In Römer 3,23 faßt er seinen Gedankengang zusammen und kommt zu dem Schluß, daß die Juden nicht besser sind als die Heiden: „Alle haben gesündigt und die Herrlichkeit verloren, die Gott ihnen zugedacht hatte." Daher müssen alle „ohne Verdienst gerecht [werden] aus seiner Gnade", die uns durch das Opfer Christi angeboten wird und die wir durch „den Glauben an Jesus" empfangen (Rö 3,24-26).

An dieser Stelle soll vor allem auf die Tatsache hingewiesen werden, daß Paulus in den ersten drei Kapiteln des Römerbriefs nicht nur auf die Universalität der Sünde hinweist, sondern er beginnt auch damit, die Schwäche und das Versagen des Gesetzes aufzuzeigen, wenn es um die Lösung des Problems Sünde geht.

In Römer 3,20 unternimmt er einen Frontalangriff auf den pharisäischen Weg zur Gerechtigkeit, indem er behauptet, daß „kein Mensch durch die Werke des Gesetzes vor ihm [Gott] gerecht sein kann. Denn durch das Gesetz kommt Erkenntnis der Sünde". Das mußte betont und zu seinen Schlußfolgerungen hinsichtlich der Sünde hinzugefügt werden, ehe sich Paulus gründlich mit der göttlichen Lösung des Problems Sünde beschäftigen konnte.

70

Die Unfähigkeit des Gesetzes, den Menschen zu erlösen, behandelt der Apostel wiederholt in seinen Briefen. „Das Gesetz", so schrieb er, „richtet nur Zorn an." (Rö 4,15; vgl. 6,23) „Durch Werke des Gesetzes wird kein Mensch gerecht." (Gal 2,16) „Alle aber, die nach dem Gesetz leben, stehen unter dem Fluch. Denn in der Schrift heißt es: Verflucht ist jeder, der sich nicht an alles hält, was das Buch des Gesetzes vorschreibt." (Gal 3,10.11 JB)

Kurz gesagt: Das Gesetz macht zwar deutlich, daß es in unserem Leben ein ernsthaftes Problem gibt, nämlich die Sünde, aber es bietet keine Lösung an. Es zeigt den sündigen Ist-Zustand an, spricht schuldig, läßt den Menschen darüber hinaus aber im Stich. Im Galaterbrief verliert Paulus geradezu die Fassung, weil in den Christengemeinden jener Gegend Irrlehrer aufgetreten waren, die den Gläubigen einzureden versuchten, der Mensch könne durch das Halten der Gebote gerettet werden (Gal 3,1-3).

Martin Luther, der von sich sagen konnte, „wenn je ein Mensch durch Möncherei erlöst worden wäre, dann wäre ich es gewesen", kam zu demselben Schluß wie sein pharisäischer Vorläufer Paulus. Sowohl des Paulus als auch Luthers „Protest gegen jegliche Methode, durch Gesetze und Gebote erlöst zu werden", schreibt G. C. Berkouwer, „ist starr und unnachgiebig", weil solche Praktiken „mit Christus konkurrieren".[1]

Diese Abfuhr durch Paulus, so fährt Berkouwer fort, „richtet sich nicht gegen das Gesetz an sich, sondern gegen den sündigen Menschen, der sich für fähig hält, vor Gott gerecht zu werden, und dazu das Gesetz als Steigbügel benutzt".[2]

Offenbar spürte Paulus, daß man seine Ausführungen auch als Feindschaft dem Gesetz gegenüber mißverstehen könnte. Um die Bedeutung des Gesetzes zu betonen, fügte er deshalb seiner Feststel-

---

[1] Richard Rice, „The Reign of God: An Introduction to Christian Theology From a Seventh-day Adventist Perspective" (Berrien Springs, Mich., Andrews University Press, 1985), 245f.; M. Luther, zit. bei William Barclay, „The Letter to the Galatians" (Edinburgh, The Saint Andrews Press, 1958, 2. Aufl.), 23; G. C. Berkouwer, „Faith and Justification" (Grand Rapids, Mich., Wm. B. Eerdmans Publ. Co., 1954), 77.72f.76.

[2] Ebenda, 77.

lung, daß Erlösung allein durch Gottes Gnade, die man im Glauben annimmt, zustande kommt (Rö 3,24.25.28) die Erklärung hinzu, daß der Glaube das Gesetz nicht aufhebt. Im Gegenteil, der Glaube richtet das Gesetz auf (Vers 31).

In den folgenden Abschnitten des Römerbriefs (Kap. 7-15) ist Paulus bemüht, die Bedeutung von Römer 3,31 für das Leben des Christen näher zu erläutern.

Doch zuvor mußte Paulus der Frage weiter nachgehen, wie der Mensch vor Gottes „Zorn" gerettet werden kann. Die Antwort darauf bildet den Mittelpunkt in Römer 4 und 5. Erst nachdem dieser grundsätzliche Punkt geklärt ist, diskutiert Paulus die Bedeutung des Gesetzes für das Leben eines erlösten Menschen (Kap. 7-15).

Dieses Buch folgt derselben sich stetig weiter entfaltenden Argumentationslinie, wie wir sie im Römerbrief verfolgen können. Zunächst müssen wir uns jedoch mit der Absicht des Gesetzes und seiner wahren Natur befassen. Es trifft zweifellos zu, „daß das Gesetz gut ist, wenn es jemand recht gebraucht" (1 Tim 1,8). Die Frage ist nur: Was bedeutet es, das Gesetz recht zu gebrauchen?

Der Zweck des Gesetzes

Erstens: Das Gesetz soll uns Gott offenbaren. „Das Sittengesetz, das Gott uns am Anfang gab", schrieb Loraine Boettner, „war kein willkürlicher oder launenhafter Erlaß, sondern ein Ausdruck seines Wesens. Es zeigte dem Menschen, wie Gottes Wesen ist."[1]

Das Gesetz sollte demnach als Ausdruck des göttlichen Willens und zugleich seines Wesens verstanden werden. Es geht nicht um Willkür. Gott befiehlt nicht zu lieben und verbietet nicht zu morden aus Laune eines Augenblicks. Gott fordert Liebe, weil er selbst Liebe ist; er untersagt das Töten, weil er der Herr des Lebens ist; er verbietet das Lügen, weil er selbst nicht lügen kann.[2] Das Gesetz ist tatsächlich eine Spiegelung des Charakters und Wesens Gottes. Deshalb ist

---

[1]   L. Boettner, „Studies in Theology" (Grand Rapids, Mich., Wm. B. Eerdmans, 1960, 5. Aufl.), 286.

[2]   M. J. Erickson, „Christian Theology", 802f.

es kein Zufall, daß Paulus das Gesetz „heilig, gerecht und gut" oder auch „geistlich" nennt (Rö 7,12.14).

Zweitens: Das Gesetz ist ein Maßstab, an dem sich ablesen läßt, welchen Charakter der Mensch eigentlich haben sollte. Gott schuf uns „zu seinem Bilde" (1 Mo 1,26.27). Nach Gottes Plan sollten wir sein Wesen widerspiegeln. Deshalb schrieb Ellen White: „Die Bedingungen zum ewigen Leben sind heute, unter der Gnade, noch die gleichen, wie sie einst im Paradies waren: vollkommene Gerechtigkeit, Einklang mit Gott, restlose Übereinstimmung mit der Grundlage des Gesetzes."[1]

Gottes Gesetz war nicht nur im Garten Eden der gültige Maßstab, es wird auch am Ende der Tage im Jüngsten Gericht die Norm sein (Rö 2,12-16; Offb 14,6.7.9.12; Pred 12,13.14).[2]

Drittens: Das Gesetz soll die Sünde im Herzen und Leben des Menschen aufzeigen und sie verurteilen. Paulus schrieb: „Durch das Gesetz kommt Erkenntnis der Sünde", und: „Die Sünde erkannte ich nicht außer durchs Gesetz" (Rö 3,20; 7,7). Das Brechen des Gesetzes zieht Gottes Zorn und den Tod des Sünders nach sich (Rö 4,15; 5,12.17; 6,23). John Wesley hat die verurteilende Funktion des Gesetzes in einem Bild zum Ausdruck gebracht. Er schrieb, es sei ein Zweck des Gesetzes, diejenigen wachzurütteln, „die selbst am Tor zur Hölle immer noch schlafen".[3]

Eine der bittersten Wahrheiten ist die, daß sich viele ausgerechnet ihrer ernstesten Versäumnisse und Sünden nicht bewußt sind. Ich beispielsweise sehe die Sünden meiner Kinder häufig viel klarer als meine eigenen. Sie ihrerseits merken ziemlich schnell, wo ich versage.

Mag sein, daß unser Urteil über das Verhalten anderer einigermaßen zutrifft, dennoch wünscht Gott, daß wir uns mehr mit unseren eigenen Sünden auseinandersetzen sollen,als mit denen anderer. Daher verglich der Apostel Jakobus das Gesetz mit einem „Spiegel" (Jak 1,23-25). Bevor ich morgens zur Arbeit gehe, überprüfe ich mein

---

[1]   E. G. White, „Das bessere Leben", 65.

[2]   E. G. White, „Der große Kampf" (Hamburg, Saatkorn, 1982), 436f.

[3]   J. Wesley, „Works", 5/499.

Äußeres mit Hilfe des Spiegels. Der zeigt mir nämlich, ob alles in Ordnung ist und wo Verbesserungen notwendig sind. Aber er ist nicht das Instrument, das die notwendigen Korrekturen zustande bringt.

Das läßt sich recht gut auf Gottes Gesetz übertragen. Wenn ich mein Verhalten an Gottes Maßstab messe, zeigt es sich, wo mein Leben nicht in Ordnung ist. Das Gesetz sagt mir, daß ich ein Sünder bin, aber es kann mein Problem nicht beheben.

Viertens: Das Gesetz soll über sich und die Sünde hinaus auf Christus hinweisen. Die Unfähigkeit des Gesetzes zeigt sich darin, daß es im Falle der Übertretung keinerlei Hoffnung vermittelt. Im Licht des gebrochenen Gesetzes stehe ich als Sünder da, der die Verdammnis und den ewigen Tod verdient hat (Rö 6,23). Ich wäre auch dann rettungslos verloren, wenn ich Gottes Willen auch nur einmal mit einem sündigen Gedanken, einem bösen Wort oder einer schlechten Tat übertreten hätte.

Das Gesetz kennt keine Barmherzigkeit und keine Vergebung. Es setzt Maßstäbe für mein Leben, bietet aber keine Möglichkeit, das Versagen an einer Stelle durch fromme Leistung an einer anderen wiedergutzumachen. Letztlich müßte das Gesetz den Menschen in die Hoffnungslosigkeit treiben, wenn Gott es nicht dazu benutzen würde, den Sünder auf Christus hinzuweisen.

Paulus verwendet in seinem Brief an die Galater ein interessantes Bild (3,23-25). Er nennt das Gesetz einen „Zuchtmeister" (griech. *paidagogos*). Dieser „Zuchtmeister" war in der Antike ein zuverlässiger Sklave, der die ihm anvertrauten Knaben zur Schule brachte und wieder abholte, dem heutigen Schulbusfahrer vergleichbar. Mit dem Unterricht hatte er nichts zu tun, denn er war nicht der Lehrer, sondern nur der Begleiter, der die Kinder zum Lehrer brachte. Ähnlich ist es mit dem Gesetz, es ist nicht der Lehrer, aber es führt uns zum Lehrer Jesus Christus hin.

Den gleichen Zweck erfüllt das Gesetz Gottes noch heute im Leben jedes einzelnen. Das Verdammungsurteil, das uns trifft, sobald wir Gottes Willen übertreten haben, treibt uns zu Christus. Ihm können wir unsere Sünde bekennen und durch ihn Vergebung und die Reinigung von unserer Schuld empfangen (1 Jo 1,9; 2,1.2). Wenn

Gottes Gesetz das erreicht hat, hat es diesen Aspekt seiner Aufgabe zunächst erfüllt. Erst wenn wir uns wieder von Christus entfernen, übernimmt es erneut die Funktion, zu Christus zu führen.

Die Puritaner des 16. und 17. Jahrhunderts verglichen darum das Gesetz mit der im Alten Testament erwähnten „feurigen Schlange". Es „straft, quält und peinigt das Gewissen", und dadurch „treibt es uns zu unserm Herrn Jesus, der im Evangelium erhöht ist wie die eherne Schlage in der Wüste, um uns zu heilen". „Im puritanischen Denken war die scharfe Nadel des Gesetzes, die tief in das Gewissen sticht, mit dem roten Faden des Evangeliums eng verbunden."[1]

Daher schreibt Hans LaRondelle: „Das Gesetz Gottes schafft das Evangelium Christi nicht ab, es offenbart vielmehr die Notwendigkeit und Unverzichtbarkeit des Evangeliums der Gnade." Paulus hatte genau dieses Verständnis im Sinn, als er schrieb, daß er „durchs Gesetz dem Gesetz" als einem Weg zur Erlösung „gestorben" sei (Gal 2,19). Das Gesetz hatte, so führt Herman Ridderbos aus, Paulus „totgeschlagen" und ihn durch sein Urteil verdammt. Er wurde aber gerecht vor Gott (gerechtfertigt) durch den Glauben an Christi Tod am Kreuz (vgl. Gal 2,16-21).[2]

Fünftens: Das Gesetz soll dem Christen Anleitung zum sittlichen Handeln geben und als Maßstab der Gerechtigkeit dienen. Zwar kann es niemanden von der Sünde erlösen, dennoch hat es seine Bedeutung im Leben des Gläubigen. Der Puritaner John Flavel hätte es nicht besser ausdrücken können, als er schrieb, daß *„das Gesetz uns zu Christus weist, damit wir gerechtfertigt werden, und Christus uns an das Gesetz weist, damit wir geleitet und geführt werden".*[3]

Wesley sagt im Prinzip dasselbe, wenn er darauf verweist, daß „einerseits das Gesetz ständig den Weg zum Evangelium ebnet, wäh-

---

[1]   B. W. Ball, „English Connection", 131ff.

[2]   H. LaRondelle, „Christ Our Salvation: What God Does for Us and in Us" (Mountain View, Calif., Pacific Press, 1980), 40; H. Ridderbos, „The Epistle of Paul to the Churches of Galatia", The New International Commentary on the New Testament (Grand Rapids, Mich., Wm. B. Eerdmans, 1953), 104; „The International Standard Bible Encyclopedia", unter „Law in the NT".

[3]   J. Flavel, zit. bei B. W. Ball, „English Connection", 133 – Hervorhebung hinzugefügt.

rend uns das Evangelium andrerseits zu einer genaueren Erfüllung des Gesetzes anspornt".[1]

Die Aussage des Paulus in Römer 3,31, daß der Glaube das Gesetz aufrichtet oder bestätigt, anstatt es niederzureißen, ist für die Gedankenführung von Favel und Wesley grundlegend. Und das Neue Testament, besonders der Römerbrief, gibt ihnen Recht.

Zwar lehrt das Neue Testament unmißverständlich, daß das Gesetz *kein* Weg zur Erlösung sein kann, doch das schließt nicht aus, daß es auch im Leben des bekehrten Menschen als Maßstab dessen, was unter Sünde zu verstehen ist, und als Anleitung zu einem christlichen Leben gilt.

Während Paulus als Christ nicht mehr unter dem Verdammungsurteil des Gesetzes steht (Rö 8,1), weiß er sich doch „in dem Gesetz Christi" (1 Kor 9,21). Der niederländische Kalvinist Berkouwer kann daher schreiben, daß „jetzt die Gebote das Gnadengeschenk des Erlösergottes für den Glaubenden sind", und der Methodist Melvin Dieter meint, daß das Gesetz für den bekehrten Menschen „zu einem Evangelium wird", weil es „zu einem Leben der Liebe, die das Endziel des Gesetzes ist", anregt. Anthony Hoekema vergleicht das Halten des Gesetzes durch den Christen mit dem Leben im Geist und schreibt, daß die „durch den Geist geführten Gläubigen gerade diejenigen sind, die ihr Bestes tun, um das Gesetz Gottes zu halten ... Das Leben des Christen ... muß ein vom Gesetz geformtes Leben sein".[2]

Der Genfer Reformator Johannes Calvin definierte die Rolle des Gesetzes im Leben des Christen ebenso. Der „vornehmste Gebrauch" des Gesetzes „findet sich unter jenen Gläubigen, in deren Herzen der Geist Gottes bereits wohnt und regiert ... Hier ist es das geeignetste Instrument für sie, um jeden Tag gründlicher das Wesen des göttlichen Willens zu erkennen, dem sie nachstreben."[3] Wir wer-

---

[1]   J. Wesley, „Works", 5/313f.

[2]   G. C. Berkouwer, „Faith and Sanctification", 175; M. E. Dieter, „The Wesleyan Perspective" in „Five Views on Sanctification", 26; A. A. Hoekema, „The Reformed Perspective", ebenda, 87f.

[3]   J. Calvin, „Institutes of the Christian Religion", 2/7.12.

den uns dem „vornehmsten Gebrauch" des Gesetzes wieder in Kapitel 5 zuwenden.

An dieser Stelle muß noch einmal betont werden, daß die schlimmsten Verirrungen in der Religionsgeschichte darauf zurückgehen, daß das, was wir tun müssen, um ein sittliches Leben zu führen, nicht klar von dem unterschieden wurde, was man tun muß, um gerettet zu werden. Diesen schweren Fehler begingen die Pharisäer. Weil sie das Ausmaß des Problems Sünde nicht erkannten, meinten sie, durch das Halten des Gesetzes gerecht werden zu können. Sie hatten weder den Sinn des Gesetzes verstanden, noch die Macht der Sünde in ihrem Leben wahrgenommen (Rö 3,9), deshalb „besaß das Gesetz keinen Schrecken für sie".[1]

Weil sie die Auswirkungen des Sündenfalls, d. h. der Ursünde und ihrer Folgen, nicht in ihre Rechnung einbezogen, meinten sie, mit der Sünde ebenso fertig werden zu können wie der ungefallene Adam (oder Christus, der zweite Adam). Um diesem Irrtum entgegenzutreten, schrieb Ellen White: „Im Gehorsam vor Gott hätte Adam ein gerechtes Wesen entfalten können. Doch er versagte. Durch seine Sünde sind auch wir gefallene Wesen, und keiner kann sich gerecht machen. Seitdem der Mensch gesündigt hat und es ihm an Heiligkeit fehlt, ist er nicht mehr fähig, dem Gesetz Gottes vollkommen zu gehorchen."[2]

J. H. Gerstner ergänzt diese Gedanken: „Die pharisäische Interpretation des Gesetzes [und des Haltens des Gesetzes] beruhte auf einer falschen Sicht des Menschen. Die Pharisäer sahen den Fall Adams lediglich als Beispiel dafür, daß ein Mensch eine falsche Entscheidung trifft. Das schließe jedoch nicht aus, daß die Menschen auch nach dem Sündenfall noch ein gerechtes Leben führen könnten, wenn sie sich vom Gesetz leiten ließen."[3]

Paulus, Martin Luther, Johannes Calvin, John Wesley, Ellen White sowie viele andere haben sich energisch gegen diese Theologie aus-

---

[1]   G. C. Berkouwer, „Faith and Sanctification", 119.

[2]   E. G. White, „Der Weg zu Christus", 42.

[3]   „The International Standard Bible Encyclopedia" (1977-1988), unter „Law in the NT".

gesprochen. Leider hat der Pharisäismus in jeder Generation sein Haupt erhoben, oft mit einer zeitgenössischen und auf den neuesten Stand gebrachten theologischen Argumentation. Leider sind solche Anschauungen auch bei den Siebenten-Tags-Adventisten von heute nach wie vor in Umlauf.

Das Urgesetz ist ewig

Die Zehn Gebote sind nicht das Urgesetz. Im Zusammenhang der Universalgeschichte von Ewigkeit an können sie als eine ziemlich späte Entwicklung bezeichnet werden.

Ohne tieferes Nachdenken stellt sich schnell heraus, daß das in den Zehn Geboten übermittelte Gesetz weder ewig noch universell ist.

Man nehme zum Beispiel das vierte Gebot. Es sagt eindeutig, daß der Sabbat zum Gedenken an die Erschaffung des Planeten Erde gestiftet wurde (2 Mo 20,8-11; 1 Mo 2,1-3). Sogar der Sieben-Tage-Zyklus (mit jeweils 24 Stunden) weist auf unseren Planeten und unser Sonnensystem als bestimmende Faktoren für das Sabbatgebot im Dekalog hin. Allerdings liegt dem Sabbatgebot der Bibel ein universales, allgemeingültiges und ewiges *Prinzip* zu Grunde. Das trifft auch auf einige andere der Zehn Gebote zu.

Ähnlich äußerte sich auch Ellen White: „Das Gesetz Gottes gab es schon, ehe der Mensch erschaffen wurde. Die Engel wurden durch dieses Gesetz regiert. Satan fiel, weil er die *Grundsätze* der Herrschaft Gottes übertreten hatte ... Nach Adams Sünde und Fall hat sich nichts am Gesetz Gottes verändert. *Die Grundsätze der Zehn Gebote gab es schon vor dem Sündenfall,* und diese waren so beschaffen, daß sie den Bedingungen, unter denen heilige Geschöpfe miteinander Umgang pflegten, angemessen waren. *Nach dem Fall wurden die Grundsätze dieser Verordnungen nicht geändert, aber es wurden zusätzliche Verordnungen erlassen, um den Bedürfnissen des Menschen in seinem gefallenen Zustand gerecht zu werden.* "[1]

---

[1] E. G. White, „Spiritual Gifts" (Battle Creek, Mich., Steam Press of the SDA Publ. Assn., 1864), 3/295 – Hervorhebung hinzugefügt.

An anderer Stelle schrieb sie: „Das Gesetz Gottes existierte schon vor der Erschaffung des Menschen. Es war auf die Situation heiliger Wesen zugeschnitten; selbst die Engel waren ihm unterstellt. Nach dem Sündenfall blieben die Grundsätze der Gerechtigkeit unverändert bestehen." Aber, so schrieb sie in einem anderen Zusammenhang, „nach Adams Übertretung wurden die Prinzipien des Gesetzes so angeordnet und *formuliert*, daß sie dem Menschen in seinem gefallenen Zustand gerecht wurden".[1]

Diese neue Ausdrucksweise und Anordnung brachte auch die negative Formulierung als Verbot mit sich. Schließlich mußte man Engelswesen nicht ermahnen, das Eigentum anderer zu achten, nicht die Ehe zu brechen oder gar zu töten. Die Engel hielten das Gesetz, weil es in ihre Herzen geschrieben war. „Liebe", so lesen wir, „ist das *große Prinzip,* das dem Handeln der nicht gefallenen Wesen zugrunde liegt."[2] Erst nach dem Aufkommen der Sünde mußte das Gesetz für Geschöpfe, die von Selbstsucht und negativen Beweggründen erfüllt waren, im Sinne von Verboten formuliert werden.

Die exakte Identifizierung dessen, was Charles Colson als das „Gesetz hinter dem Gesetz"[3] bezeichnet, ist äußerst wichtig, weil eine sorgfältige Diskussion über Gerechtigkeit und/oder Vollkommenheit von einem sachgemäßen Verständnis des Gesetzes Gottes abhängt.

Das Alte Testament kennt mindestens drei Gesetze: das Sittengesetz, das bürgerliche Gesetz und das Zeremonialgesetz. Darüber hinaus werden die fünf Bücher Mose und auch das gesamte Alte Testament als „das Gesetz" bezeichnet. Das Wort *Gesetz* hat also in der Bibel mehrere Bedeutungen.

Im Neuen Testament stellt Jesus das Wesen des GESETZES hinter dem Gesetz der zehn Gebote klar dar. Als ihn ein Schriftgelehrter nach dem größten Gebot fragte, antwortete er: „Du sollst den

---

[1] E. G. White, „Für die Gemeinde geschrieben", 1/242f. – Hervorhebung hinzugefügt.

[2] E. G. White, „Thoughts from the Mount of Blessing", 109; E. G. White an die Brüder und Schwestern der Iowa-Vereinigung, 6. Nov. 1901, in „1888 Materials", 1764 – Hervorhebung hinzugefügt.

[3] C. Colson, „Kingdoms in Conflict", (Grand Rapids, Mich., Zondervan Publ. House, 1987), 237 – Hervorhebung hinzugefügt.

Herrn, deinen Gott, lieben von ganzem Herzen, von ganzer Seele und von ganzem Gemüt.' Dies ist das höchste und größte Gebot. Das andere aber ist dem gleich: ‚Du sollst deinen Nächsten lieben wie dich selbst.' In diesen beiden Geboten hängt das ganze Gesetz und die Propheten." (Mt 22,37-40; vgl. 5 Mo 6,5; 3 Mo 19,18)

Paulus und Jakobus stimmen mit Jesus überein, reduzieren aber das Gesetz auf ein einziges, grundlegendes Gebot. Deshalb kann Paulus sagen, daß „die Liebe des Gesetzes Erfüllung" ist (Rö 13,10) und „das ganze Gesetz in einem Wort erfüllt: ‚Liebe deinen Nächsten wie dich selbst!'" (Gal 5,14). Jakobus betont darüber hinaus die untrennbare Einheit des Gesetzes: „Denn wenn jemand das ganze Gesetz hält und sündigt gegen ein einziges Gebot, der ist am ganzen Gesetz schuldig." (Jak 2,10)

Die neutestamentlichen Aussagen zeigen mehrere Facetten des Gesetzes auf. Erstens wird das Gesetz als Einheit gesehen. Das Gesetz fußt nicht auf vielen Prinzipien, sondern kennt nur einen Grundsatz – *Liebe*.[1] Genau das gleiche Wort benutzte der Apostel Johannes, um den Charakter Gottes zu beschreiben: „Gott ist die Liebe" (1 Jo 4,8). So stimmt Gottes Wesen mit dem Gesetz als Ausdruck seines Charakters überein. Die Bibel entfaltet aber auch die Bedeutung des Begriffs Liebe. Daher können Menschen und andere intelligente Geschöpfe immer besser verstehen, wie Liebe in bestimmten Situationen aussehen soll.

Für Geschöpfe, die nicht in Sünde gefallen sind, könnte sich Gottes Ordnung auf zwei Gesichtspunkte beschränken – auf die Liebe zu Gott und auf die Liebe zueinander. Nach dem Sündenfall aber mußte das Gesetz wegen der Entartung des Menschengeschlechts näher erläutert werden. Ausreichende Hinweise bezeugen, daß die Grundgedanken der Zehn Gebote bereits vor der Gesetzgebung am Sinai bekannt waren. Doch erst als Gott Israel zu seinem auserwählten

---

[1]   Siehe John McIntyre, „On the Law of God", (New York, Harper & Brothers, 1962), 240 bzgl. der notwendigen Verbindung zwischen der Liebe zu Gott und zum Nächsten. Eine neuere Abhandlung über die Einheit des Gesetzes Gottes findet sich in Alden Thompson, „Inspiration: Hard Questions, Honest Answers" (Washington, D. C., Review and Herald, 1991), 110-136.

Volk machte, konkretisierte er die beiden großen Prinzipien des Gesetzes in Form von zehn Geboten.

Die ersten vier Gebote erklären das Grundprinzip der Liebe zu Gott, während die übrigen sechs Weisungen die Liebe zum Mitmenschen definieren. Wollte man diesen Prozeß, der vom Grundsatz zu speziellen Geboten (ob zwei oder zehn) geführt hat, graphisch darstellen, so könnte das so aussehen:

GESETZ ➔ Gebote

Hier liegt der Gedanke zugrunde, daß alle Gebote und Verordnungen ihren Ursprung in einem URGESETZ haben. Das erinnert an die Gedankengänge, die wir im Zusammenhang mit der Sünde entwickelt hatten (Kap. 2). Dort wurde deutlich, daß *Sünden* (einzelne sündige Verhaltensweisen) auf die *URSÜNDE* (die prinzipiell sündige Natur) zurückzuführen sind. Das heißt, aus der Ursünde ergeben sich die einzelnen Verfehlungen:

SÜNDE ➔ Sünden

In den folgenden Kapiteln werden wir sehen, daß das Prinzip SÜNDE und das Prinzip GESETZ in direkter Beziehung zum Prinzip GERECHTIGKEIT stehen. Dabei wird deutlich werden, daß GERECHTIGKEIT (im Sinne von bekehrte Natur) gerechte Taten zur Folge hat. Daher gilt:

GERECHTIGKEIT ➔ gerechte Taten

Ich möchte noch einmal daran erinnern, daß eins der pharisäischen Probleme die Aufspaltung der Sünde in eine Vielzahl von sündigen Einzeltaten war. Diese Atomisierung der Sünde führte unweigerlich zur Atomisierung des Gesetzes und der Gerechtigkeit. Wenn wir zu einem biblischen Verständnis von Vollkommenheit gelangen wollen, müssen wir nicht nur das Wesen der Sünden, der Gebote und der gerechten Taten verstehen, sondern auch das Prinzip der Ursünde, des Urgesetzes und der Gerechtigkeit an sich. Weil den Pharisäern diese umfassende Sicht fehlte, kamen sie zu einem völlig falschen Verständnis von Gerechtigkeit. Das Neue Testament setzt sich an vielen Stellen mit diesem Mißverständnis auseinander.

Hinzu kommt ein weiterer Gesichtspunkt: Das Gesetz ist in seinem Kern nicht negativ, sondern positiv. Jesus machte an einem Beispiel deutlich, daß eine Religion der Verneinung keine befriedigende Religion ist.

Er erzählte von einem Menschen, aus dem ein dämonischer Geist ausgefahren war. Offenbar war es in diesem Fall bei der Verneinung der alten Beziehung geblieben, ohne daß der Mensch zu einem neuen, bejahenden Lebensstil gefunden hatte. Das Haus, aus dem der unreine Geist vertrieben worden war, stand nun leer. Und dann heißt es, daß der böse Geist zurückkehrt und „nimmt mit sich sieben andre Geister, die böser sind als er selbst; und wenn sie hineinkommen, wohnen sie darin; und es wird mit diesem Menschen hernach ärger, als es vorher war" (Mt 12,43-45).

William Barclay schreibt dazu: „Eine Religion, die nur aus *Du-sollst-nicht!-Geboten* besteht, ist zum Scheitern verurteilt."[1]

Das Gespräch Jesu mit dem reichen jungen Mann weist in dieselbe Richtung. Als es um das „Du sollst nicht!" ging, konnte der Mann sagen: Das ist bei mir alles in Ordnung. Als Jesus aber auf die unermeßlichen Möglichkeiten hinwies, anderen Menschen zu helfen, wich der junge Mann aus. Jesus wies damit über die Verbote des Dekalogs hinaus und lenkte den Blick auf das Gesetz der Liebe. Das empfand sein Gesprächspartner als unzumutbar. Er war fixiert auf das „Du sollst nicht" – und damit wohl auch im Wesentlichen zufrieden. Jedenfalls war er nicht bereit, dem Willen Gottes uneingeschränkten Zugriff auf sein Leben einzuräumen (vgl. Mt 19,16-22).

Ähnlich ist es mit der Frage des Petrus: „Wie oft muß man seinem Mitmenschen vergeben?" Die damals gängige rabbinische Regel lautete: Wenn du dreimal vergibst, hast du deine Pflicht getan; mehr kann niemand von dir verlangen. Petrus war innerlich schon einen

---

[1]   W. Barclay, „The Gospel of Matthew" (Edinburgh, The Saint Andrew Press, 1958, 2. Aufl.), 2/57.

Schritt weiter und machte ein großzügiges Angebot: Eigentlich müßte doch siebenmal reichen! Jesu Antwort packt das Problem bei der
Wurzel: „Ich sage dir: nicht siebenmal, sondern siebzigmal siebenmal." (Mt 18,22)

Das anschließende Gleichnis vom unbarmherzigen Knecht macht
deutlich, daß Jesus nicht etwa eine noch großzügiger bemessene Zahl
(490mal) nennen wollte, sondern von unbegrenzter Vergebungsbe-
reitschaft sprach. Das war nicht das, was Petrus hören wollte. Er wollte eigentlich nicht wissen, wie oft er dem Nächsten vergeben müsse,
sondern wann er mit dem Vergeben *aufhören* könne. Das ist die
typische Art des „natürlichen Menschen", der sich fragt: Wie lange
muß ich anderen freundlich begegnen, und ab wann kann ich dem
anderen endlich heimzahlen, was er verdient? Jesus hatte das durch-
schaut und antwortete: „Niemals!" (vgl. Mt 18,21-35).

Ich fürchte, daß es uns ähnlich geht wie Petrus. Wir möchten
auch gern wissen, wann wir unser Pensum an Gutsein erfüllt haben
und uns endlich entspannen und wieder wir selbst sein können. Das
Verbot (d. h. die Negativformulierung des Willens Gottes) setzt dem
Bereich der Gerechtigkeit enge Grenzen und macht sie für den Menschen überschaubar und erreichbar. Deshalb richten Gesetzesmen-
schen aller Schattierungen ihr Hauptaugenmerk auf die Verbote, auf
das „Du sollst nicht". Die christliche Alternative dazu ist die uneingeschränkte Gerechtigkeit, die sich in der Liebe zu Gott und dem
Nächsten ausdrückt und in den zwei großen Geboten, die zur Liebe
auffordern, zusammengefaßt ist.

Seltsamerweise argwöhnen viele, daß man die Anforderungen,
denen sich ein Christ im Alltag stellen muß, unzulässig weit herab-
schraubt, wenn das Gebot der Liebe zu stark betont wird. Aber das
Gegenteil ist der Fall, wie Jesus in der Bergpredigt gezeigt hat. Ellen
White schreibt, daß diese Regeln des Gesetzes, „für immer der große
Maßstab der Gerechtigkeit bleiben werden".[1]

Daß heute viele Menschen mit dem Christentum nichts mehr zu
tun haben wollen, hängt wohl auch damit zusammen, daß sie zuviel

---

[1]   E. G. White, „Für die Gemeinde geschrieben", 1/223.

negativ gepolte Religion erlebt haben. Manche Leute meinen, das wichtigste Merkmal eines Christen bestehe darin, möglichst oft zu sagen: Das darf man nicht!

Ich halte das für einen erschreckend niedrigen Standard, der geradezu danach verlangt, daß solche Menschen sich mit dem biblischen Maßstab für das Christsein auseinandersetzen. Mir fällt es ziemlich leicht, nicht die Ehe zu brechen, im Vergleich zu der Herausforderung, Gott von ganzem Herzen und meinen Nächsten wie mich selbst zu lieben.

Selbstverständlich informieren die Zehn Gebote über wichtige Aspekte der Liebe zu Gott und zum Mitmenschen, dennoch drückt sich in ihnen – so wichtig sie auch sind – nur ein Bruchteil des Urgesetzes aus. Niemand wird nur deshalb errettet, weil er am Sabbat nicht arbeitet oder weder stiehlt noch mordet.

Ob es den Pharisäern von damals und heute gefällt oder nicht: Jesus legt die Meßlatte der Gerechtigkeit höher an, als es ein „Du sollst nicht!" jemals vermag. So hoch jedenfalls, daß der „natürliche" Mensch seinen Forderungen nicht gerecht werden kann. William Barclay faßte diese Sicht der Dinge so zusammen: „Der Priester pflegte zu sagen, Religion ist Opfer; der Schriftgelehrte pflegte zu sagen, daß Religion aus dem Gesetz besteht. Jesus dagegen sagt, daß Religion Liebe ist."[1]

Ist es nicht merkwürdig, daß Jesus niemals gesagt hat, man könne die Seinen daran erkennen, daß sie den Sabbat halten, den Zehnten zahlen und sich gesund ernähren? Selbstverständlich sind diese Dinge für das Lebens als Christ nicht unwichtig, dennoch sind sie nicht der Kern des Christseins. Vielmehr sagt Jesus: „Daran wird jedermann erkennen, daß ihr meine Jünger seid, wenn ihr Liebe untereinander habt." (Jo 13,35) Deshalb ist es tragisch, wenn Christen aufeinander losgehen, weil sie in Fragen des Lebensstils oder der Lehre unterschiedlicher Meinung sind.

Auch wenn sie eine saubere Theologie vertreten und andere davon überzeugen müssen, wer so vorgeht, zeigt, daß er eher bereit ist, „Kamele zu schlucken" als Jesu Beispiel zu folgen. Erst wenn Recht-

---

[1]   W. Barclay, „The Gospel of Matthew", 1/363.

gläubigkeit und Lebensweise vom Geist Christi geprägt sind, kommt ihnen eine gewisse Bedeutung zu.

Der Christ und das Gesetz

Wenn Paulus sagt, daß er „durchs Gesetz dem Gesetz gestorben [ist], damit ich Gott lebe", meint er damit nicht, daß das Gesetz gestorben ist (Gal 2,19). Das Gesetz bleibt auch für den Christen der Maßstab der Gerechtigkeit und Verurteiler der Sünde, aber eins ist es mit Sicherheit nicht: ein Mittel zur Erlösung. Emil Brunner weist darauf hin, daß „Paulus niemals gegen das Gesetz kämpft", sondern nur gegen den falschen Gebrauch des Gesetzes.[1]

Bischof Ryle schrieb, daß sich „wahre Heiligung in einer ständigen Ehrfurcht gegenüber Gottes Gesetz und dem fortgesetzten Bemühen, es als Lebensregel in Gehorsam zu befolgen, beweist. Es gibt keinen größeren Irrtum als anzunehmen, daß ein Christ mit dem Gesetz und den Zehn Geboten nichts mehr zu tun hat, weil er nicht dadurch gerechtgesprochen werden kann, daß er sie hält." Die christliche Freiheit ist an das Halten des „Gesetzes der Freiheit" (Jak 2,12) gebunden; von der Sünde gefangen zu sein (vgl. Rö 6,18.19) ist dazu im Neuen Testament das Gegenstück.[2]

Für Christen gibt es zwei mögliche Verhaltensweisen dem Gesetz gegenüber. Zum einen ist es die Gesetzlichkeit [Legalismus]. Sie ist nach James Stewart an drei Merkmalen zu erkennen: (1) „Es ist eine Religion der *Erlösung durch menschliche Anstrengung*"; (2) sie neigt dazu, *„den Geist des Belohntwerdens in die Religion hineinzutragen";* (3) schließlich ist sie *„ins Negative verliebt".*[3]

Richard Rice meint, daß die „Gesetzlichkeit unglaublich naiv ist", weil „sie die Auswirkungen der Sünde im Menschen gewaltig unterschätzt". Die Sünde zerstört nicht nur unsere Fähigkeit, das Gesetz zu halten (vgl. Rö 3,9), sondern stellt auch jeden Menschen unter das

---

[1]   E. Brunner, „Romans", 140.

[2]   J. C. Ryle, a. a. O., 26. Siehe auch Berkouwer, „Faith and Sanctification", 179ff.

[3]   J. S. Stewart, „A Man in Christ: The Vital Elements of St. Paul's Religion" (New York, Harper & Row, o. J.), 84ff.

Verdammungsurteil des Gesetzes (vgl. 5,12). Rice sagt: „Gesetzlichkeit ist mehr als naiv, sie ist voll und ganz sündig. Sie basiert auf der arroganten Anmaßung, daß sündige Menschen von sich aus irgend etwas tun können, um sich Gottes Gnade zu verdienen – obwohl doch nichts weiter von der Wahrheit entfernt ist als das."[1]

Der Schlüssel zum Verständnis der Aussagen des Apostels Paulus über das Gesetz ist darin zu suchen, daß eine solche gesetzliche Einstellung von Gott unabhängig macht. Wer die Rechtfertigung durch das Halten des Gesetzes zu verdienen meint, wird sich selbstverständlich dieser Leistung rühmen (Rö 3,27; 1 Ko 1,29). Der Stolz auf die eigene Leistung ist aber genau das Gegenteil dessen, was die Bibel Glauben nennt (Phil 3,4.7; Rö 4,2).[2]

W. L. Walker verweist auf diese Tatsache, indem er sagt, daß „die Gesetzlichkeit ... etwas ‚Natürliches' ist und bei den Menschen bereitwillig Ansehen findet".[3] Es tut dem Menschen offensichtlich gut, wenn er sich einredet, er könne sich die Erlösung verdienen – wenn schon nicht ganz, so doch zu einem gewissen Teil. Aber genau das ist ein gefährlicher Trugschluß, denn die Heilige Schrift lehrt das Gegenteil (Eph 2,8-10). Paulus stieß bis zum Kern der Sache vor, als er schrieb, „wenn die Gerechtigkeit durch das Gesetz kommt, so ist Christus vergeblich gestorben" (Gal 2,21).

Zum anderen kann man das Gesetz auch als Antwort auf die empfangene Erlösung halten. Die Erlösung verändert nicht das Gesetz, wohl aber unser Verhältnis zum Gesetz. Sie befreit vom Fluch des Gesetzes (Rö 8,1) und weckt in uns den kraftvollen Impuls, die Gebote zu halten.[4]

Ganz deutlich wird das am Beispiel des Zöllners Zachäus (Lk 19,1-10). Für diesen Mann war klar, daß er Jesu Gnade und Barmherzigkeit am besten mit einem geistlichen Halten des Gesetzes beantworten konnte. Sofort nachdem Zachäus die Erlösung erfuhr,

---

[1]   R. Rice, „Reign of God", 243.
[2]   Siehe G. E. Ladd, „New Testament Theology", 500; E. Brunnner, „Romans", 140.
[3]   W. L. Walker, „The Gospel of Reconciliation or At-one-ment" (Edinburgh, T. & T. Clark, 1909), 182.
[4]   Siehe R. Rice, „Reign of God", 246.

verschenkte er die Hälfte seiner Güter an die Armen und gab er-
gaunertes Gut in vierfacher Höhe zurück. An seiner neuen Einstellung zum Gesetz wurde die Erlösung sichtbar. Nachdem sich die
Grundeinstellung des Zachäus geändert hatte, veränderte sich auch
sein Lebensstil. Bisher hatte er nur getan, was ihm nützte, nun lag
ihm das Wohl anderer am Herzen. Das ist der Beweis für eine echte
Bekehrung.

Die Bibel bezeichnet das Verhältnis des Christen zum Gesetz als
die Erfahrung des Neuen Bundes. Das Buch Jeremia und der Hebräerbrief betonen übereinstimmend, daß die ideale geistliche Erfahrung dann stattfindet, wenn Gott uns sein Gesetz ins Gemüt einprägt
und ins Herz schreibt (Jer 31,31-34; Hebr 8,10).

Für einen bekehrten Christen ist es normal, das Gesetz zu halten,
weil ihn der darin enthaltene Grundsatz der Liebe zu Gott und zum
Nächsten dazu treibt. Damit steht er dem Gesetz Gottes in Wirklichkeit näher als der Gesetzmensch. Weil er „von neuem geboren" wurde (Jo 3,3.7) und ein verwandeltes Herz und einen neuen Sinn erhalten hat, ist das Verlangen, im Einklang mit Gott zu sein, ein unabdingbarer Bestandteil seines Lebens. Die neue Haltung gegenüber
dem Gesetz Gottes ist ein Zeichen dafür, daß er durch Gottes Gnade
erlöst worden ist.

Wir werden dieses Thema noch einmal in Kapitel 5 aufgreifen.
Zuvor wollen wir uns aber mit dem Prozeß befassen, der zur Errettung aus Gnade führt.

Kapitel 4

Rechtfertigung und Heiligung

Ein klassisches Beispiel dafür, wie man nicht mit der Sünde umgehen sollte, sind die Einsiedler und Mönche der ersten nachchristlichen Jahrhunderte. Sie setzten alles daran, von den sogenannten irdischen Dingen frei zu werden, vor allem von den Begierden des Leibes. Sie zogen sich in einsame Gegenden zurück, um dort ein abgeschiedenes Leben führen und sich ganz auf Gott konzentrieren zu können.

Einer der berühmtesten Eremiten ist der „heilige Antonius" (251 bis 356 n. Chr.), der fünfunddreißig Jahre als Einsiedler in der Wüste Ägyptens lebte, bis zum Umfallen fastete, sich kaum Schlaf gönnte und seinen Körper bis aufs Blut peinigte. Diese dreieinhalb Jahrzehnte waren ein ununterbrochener Kampf mit Versuchungen und Satan. In der Lebensbeschreibung des Antonius heißt es:

„Zuerst versuchte der Teufel, ihm mit seinen Einflüsterungen das Mönchsleben auszureden, indem er ihn an seinen Reichtum erinnerte, an die Fürsorge, die er seiner Schwester schulde, an die Ansprüche seiner Verwandten, an Geld, Ehre, Gaumenfreuden und andere Annehmlichkeiten des Lebens, um ihm schließlich vorzuhalten, wie schwer und mühselig es sei, an der Tugend seines jetzigen Lebens festzuhalten."

Und im Blick auf die ständigen Auseinandersetzungen zwischen den Mächten des Guten und des Bösen, die sich in der Vorstellungswelt des Antonius abspielten, heißt es: „Während die eine Seite es mit schmutzigen Gedanken versuchten, bemühte sich die andere, dem mit Gebeten zu begegnen; während die eine die Begierden anheizte, schien die andere schamrot zu werden und bemühte sich, seinen Leib durch Gebete, Glauben und Fasten zu stärken. Eines Nachts erschien ihm der Teufel sogar in Gestalt einer Frau und ahmte ihre Verführungskünste nach, nur um Antonius zu betören."

Doch trotz seines Kampfes war er dem Sieg am Ende nicht näher als am Anfang.[1]

Ein anderer Asket der Frühkirche war Simeon Stylites (ca. 340 bis 459 n. Chr.), ein sogenannter Säulenheiliger. Zunächst ließ er sich bis zum Hals eingraben und brachte so mehrere Monate zu. Dann meinte er, sein Weg zur Heiligkeit führe auf die Spitze einer zwölf Meter hohen Säule. Dort, so glaubte er, könne ihn keine Versuchung mehr erreichen.

Sechsunddreißig Jahre lang bis zu seinem Tod führte er hoch über der Erde einen vergeblichen Kampf gegen das Böse. Andere taten es ihm gleich, indem sie sich in winzige Zellen einschlossen, in denen man weder liegen noch stehen konnte. Wieder andere ernährten sich ihr Leben lang von Gras.[2]

So kurios sich das alles auch ausnehmen mag, diese Männer meinten es wirklich ernst. Sie wollten unter allen Umständen mit Gott ins reine kommen. Vor und nach ihnen gingen viele andere diesen beschwerlichen Weg, zum Beispiel der Pharisäer Paulus, der Mönch Martin Luther, John Wesley – nicht zuletzt der Verfasser dieses Buches. Ich erinnere mich noch daran, wie ich mir unmittelbar nach meiner „Bekehrung" vornahm, der erste vollkommene Christ seit den Zeiten Jesu zu werden.

Bis zum heutigen Tage führen viele ein Leben der Entbehrung und strengen Askese, weil sie hoffen, dadurch vor Gott angenehm zu werden. Die Kasteiungen mögen sich im Laufe der Zeit ändern und von Mensch zu Mensch verschieden sein, aber immer liegt ihnen die Vorstellung zu Grunde, der Menschen könne und müsse etwas zu seiner Errettung beitragen, oder wir könnten etwas tun, um unsere Stellung vor Gott zu verbessern.

---

[1] W. Barclay, „The Gospel of Matthew", 1/146f. Siehe auch „The Oxford Dictionary of the Christian Church", unter „Antony, St., of Egypt"; Kenneth Scott Latourette, „A History of Christianity" (New York, 1975, rev. Aufl.), 1/225f.

[2] Ebenda, 228; E. E. Cairns, „Christianity Through the Centuries" (Grand Rapids, 1981, rev. und erw. Aufl.), 152f.

Aufrichtigkeit und entschlossenes Bemühen in dieser Richtung genügen jedoch nicht. Wir haben in den ersten Kapiteln dieses Buches davon gesprochen, daß die Menschen seit Adam mit einem Hang zum Bösen geboren werden und „unter der *Herrschaft* der Sünde stehen" (Rö 3,9 Hfa – Hervorhebung hinzugefügt). In Wirklichkeit ist es uns unmöglich, etwas zu tun, um vor Gott gerecht zu werden oder vor ihm bestehen zu können, ganz gleich, wie ernst wir es meinen oder wie lange und wie intensiv wir es auch versuchen.

Darüber hinaus war auch die Rede davon, daß das Gesetz keine Leiter ist, auf der ein Christ Stufe für Stufe in den Himmel aufsteigt. Im Gegenteil, so schreibt Carl Braaten, „das Gesetz treibt den Menschen, der auf sich selbst vertraut, in die Verzweiflung. Es beraubt ihn jeglichen Halts und stößt ihn in den Sumpf der Hoffnungslosigkeit, der Selbstanklage und der Angst, die ihn bis zum Selbstmord treiben kann".[1]

Wichtig war aber vor allem, daß „das Gesetz den Weg zum Hören der guten Nachricht von der Gnade Gottes bereitet, die umsonst angeboten wird".[2] Angesichts der verfahrenen menschlichen Situation und der fragwürdigen Einstellung des einzelnen zum Gesetz, braucht man sich nicht zu wundern, daß Paulus, Augustin, Luther, Wesley und viele andere Christen froh waren, als sie schließlich erkannten, was Gott in Jesus Christus für sie getan hat.

Die erlösende Botschaft, von der Paulus im Römerbrief schreibt, heißt: Das Evangelium ist „eine Kraft Gottes, die selig macht alle, die daran glauben" (Rö 1,16). Und der Apostel ergänzt: „Denn aus Gnade seid ihr durch Glauben gerettet, nicht aus eigener Kraft – Gott hat es geschenkt." (Eph 2,8 JB)

Diese inspirierten Gedanken des Apostels helfen uns, so daß wir damit beginnen können, die Lösung der Probleme zu verstehen, die wir in den bisherigen Kapiteln behandelt haben. Zuerst wollen wir einige der großen biblischen Begriffe entfalten, die den Kern des biblischen Erlösungsweges ausmachen.

---

[1] C. E. Braaten, „Justification: The Article by Which the Church Stands or Falls" (Minneapolis, 1990), 96f.

[2] Ebenda, 97.

Wir bekommen,
was wir nicht verdient haben

Eins soll hier noch einmal deutlich gesagt werden: Kein Mensch hat von Gott etwas anderes als den ewigen Tod verdient (Rö 6,23). Wer sich gegen Gott auflehnt und selbst zum Mittelpunkt seines Lebens macht – das trifft laut biblischer Aussage auf alle Menschen zu –, wird durch das Gesetz verurteilt.

Dieses Urteil läßt sich auch nicht dadurch mildern, daß es im Leben jedes Menschen Wesenszüge und Verhaltensweisen gibt, die durchaus als gut zu bezeichnen sind. Kein Wunder also, daß die Bibel die Menschen nicht nur als aufrührerisch, sondern auch als verloren in Sünde bezeichnet (vgl. Lk 19,10; 15,6.9.24; Mt 1,21).

Wenn nun aber Menschen, die eine strenge Bestrafung verdient haben, von Gott ein kostbares Geschenk erhalten, empfangen sie etwas, was sie nicht verdient haben. So etwa könnte man allgemeinverständlich beschreiben, was die Bibel als *Gnade* bezeichnet.

„Die freie Gnade Gottes", so schreibt Braaten, „ist ‚spontane' und ‚unbegründete' Liebe. Gott liebt die Menschen, weil es seinem Wesen entspricht, zu lieben. Was sollte an uns auch so liebenswert sein, daß sich Gott dadurch genötigt sähe, uns zu lieben? Dennoch liebt er uns, obwohl wir seiner Liebe nicht würdig sind. Er liebt sogar die Gottlosen, die Feinde der Religion und der Moral, die Zöllner und Sünder aller Zeitalter."[1]

Das Fundament der Gnade Gottes ist die *Agape*-Liebe. Gott liebt uns, obwohl wir so sind, wie wir sind. Dieses Thema zieht sich wie ein roter Faden durch die gesamte Bibel. Darum gilt zwar, daß der *Lohn* [etwas, was wir verdient haben] der Sünde der Tod ist, zugleich aber auch, daß die freie Gabe [Gnade] Gottes das ewige Leben ist in Jesus Christus, unserm Herrn (Rö 6,23). „Gott aber erweist seine Liebe zu uns darin, daß Christus für uns gestorben ist, als wir noch Sünder waren." (Rö 5,8) Christus starb nicht für gute Menschen, sondern „für uns Gottlose" (Rö 5,6).

---

[1] Ebenda, 88; vgl. J. I. Packer, „Knowing God" (Downers Grove, 1973), 120; siehe auch „A Theological Word Book of the Bible", unter „Grace".

Gottes Gnade leuchtet in der Heiligen Schrift auch an solchen Stellen auf, wo das Wort selbst gar nicht benutzt wird. „Nicht ihr habt mich erwählt, sondern ich habe euch erwählt." (Jo 15,16) „Und wir haben gesehen und bezeugen, daß der Vater den Sohn gesandt hat als Heiland der Welt." (1 Jo 4,14) „Der Menschensohn [ist] nicht gekommen ... daß er sich dienen lasse, sondern daß er diene und gebe sein Leben zu einer Erlösung für viele." (Mt 20,28) Solche und ähnliche Texte zeigen, daß das Konzept der Gnade nicht aus einer abstrakten Theorie über das Wesen Gottes entstanden ist, sondern aus der Offenbarung seines Charakters, wie es in den beiden Testamenten zum Ausdruck kommt.

Gnade beginnt immer dort, wo Gott in seiner Liebe aktiv wird. Dafür lassen sich viele Beispiele finden. Unmittelbar nach dem Sündenfall suchte Gott z. B. sofort den Kontakt zu Adam und Eva, obwohl sie es nicht verdient hatten (1 Mo 3,8-11). Gott erwählte die Israeliten nicht ihrer Vorzüge oder ihrer Frömmigkeit wegen, sondern weil er ihr Elend nicht mehr ansehen konnte (Hes 16,1-14; 5 Mo 7,6-11). Oder denken wir daran, wie Jesus in seinen Gleichnissen Gott darstellt. Gott sucht uns Menschen, wie ein Hirte in der Wildnis nach einem verirrten Schaf oder wie eine Frau – auf sandigem Fußboden kriechend – nach einem verlorenen Geldstück.

Wie könnte man Gottes Liebe besser beschreiben als am Beispiel jenes Vaters, der seine langen Gewänder hochrafft und seinem heimkehrenden Sohn entgegenläuft, obwohl der ihm bisher nur Kummer gemacht hat (Lk 15)! Christus kam in diese Welt, um alles „zu suchen und selig zu machen [erretten], was verloren ist" (Lk 19,10). Der Apostel Johannes hat all diese unbegreiflichen Reaktionen in dem berühmten Satz zusammengefaßt: „Denn also hat Gott die Welt geliebt, daß er seinen eingeborenen Sohn gab, damit alle, die an ihn glauben, nicht verloren werden, sondern das ewige Leben haben." (Jo 3,16)

Erlösung geht in der Bibel immer von Gott aus. „Es ist nicht so, daß wir zuerst unsere Sünden bereuen und dann zu Jesus kommen", schreibt James Denney, „vielmehr verdanken wir unsere Reue sowie alle anderen geistlichen Segnungen Jesus, der in unser Leben eingetreten ist."[1] Der menschliche Anteil an der Erlösung besteht lediglich darin, daß wir auf Gottes Initiative Antwort geben.

Die Offenbarung der Gnade Gottes veränderte das Leben des Paulus grundlegend. Als Pharisäer war er der Auffassung gewesen, Gott spreche nur jene gerecht und frei, die dem Gesetz gehorsam sind. Rechtfertigung als Bestätigung menschlichen Gutseins. Als Christ wurde ihm klar, daß Gott sich ihm schon zugewandt hatte, als er noch dabei war, Nachfolger Christi, unschuldige Menschen ans Messer zu liefern (vgl. Apg 7,58; 8,3; 9,1-9).

Luther schrieb im Blick auf Jesus, daß er „uns arme, verlorene Menschen aus der Hölle Rachen gerissen, uns erkauft, uns frei gemacht, uns zurück in des Vaters Schoß und zu seiner Gnade gebracht hat".[2]

Gnade ist, wie alle anderen Worte, die sich auf Sünde und Erlösung beziehen, in erster Linie ein Begriff, der eine persönliche Beziehung zwischen Gott und dem Menschen beschreibt. Gnade ist von Gott her gesehen Liebe, die nicht zusehen kann, daß Menschen verlorengehen, ohne mit persönlichem Einsatz um sie gekämpft und alles zu ihrer Errettung getan zu haben.

An Gottes Gnade lassen sich verschiedene Gesichtspunkte erkennen. Hier sollen nur zwei der wichtigsten genannt werden, die im Zusammenhang mit dem Erlösungsprozeß stehen: *vergebende* und *bewahrende* Gnade. Der Psalmdichter David nannte sie in einem Atemzug, als er Gott anflehte, ihn von unbewußten Fehlern loszusprechen und ihn vor Hochmutssünden zu behüten (vgl. Ps 19,13.14).

Reinhold Niebuhr bezeichnete diese zwei Aspekte der Gnade mit „Gnade als Kraft und Gnade als Vergebung".[3] Diese Formulierung zeigt deutlich, daß Gott denen, die an ihn glauben, nicht nur die Auflehnung vergibt, sondern zugleich die Kraft schenkt, die Fesseln der Sünde im täglichen Leben zu zerreißen.

Kraft ist ein Schlüsselwort beim dynamischen Prozeß der Erlösung. Grundsätzlich, so sagt Paulus, steht der Mensch von Natur aus

---

[1] J. Denney, „Christian Doctrine of Reconciliation", 16.

[2] M. Luther, zit. bei Gustaf Aulen, „Christus Victor" (New York, 1966), 105.

[3] R. Niebuhr, „Nature and Destiny of Man", 2/107.

unter der *Herrschaft* der Sünde, „aber das Evangelium ist eine *Kraft* Gottes, die jeden rettet" (Rö 1,16 EÜ – Hervorhebung hinzugefügt).

Für „Kraft" steht in Römer 1 das griechische Wort *dynamis*. Davon ist das uns bekannte Wort Dynamit abgeleitet, das einen von Alfred Nobel entwickelten Sprengstoff bezeichnet. Nach Paulus wirkt Gottes Gnade im Leben des Christen wie Dynamit. Wie eine durch Dynamit ausgelöste Explosion das Antlitz der Erde verändern kann, so kann auch die Gnade Gottes unser Leben grundlegend umgestalten.

In diesem Sinne sprach E. Glenn Hynson von Gottes Gnade „als dem lebendigen Gott, der in unser Leben eindringt und uns umformt".[1] Dieses Thema wird in diesem Buch noch einige Male aufgegriffen.

Eines der charakteristischsten Merkmale der Gnade ist, daß sie aus freien Stücken und ohne Verdienst gewährt wird. Das birgt die Gefahr in sich, daß sie zur *billigen Gnade* verkommt. Deshalb dürfen wir niemals vergessen, daß Gott auf Golgatha einen unermeßlich hohen Preis gezahlt hat, um den Sündern vergeben und sie mit geistlicher Kraft ausstatten zu können.[2]

Gerade wegen des Höchstpreises, den Gott von sich aus schon bezahlt hat, kann der Mensch sich in keiner Weiser an den Kosten beteiligen. Deshalb schrieb Ellen White: „Diese Einladung anzunehmen ist alles, was der Mensch zu seiner Errettung beisteuern kann."[3] Beachten wir, daß es notwendig ist, die Einladung anzunehmen. Erlösung geschieht nicht automatisch oder – wie manche glauben – an allen Menschen, sondern sie muß von jedem einzelnen „angenommen" werden.

Das führt uns zur Rolle und Bedeutung des Glaubens.

---

[1] E. G. Hynson, „A Contemplative Response", in „Christian Spirituality", 46.
[2] Siehe G. R. Knight, „My Gripe With God", 44-60.
[3] E. G. White, „Selected Messages" 1/343 (vgl. „Für die Gemeinde geschrieben", 1/362f.).

Annehmen,
was wir nicht verdient haben

Das Wesen des Glaubens

Obwohl durch Gottes Gnade für jeden die Möglichkeit der Erlösung gegeben ist, werden doch nicht alle gerettet. Warum nicht? Weil „uns Gott seine Gaben nicht gegen unseren Willen aufdrängt; wir müssen sie durch den Glauben annehmen".[1]

Christus hat zugesagt, daß „alle, die an ihn *glauben,* nicht verloren werden, sondern das ewige Leben haben" sollen (Jo 3,16 – Hervorhebung hinzugefügt). Und Paulus schreibt, daß wir errettet werden „aus Gnade ... durch Glauben" (Eph 2,8).

Die Schreiber der Bibel bezeichnen den Glauben als die einzig notwendige Bedingung zur Erlösung. Grundsätzlich ist die Erlösung am Kreuz für jeden Menschen *vorgesehen,* aber sie muß von jedem einzelnen *angenommen* werden, wenn sie wirksam werden soll. Was das bedeutet, soll durch ein Beispiel aus den Apokryphen[2] veranschaulicht werden.

Im zweiten Buch der Makkabäer wird von sieben Söhnen einer jüdischen Familie berichtet, die der judenfeindliche Syrerkönig Antiochus Epiphanes (2. Jh. v. Chr.) wegen Hochverrats festnehmen ließ. Sie hatten sich nämlich geweigert, Schweinefleisch zu essen. Einer nach dem anderen wurde vor den Augen der Brüder und ihrer Mutter zu Tode gefoltert. Als der jüngste Sohn an der Reihe war, versprach Antiochus dem Todeskandidaten, ihn zu begnadigen und „reich und sehr glücklich zu machen, wenn er von der Lebensart seiner Väter abfalle".

---

[1]   J. R. W. Stott, „The Cross of Christ" (Downers Grove, 1986), 71.

[2]   Apokryphen = verborgene, von der öffentlichen Verbreitung ausgeschlossene Schriften. Sie kommen in der griechischen und lateinischen Übersetzung der Bibel vor, sind jedoch in der Sammlung der hebräischen Schriften des AT nicht enthalten. Die reformatorischen Kirchen erkennen sie nicht als biblische Schriften an, während die katholische Kirche sie im Konzil von Trient (1546) als vollgültige Bücher der Heiligen Schrift aufzählt.

Der König bedrängte die Mutter, ihren Sohn zu bewegen, das Gnadenangebot anzunehmen. Die ging zum Schein darauf ein, wandte sich dann aber ihrem Sohn zu und ermutigte ihn: „Hab keine Angst vor diesem Henker, sei deiner Brüder würdig und nimm den Tod an! Dann werde ich dich zur Zeit der Gnade mit deinen Brüdern wiederbekommen." Die Erzählung schließt mit dem Tod des siebenten Sohnes: „Da wurde der König zornig und verfuhr mit ihm noch schlimmer als mit den anderen."[1]

Ich möchte mit diesem Beispiel deutlich machen, daß ein Gnadenangebot nur wirksam werden kann, wenn es angenommen wird. Das trifft auch zu, wenn Gott dem Sünder seine Gnade anbietet. Auch sie wird nur für den wirksam, der sie im Glauben annimmt. Was aber ist Glaube?

Glaube im biblischen Sinne ist ein vielschichtiger Begriff und läßt sich deshalb nicht mit einem Satz umreißen. Zuerst und vor allem ist Glaube *Vertrauen auf Gott*. Im allgemeinen vertraut man nur einer Person, die man kennt und die sich als vertrauenswürdig erwiesen hat. Deshalb schrieb Morris Venden, daß „christlicher Glaube und Erlösung sich nicht auf das gründen, was man tut, sondern auf den, den man kennt".[2] Und Jesus hat gesagt: „Das ist aber das ewige Leben, daß sie dich, der du allein wahrer Gott bist, und den du gesandt hast, Jesus Christus, erkennen." (Jo 17,3)

Glaube ist nicht blind, er gründet sich vielmehr auf das, was der Mensch vom Wesen Gottes erfaßt hat. Aus derartiger Erkenntnis erwächst Vertrauen. Deshalb betont der Hebräerbrief (Kap. 11) im Blick auf die Glaubenshelden der alttestamentlichen Zeit, daß sie ein Leben des Glaubens führten, weil sie Gott vertrauten und ihr Leben auf der Basis dieses Vertrauens führten.

Venden erzählt von einem Seiltänzer, der auf dem Seil die Niagarafälle überquerte. Auf der anderen Seite angelangt, fragte er die atemlosen Zuschauer: „Wer glaubt, daß ich noch einmal die Fälle überqueren kann, diesmal aber mit einer Schubkarre und einem Menschen darin?" Die Menge applaudierte. Sie nahm es ihm ohne

---

[1] 2. Makkabäer 7,1-41 (JB).

[2] M. L. Venden, „95 Theses on Righteousness by Faith" (Boise, Idaho), 23.

weiteres ab, daß er das konnte. Als er aber zum Einsteigen aufforderte, herrschte „absolute Stille". Diese Begebenheit verdeutlicht den Unterschied zwischen Jemandem etwas Abnehmen und Jemandem Vertrauen.[1]

Der biblische Glaube beinhaltet sowohl das eine als auch das andere: ein Vertrauen, das darauf beruht, daß wir Gott seine Zusagen abnehmen, sie für wahr halten.

Edward Vick erfaßt das Wesen des Glaubens, wenn er schreibt: „Glauben heißt, schrankenlos zu vertrauen. Glauben an Gott heißt, uns seiner Fürsorge anzuvertrauen, seine Einschätzung unserer menschlichen Natur, sein Gericht über sie und seine Verfahrensweise mit unserer Sünde zu akzeptieren; Glauben heißt, daß wir es in unserem verlorenen Zustand Gott überlassen, mit uns zu verfahren, wie er es für richtig hält."[2]

Genauso wie der erste Schritt zur Sünde im Mißtrauen Gott gegenüber bestand (1 Mo 3,1-6), muß der erste Schritt zu ihm zurück ein vertrauender Glaube sein. Glauben heißt einsehen, daß man Gott vertrauen muß, weil er nur unser Bestes im Sinne hat.[3] Glauben heißt, vertrauensvoll darauf zu bauen, daß Gott seine Zusagen einhalten wird.

Glaube, wie ihn die Bibel versteht, ist immer bedingungslos, grenzenlos vertrauend, er ist niemals halbherzig, abwartend. James Denney betont deshalb, daß „*Glaube* nicht das Anerkennen eines rechtlichen Übereinkommens ist; er ist vielmehr die *Hingabe der Seele,* die sonst keine andere Hoffnung kennt, an den Erlöser ... *Zu ihm gehört der absolute Verzicht auf alles andere, um sich an Christus zu klammern".* Der Glaube ist eine „*Leidenschaft,* von der das gesamte Sein des Menschen erfaßt wird, und eine bedingungslose Hingabe an jene Liebe, die sich im Erlöser offenbart".[4]

P. T. Forsyth bestätigt das, indem er darauf hinweist, daß zwar die griechische und philosophische Weisheit die Tugend der Mäßigung

---

[1]   Ebenda, 47.

[2]   E. Vick, „Is Salvation Really Free?", 56.

[3]   Siehe J. W. Provonsha, „God is With Us" (Washington D. C., 1974), 128.

[4]   J. Denney, „Studies in Theology", 155; ders., „Christian Doctrine of Reconciliation", 303; vgl. 163f.

betont, aber nicht der christliche Glaube: „Wir können Gott niemals zu sehr lieben, noch seiner Liebe zuviel Vertrauen schenken, noch sie für heilig genug halten. *Der Glaube, den wir ihm schulden, ist ein grenzenloses, bedingungsloses Vertrauen.*"[1]

Glaube ist sodann eine Beziehung zu Gott. Wie wir bereits gesehen haben, ist Glaube wesentlich mehr als nur die Zustimmung zu einer Reihe von Lehrsätzen über Gott oder über Jesus. Glaube ist Vertrauen in eine Person. Das setzt selbstverständlich voraus, daß man eine Beziehung zu der Person hat, der man vertraut. Glaube ist ein Treueverhältnis zwischen zwei Personen. Für Paulus bedeutete Glauben nicht „an etwas", sondern „an jemand, an Gott, an Jesus Christus" zu glauben (Gal 2,16; Rö 3,22.26). Das gesamte Leben des Christen wird „im Vertrauen" auf Gott gelebt.[2]

„Glaube", so schrieb Herbert Douglas, „ist das Gegenteil von Auflehnung, Rebellion."[3] Wenn Auflehnung den Kern des gestörten Verhältnisses zu Gott bildet, so liegt dem versöhnten Verhältnis mit Gott das Vertrauen zugrunde. Genaugenommen gibt es nur zwei Möglichkeiten der Beziehung zu Gott: Auflehnung oder Glaube.

Glaube ist zudem ein Leben der völligen Übergabe an Gott. Als Christus den Levi vom Zoll und Petrus von seinem Fischerboot wegrief, wurde „von beiden nur eines verlangt – völlig dem Worte des Herrn zu vertrauen". Das bewiesen sie durch die rückhaltlose Übergabe ihres Lebens.[4]

Für-wahr-halten, Vertrauen, Beziehung und Hingabe sind vier Aspekte des christlichen Glaubens, von denen die völlige Hingabe der Inbegriff dessen ist, was Glaube im Kern bedeutet. Kein Wunder, daß der Hebräerbrief *„den Glauben als etwas beschreibt, was einer tut, und nicht als das, was einer hat. Glaube ist eine Aktivität und nicht ein Besitz."* In diesem Sinne brachte Abel „ein besseres Opfer" dar,

---

[1] P. T. Forsyth, „Justification of God", 126.
[2] E. Brunner, „Romans", 142; John Murray, „Redemption Accomplished and Applied" (Grand Rapids, 1955), 110f.; G. Aulen, „Faith of the Christian Church", 278.
[3] H. Douglas, „Faith: Saying Yes to God" (Nashville, 1978), 76.
[4] D. Bonhoeffer, „The Cost of Discipleship" [Nachfolge] (New York, 1963), 87.

baute Noah die Arche, und verließ Abraham seine Heimat (Hbr 11,4.7.8). Ihr Für-wahr-halten, ihr Vertrauen auf und ihre Beziehung zu Gott führte sie zur rückhaltlosen Übergabe und zum Handeln. Ohne diesen letzten Schritt wäre ihr Glaube unvollkommen geblieben. Jürgen Moltmann schrieb, daß „christlicher Glaube nur bedeutet, sich ohne Vorbehalt dem ‚gekreuzigten Gott' zu übergeben".[1]

Weil sich Glaube im Vertrauen und in der Hingabe erweist, hat H. Wheeler Robinson gesagt, Glaube sei „in erster Linie ein Akt des Willens".[2] Das heißt, ein Mensch trifft die Entscheidung, Gott zu glauben, auf ihn zu vertrauen, eine positive Beziehung mit ihm einzugehen und sich ihm auszuliefern.

Die Bedeutung des Willens

Da tauchen natürlich neue Fragen auf. Ist nicht auch unser Wille durch die Sünde verdorben? Wie kann sich der Mensch für eine Glaubensbeziehung entscheiden, wenn er von Natur aus einen Hang zum Bösen hat? Darauf gibt es meiner Meinung nach zwei Antworten.

Erstens macht die Bibel deutlich, daß das Bild Gottes im Menschen durch die Sünde zwar verzerrt und ziemlich entstellt, aber nicht völlig ausgelöscht worden ist (1 Mo 9,6; 1 Ko 11,7; Jak 3,9). Spuren dieses Bildes blieben auch nach dem Sündenfall im Menschen erhalten. Der gefallene und verlorene Mensch ist dennoch nicht weniger Mensch. Deshalb ist jedes Menschenleben ein ständiger Schauplatz des großen Kampfes zwischen den Mächten des Guten und des Bösen. Die einen versuchen, den Menschen zu Gott hinzuziehen, die anderen wollen ihn ganz von Gott wegdrängen.[3]

Zweitens wirkt der Heilige Geist trotz des Sündenfalls im Leben des Menschen. Er versucht, ihn dazu zu bewegen, das Gute zu wäh-

---

[1]   M. J. Erickson, „Christian Theology", 938; Jürgen Moltmann, „The Crucified God" (New York, 1974), 39 (Hervorhebung hizugefügt).

[2]   H. W. Robinson, „Redemption and Revelation", 284.

[3]   Siehe G. R. Knight, „Philosophy and Education", 188-191; vgl. E. G. White, „Erziehung", 13.25; Calvin, „Institutes", 2.2.12,13.

len und sich für Gott zu entscheiden. Obwohl der Wille daher von Natur aus zum Bösen neigt, hat er durch die Hilfe und das Wirken des Heiligen Geistes die Möglichkeit, sich für Gott zu entscheiden.

Gott tut den ersten Schritt, wir können aufgrund seiner Hilfe darauf reagieren. Jesus hat gesagt: „Es kann niemand zu mir kommen, es sei denn, ihn ziehe der Vater, der mich gesandt hat." (Jo 6,44; vgl. 12,32)

John Wesley bezeichnete dieses Wirken des Geistes als „vorausgehende" Gnade. H. Orton Wiley schreibt dazu: „Es ist jene Gnade, die ‚vorausgeht' oder den Menschen auf den Eintritt in das Anfangsstadium der Erlösung vorbereitet." In der vorauslaufenden Gnade handelt Gott, um dem Menschen die Erlösung anzubieten und ihn zu befähigen, auf dieses Angebot einzugehen. Die Entscheidung muß allerdings jeder selbst treffen, denn der Wille wird nicht zum Glauben gezwungen. In den meisten Fällen ist es so, daß der Mensch durch die Liebe, die Gott ihm erwiesen hat, zum Glauben findet.[1]

Ellen White benutzt den Begriff „vorauslaufende Gnade" zwar nicht, aber tatsächlich ist ihr gesamtes Schrifttum von diesem Konzept durchdrungen. Sie schrieb: „Der Sünder kann sich weder selbst zur Reue bewegen, noch sich selbst darauf vorbereiten, zu Christus zu kommen ... Der allererste Schritt zu Christus hin wird dadurch möglich, daß der Geist Gottes ihn zu ihm zieht. Wenn der Mensch auf dieses Ziehen reagiert, nähert er sich Christus, so daß er bereuen kann."[2]

Nicht nur der Wille wird durch das Wirken des Geistes Gottes beeinflußt, sondern auch der Glaube ist eine Gabe des Heiligen Geistes. Gott gibt jedem ein „Maß des Glaubens" (Rö 12,3), doch was er mit diesem Geschenk anfängt, muß jeder selbst entscheiden. Daher „erscheint nirgendwo der Glaube als eine Errungenschaft ... menschlicher Leistung", durch welche „Rechtfertigung gewirkt" wird. Sondern durch den Glauben bezeuge ich mein Vertrauen auf Gott,

---

[1]   H. O. Wiley, „Christian Theology" (Kansas City, 1952), 2/344-357; P. Toon, „Justification and Sanctification", 106f.; vgl. H. Lindström, „Wesley and Sanctification" (Grand Rapids, 1980), 44-50; J. Wesley, „Works", 6/511ff.
[2]   E. G. White, „Für die Gemeinde geschrieben", 1/411.

übergebe ihm mein Leben und gestehe dadurch mein menschliches Unvermögen ein.[1]

Die Entscheidung zum Glauben ist letztlich das Eingeständnis, daß Gottes Gnade die einzige Hoffnung des Menschen ist. Vertrauensvolle Hingabe bedeutet daher, daß ich Gott akzeptiere und seine Erlösung annehme. Glaube ist eine Reaktion auf Gottes Geschenk, aber es ist Gott, der beide Male die Initiative ergriffen hat, sowohl bei dem Geschenk als auch bei der Erwiderung auf diese Gabe. Der einzige Anteil, den der Mensch daran hat, besteht darin, zu entscheiden, ob er das Geschenk annimmt oder ablehnt. In dieser Hinsicht ist der Glaube ein Willensakt.

Der Glaube steht derart im Mittelpunkt des Erlösungsplans, daß Ellen White sagen kann: „Der Glaube ist die einzige Bedingung, durch die wir Rechtfertigung erlangen können."[2] Wenn das zutrifft, stellt sich natürlich die Frage, wie es sich mit der Reue und dem Kreuzigen des eigenen Ichs verhält.

Fordert das Neue Testament nicht ganz klar: „Tut Buße, und jeder von euch lasse sich taufen ... zur Vergebung eurer Sünden"? (Apg 2,38) Verlangt es nicht auch, das Kreuz auf sich zu nehmen, wenn wir hoffen, in Christus Leben zu finden? (Vgl. Mt 16,24.25) Sind das nicht auch Voraussetzungen zur Erlösung? Selbstverständlich sind sie das, aber sie sind keine eigenständigen Bedingungen, sondern sollten als Äußerungen echten Glaubens angesehen werden.

Reue

Wenn man will, könnte man Reue als die verneinende Seite der Bekehrung bezeichnen. Während es der Glaube mit der Hinwendung zu Christus zu tun hat, geht es bei der Reue um Abwendung – und zwar um Abwendung von der Sünde.

Das griechische Wort für Reue (Buße) kann als „Sinnesänderung", als „Reue empfinden" oder „sich bekehren" übersetzt wer-

---

[1]   G. C. Berkouwer, „Faith and Justification", 80.86.
[2]   E. G. White, „Für die Gemeinde geschrieben", 1/410.

den.[1] Wenn sich Menschen im Vertrauen Gott zuwenden, kehren sie in der Regel zugleich der alten Lebensweise den Rücken. Reue im biblischen Sinn beginnt meist da, wo sich der Mensch angesichts der Heiligkeit Gottes seines eigenen sündigen Zustands bewußt wird.

Zur Reue gehört die Erkenntnis, daß wir leichtfertig oder bewußt Gottes Weisungen mißachtet haben, aber auch das Eingeständnis, daß die Sünde ein persönlicher Angriff auf den Schöpfer ist. Darum betont P. T. Forsyth zu Recht, daß „ein freimachendes Bekenntnis nicht nur darin besteht, daß man sagt: ‚Ich habe das und das getan‘, sondern, daß man sagt: ‚Ich habe es gegen den heiligen Gott und Erlöser getan‘".[2]

Das Bußgebet Davids, mit dem er sich nach dem Ehebruch mit Batseba um Vergebung an Gott wandte, ist ein Beispiel für echte Reue:

„Du großer, barmherziger Gott,
sei mir gnädig, hab Erbarmen mit mir!
Lösche meine Vergehen aus.
Meine schwere Schuld – wasche sie ab,
und reinige mich von meiner Sünde!
Denn ich erkenne mein Unrecht,
meine Schuld steht mir ständig vor Augen.
Gegen dich habe ich gesündigt – gegen dich allein!
Was du als böse ansiehst, das habe ich getan.
Darum bist du im Recht, wenn du mich verurteilst,
dein Urteil wird sich als wahr erweisen ...
Sieh nicht länger auf meine Schuld,
vergib mir alle meine Sünden!
Erschaffe in mir ein reines Herz, o Gott;
erneuere mich und gib mir Beständigkeit!
Stoße mich nicht von dir,
und nimm deinen Heiligen Geist nicht von mir!
Schenk mir Freude über deine Rettung,

---

[1] M. J. Erickson, „Christian Theology", 934-938; W. Bauer, „Wörterbuch zum NT" (Berlin, 1988, 6. Aufl.), Sp. 1036f.
[2] P. T. Forsyth, „Work of Christ", 151f.

und mach mich bereit, dir zu gehorchen!
(Psalm 51,1-14 Hfa)

Davids Bekenntnis erkennt nicht nur rückhaltlos die Schwere seiner Sünde und die unendliche Güte Gottes an. Darüber hinaus bittet
er Gott, ihm die Sünde zu vergeben, ihn innerlich aufzurichten und
ihm die Kraft zu schenken, sein Leben neu zu ordnen. Und seine
Antwort auf Gottes Barmherzigkeit heißt: „Ich will den Gottlosen
deine Wege zeigen, damit sie zu dir zurückfinden." (V. 15) Daß diese
Reue echt war, läßt sich aus dem Schluß des Gebets entnehmen: „Ich
bin zerknirscht und verzweifelt über meine schwere Schuld." (V. 19)
Brunner traf den Kern der Sache, als er schrieb, daß „wir nur dann
ernsthaft bereuen, wenn wir erkennen, daß wir nie bußfertig genug
sein können".[1]

In diesem Gebet zeigt sich der Gesinnungswandel eines Sünders
und das Verlangen, sein Tun zu ändern. In ihm verbindet sich Glaube mit Reue. In dem Maße, wie sich David Gott zuwandte, nahm er
Abstand von seiner Sünde. Die durch schwere Sünde belastete Beziehung zu Gott wurde schrittweise wieder zu einem Glaubensverhältnis.

Bevor wir dieses Thema verlassen, sollten wir noch zwei Dinge
beachten.

Erstens: Niemand kann echte Reue aus sich selbst hervorbringen.
Es handelt sich nicht um eine Leistung unsererseits. Sie „ist nicht
weniger ein Geschenk Gottes als Vergebung und Rechtfertigung, und
sie kann nur geschehen, wenn Christus sie einer Seele schenkt".[2] Für
Paulus ist es klar, „daß dich Gottes Güte zur Buße leitet" (Rö 2,4).
Die Tatsache, daß wir überhaupt Buße tun und bereuen können, ist
ein Hinweis auf Gottes vorauslaufende Gnade.

Zweitens: Buße oder Reue ist keine Augenblicksreaktion, sondern
eine Lebenshaltung. Buße ist nicht nur eine veränderte Einstellung
zur eigenen Vergangenheit oder zur gegenwärtigen Situation, sondern sie schließt auch die Zukunft ein. Sie gehört zur Lebensweise

---

[1]   E. Brunner, „The Mediator" [Der Mittler], 534.
[2]   E. G. White, „Für die Gemeinde geschrieben", 1/412.

des Christen. Marvin Moore beschrieb dieses Ideal treffend, als er sagte, daß „Buße bedeutet, Gottes Lebensstil anzuerkennen und darum bemüht zu sein, sich ihn zu eigen zu machen".[1]

Das Ich kreuzigen?

Im gesamten Christenleben ist Buße von Anfang an eng verknüpft mit dem „Kreuzigen des Ichs".

Eines Tages formulierte Christus eine radikale Wahrheit, die seinen Jüngern nicht schmeckte: „Wer mir nachfolgen will, darf nicht mehr an sich selber denken, sondern muß sein Kreuz willig auf sich nehmen und mir nachfolgen. Wer sein Leben um jeden Preis erhalten will, der wird es verlieren, aber wer sein Leben für mich einsetzt, der wird es für immer gewinnen." (Mt 16,24.25 Hfa)

Um diese Aussage wirklich zu begreifen, müssen wir uns in die Lage der Jünger versetzen. Mit der Vorstellung, gekreuzigt zu werden, können wir im 20. Jahrhundert kaum etwas anfangen. Wir wissen zwar, daß früher Menschen gekreuzigt wurden, aber selbst haben wir so etwas nie erlebt. Bei den Jüngern war das anders. Wenn sie sahen, wie römische Soldaten einen Verurteilten mit einem Balken auf dem Rücken vor sich her trieben, dann wußten sie, daß dort jemand auf dem Weg ohne Wiederkehr war. Sie kannten die Kreuzigung als grausamste und zutiefst demütigende Todesstrafe. Für Jesus und seine Jünger war das Wort „Kreuz" gleichbedeutend mit Schande und Tod.

Wenn es um das Kreuzigen des Ichs geht, fragen wir: Was soll denn da sterben? Das Neue Testament antwortet: Das Leben, das sich nur um sich selbst dreht. Um zu verstehen, was Christus meinte, müssen wir uns daran erinnern, daß Sünde letztlich darin besteht, daß der Mensch sich selbst und seinen Willen zum Mittelpunkt seines Lebens macht und damit an die Stelle Gottes und seines Willens setzt. Die Sünde stellt insofern eine Auflehnung gegen Gott dar, als wir durch eine bewußte Entscheidung selber Herr über unser Leben sein wollen. Sünde sagt Nein zu Gott und Ja zum eigenen Ich.

---

[1]   M. Moore, „Refiner's Fire", 87.

Es ist dieses ichhafte Lebensprinzip, das uns so selbstverständlich ist, das sterben muß. Deshalb schrieb Dietrich Bonhoeffer: „Wenn Christus einen Menschen ruft, gebietet er ihm, zu kommen und zu sterben."[1]

Jesus wies auf das menschliche Grundproblem hin, als er sagte, daß „niemand zwei Herren dienen" kann (Mt 6,24). Die entscheidende Frage ist: Wer soll mein Leben beherrschen? Mein Ich oder Gott? Mein Wille oder Gottes Wille? Ich kann nicht beiden zugleich dienen. *In dieser Beziehung gibt es keinen goldenen Mittelweg. Entweder ich „kreuzige" Christus, oder ich lasse mich von ihm „kreuzigen".*

Im Mittelpunkt des inneren Kampfes steht der menschliche Wille, „die beherrschende Kraft im Wesen des Menschen". Die hat ihren Ursprung im selbstsüchtigen Willen.

Dazu schrieb Ellen White: „Der Kampf gegen das eigene Ich ist der härteste, den es auszufechten gilt. Unser Ich hingeben und alles dem Willen Gottes unterordnen, kostet Überwindung. Aber ein Mensch kann erst dann zu einem heiligen Leben erneuert werden, wenn er dazu bereit ist und sich vor dem Herrn demütigt."[2]

Denney drückte das so aus: „Die Sünde wird zwar auf natürliche Weise geboren, stirbt aber leider keines natürlichen Todes. Sie muß in jedem Fall moralisch verurteilt und dem Tode übergeben werden."[3] Diese Verurteilung ist ein Willensakt und geschieht auf Betreiben des Heiligen Geistes. Das bezeichnete Christus als Kreuzigung.

Leider gefällt meinem Ich weder das Sterben noch der Tod. Der Pharisäer in mir liegt ständig auf der Lauer und behauptet, daß ich jetzt, da die Kreuzigung vollzogen und überstanden ist, ein prächtiger Mensch sei. Solches Lob gefällt meinem Ich. Dieser Drang zur Selbstverherrlichung – selbst wenn es dabei um wirklich gute Taten geht – zeigt, daß sich die Kreuzigung des Ichs nicht auf einen einmaligen Akt beschränkt, der das Problem für immer löst. Paulus bekannte, daß er täglich sterben müsse (1 Ko 15,31).

---

[1]   D. Bonhoeffer, „Cost of Discipleship" [Nachfolge], 99.
[2]   E. G. White, „Der bessere Weg", 29.
[3]   J. Denney, „The Significance of the Cross" (Philadelphia, 1944), 155.

Der Liederdichter Frank Belden drückt das so aus: „Das Ich ist zäher als eine Katze mit ihren sprichwörtlichen neun Leben. Es muß *täglich* getötet werden."[1]

Zum Glück bedeutet Nachfolge Jesu oder Christsein mehr als Tod alter Einstellungen und alter Verhaltensweisen. Es geht in Wirklichkeit um ein positives Leben aus einer befreienden Glaubensbeziehung zu Christus heraus (vgl. Gal 2,20). Reue und das Kreuzigen des Ichs bilden den Eingang zu dieser beglückenden Beziehung zu Christus. Martin Luther bewies eine tiefe Einsicht in diesen Prozeß, als er schrieb: „Es ist Gottes Weise, aus nichts etwas zu machen. Deshalb kann Gott nichts aus dem machen, der noch etwas ist."[2]

Rechtfertigung und was damit zusammenhängt

Rechtfertigung

Das Neue Testament benutzt eine Reihe von Wortbildern, um den Vorgang der Erlösung darzustellen. Zu ihnen zählen Begriffe wie *Freikauf*, *Versöhnung* und *Sühne*. Der erste Ausdruck ist dem Geschäftsleben entnommen, die beiden anderen gehörten ursprünglich in den Bereich der Familie und des Opferdienstes.[3]

Einer der bedeutsamsten bildhaften Ausdrücke für die Erlösung ist ein Begriff aus dem Rechtswesen: *Rechtfertigung*. Der Mensch unserer Tage denkt bei diesem Wort zunächst daran, daß sich jemand rechtfertigt, etwas richtigstellt oder falsche Anschuldigungen zurückweist. Im ursprünglichen Sinne bedeutet Rechtfertigung jedoch, von einem Gericht für gerecht erklärt zu werden.

Für Martin Luther war Rechtfertigung die zentrale Lehre der Heiligen Schrift; sie ist „der Meister und Regent, Herr, Herrscher und Richter über alle anderen Lehren". Sie ist die einzigartige Lehre des christlichen Glaubens, die „unsere Religion von allen anderen unter-

---

[1]   F. E. Belden, an E. G. White, 26. September 1895.
[2]   M. Luther, zit. bei Helmut Thielicke, „How the World Began", im Vorspann.
[3]   Siehe G. R. Knight, „My Gripe With God", 61-77.

scheidet".[1] Paulus hatte lange zuvor die Rechtfertigung durch den Glauben in den Mittelpunkt seines Evangeliums gerückt (Rö 1,16.17; 3,24-26; Gal 2,16-21).

Es ist kein Zufall, daß sowohl Paulus als auch Luther die Rechtfertigung als Kernstück der Erlösung hervorhoben. Zum einen ziehen sich Aussagen über Gottes Gericht durch die gesamte Heilige Schrift (vgl. Pred 12,14; Da 7,10.26; Mt 25,31-46; Rö 2,5; Offb 14,7). Zum anderen wußten beide Männer aus eigener Erfahrung, was es mit Gericht und Rechtfertigung auf sich hat.

Sowohl Paulus als auch Luther könnte man in bezug auf den ersten Abschnitt ihres Lebens als überzeugte Pharisäer bezeichnen. Beide meinten, sie könnten Gottes Gunst durch fromme Leistungen gewinnen, sozusagen dadurch, daß sie möglichst viele gute Werke auf die Waagschale der Gerechtigkeit häuften. Beide schonten sich nicht, mußten aber schließlich erkennen, daß Gerechtigkeit nicht durch Werke zu erlangen ist.

Diese Erkenntnis versetzte Luther zunächst in Angst und Schrecken. Im Rückblick auf diese Zeit schrieb er: Den paulinischen Ausdruck „Gottes Gerechtigkeit' ... verstand ich in dem Sinne, daß er jene Gerechtigkeit meint, durch die Gott gerecht ist und gerecht handelt, wenn er die Ungerechten bestraft". Deshalb war Gottes Gerechtigkeit für ihn eine angstmachende, strafende Gerechtigkeit. Luther sah sich dem „ewigen Höllenfeuer" ausgeliefert, obwohl er zu jener Zeit ein „Mönch ohne Fehl und Tadel" war. Aber trotz aller Frömmigkeit fühlte er sich als verlorener Sünder, der sich vor einem unbarmherzigen Richter zu verantworten hatte.

Diese Sicht der Dinge hinderte Luther lange Zeit daran zu verstehen, was Paulus mit der Aussage meinte: „Der Gerechte wird aus Glauben leben." (Rö 1,17) „Dann", so schrieb er später, „begriff ich, daß die Gerechtigkeit Gottes jene Gerechtigkeit ist, in der Gott uns aus *Gnaden* und *reiner Barmherzigkeit* durch den Glauben gerecht spricht. *Deshalb fühlte ich mich wie neugeboren, wie einer, dem sich die Tür zum Paradies aufgetan hatte. Nun sah ich die Bibel mit ganz anderen*

---

[1]   M. Luther, zit. bei A. E. MacGrath, „Justification by Faith" (Grand Rapids, 1988), 147; M. Luther, zit. bei P. Althaus, „Theology of Martin Luther", 224.

Augen an. Wenn mich ‚Gottes Gerechtigkeit' früher mit Zorn erfüllt hatte, wurde sie mir jetzt zu unaussprechlicher Süße und großer Liebe. Diese Worte des Paulus wurden für mich das Tor zum Himmel."[1]

Für Luther war der unbarmherzige Richter zum liebenden Vater geworden. Rechtfertigung wurde für ihn, wie schon bei Paulus, zur guten Nachricht von der Erlösung.

Nun kann man nicht sagen, daß Paulus und Luther in ihrer pharisäischen Lebensphase alles falsch gesehen hätten. Es stimmt nämlich, daß Gerechtigkeit und das Halten des Gesetzes zusammengehören. Ungehorsam und das Mißachten des Gesetzes ziehen unausweichlich Gottes Zorn und den Tod nach sich (vgl. Rö 6,23; 4,15). Die beiden Männer irrten sich auch nicht bezüglich ihres Defizits beim Halten des Gesetzes, wie es Gott fordert.

Aber sie vermochten nicht zu erkennen, daß Christus bereits für alle, die an ihn glauben, den vollkommenen Gehorsam geleistet hat. „Gottes Gerechtigkeit ist in Christus verkörpert. Wenn wir ihn als Herrn annehmen, müssen wir uns nicht der Gerechtigkeit wegen abrackern, sondern bekommen sie von Christus als Geschenk." Wir sind gerechtfertigt, d. h. wir werden von Gott um seines Sohnes willen so angesehen, als wären wir gerecht. In diesem Sinne ist Rechtfertigung ein Geschenk, das wir durch den Glauben empfangen (Rö 3,22.24.25).

Das meinte Paulus, als er davon sprach, daß wir „ohne Zutun des Gesetzes" vor Gott bestehen können (Rö 3,21). Christus ist unsere Gerechtigkeit (1 Ko 1,30). „Das einzige", bemerkt Alister McGrath, „von dem man tatsächlich sagen könnte, daß es ein Beitrag zu unserer Gerechtigkeit ist, ist die Sünde, die Gott uns in seiner Güte vergibt."[2]

Luther bezeichnete den Vorgang, in dem Christus für uns zur Sünde wird, während wir seine Gerechtigkeit empfangen (2 Ko 5,21), als den „wundersamen Tausch". Der puritanische Geistliche John

---

[1] M. Luther, zit. bei R. H. Bainton, „Here I Stand. A Life of Martin Luther" (New York, 1950), 49f. – Hervorhebung hinzugefügt.

[2] E. G. White, „Thoughts from the Mount of Blessing", 18 (vgl. „Das bessere Leben", 19); A. McGrath, „Justification by Faith", 26.

Flavel freute sich über die Tatsache, daß „Christus für uns zur Gerechtigkeit gemacht worden ist ... Anstatt unserer eigenen, haben wir seine, wir haben Gold anstelle von Dreck".[1]

Rechtfertigung bedeutet im Sprachgebrauch des Paulus nicht „gerecht machen", sondern „für gerecht erklären". „Der Grundgedanke bei der Rechtfertigung", so schreibt George Eldon Ladd, „ist die Erklärung Gottes, des gerechten Richters, daß der Mensch, der an Christus glaubt, so sündig wie er auch sein mag ... als gerecht angesehen wird, weil er in Christus in das richtige Verhältnis zu Gott gelangt ist."

Die Folge davon, daß der Mensch als gerecht angesehen wird, besteht darin, daß Gott ihn auch so behandelt, als ob er gerecht wäre. Ladd verweist darauf, daß der Schlüssel zum Verständnis der Rechtfertigung in der Beziehung des Menschen zu Gott liegt. „Der Gerechtfertigte ist in Christus in ein neues Verhältnis zu Gott eingetreten", der ihn nun als gerecht ansieht und auch so behandelt.

Um es ganz deutlich zu sagen: Rechtfertigung bedeutet nicht, daß der Mensch von Stund an seinem Wesen nach durch und durch gerecht wäre. Dennoch ist unsere Gerechtigkeit eine wirkliche Gerechtigkeit, wie die Beziehung zu Christus real ist. *Rechtfertigung ist das Gegenteil von Verurteilung und Verdammung*; „sie bedeutet den Freispruch von aller Schuld, und sie hat die Freiheit von jeglicher Verurteilung und Bestrafung zur Folge".[2]

Rechtfertigung, wie die Bibel sie versteht, ist jedoch nicht nur ein juristischer Akt der Vergebung. Peter Toon verweist auf folgendes: „Wenn die Vergebung in erster Linie mit dem Erlassen von Schuld zu tun hat, geht es bei der Rechtfertigung vor allem um die Veränderung der Stellung des Menschen vor Gott, nämlich um das rechte Verhältnis zu ihm unter dem Gnadenbund."[3]

---

[1] M. Luther, zit. bei P. Althaus, „Theology of Martin Luther", 213; J. Flavel, zit. bei B. W. Ball, „English Connection", 54; vgl. E. G. White, „Das Leben Jesu", 15.

[2] G. E. Ladd, „A Theology of the New Testament", 437.443.445.446; vgl. A. McGrath, „Justification by Faith", 26.

[3] P. Toon, „Born Again: A Biblical and Theological Study of Regeneration" (Grand Rapids, 1987).

Jesus hat diese Tatsache im Gleichnis vom verlorenen Sohn seinen Zuhörern vor Augen geführt. Als der Sohn nach Hause kommt, vergibt ihm der Vater nicht nur, sondern nimmt ihn nach dessen Bekenntnis und Reue auch wieder als seinen Sohn in die Familie auf. In der Geschichte heißt es: „Beeilt euch! Holt den schönsten Anzug, den wir im Hause haben, und gebt ihn meinem Sohn. Bringt auch einen kostbaren Ring und Schuhe für ihn!" (Lk 15,22 Hfa)

Die Tatsache, daß zur Rechtfertigung die Gerechterklärung gehört und daß außerdem von Gottes Seite aus so verfahren wird, als ob der Sünder gerecht wäre, ließ einige einflußreiche Theologen, wie zum Beispiel William Sanday und A. C. Headlam, zu der Auffassung gelangen, daß sie eine juristische Fiktion, d. h. eine der Wirklichkeit nicht entsprechende Annahme, sei.[1] Eine solche Interpretation der Rechtfertigung machte allerdings Gott der Täuschung und des Betrugs schuldig.

Wiedergeburt und Bekehrung

Der Vorwurf der Täuschung wäre vielleicht einleuchtend, wenn die Rechtfertigung durch den Glauben ein isolierter Vorgang wäre. So ist es aber nicht.

Die Rechtfertigung steht im Leben des Christen nicht für sich allein. Wenn ein Mensch durch den Glauben gerecht gesprochen wird, wird er auch „von neuem geboren" (Jo 3,3.7) oder wiedergeboren (vgl. Titus 3,5). *Die Wiedergeburt bewirkt im Leben des bekehrten Menschen nicht nur scheinbare, sondern tatsächliche Veränderungen.* Wie Gott durch die Rechtfertigung etwas *für uns* tut, bewirkt er mit Hilfe des Heiligen Geistes durch die Wiedergeburt auch etwas *in uns.*

Jesus betont, daß kein Mensch wirklich begreifen kann, auf welche Weise der Heilige Geist sein Werk in uns tut, daß es aber sehr wohl möglich ist, die deutlichen Veränderungen wahrzunehmen, die als Folge seines Wirkens im Leben des Bekehrten eingetreten sind (Jo 3,8).

---

[1]   W. Sanday und A. C. Headlam, „The Epistle to the Romans" (Edinburgh, 1902, 5. Aufl.), 36.

Für Paulus kommt es durch Bekehrung und Wiedergeburt zu einer radikalen Veränderung hinsichtlich Denkweise und Lebensstil des Gläubigen. Den Christen in Rom schrieb er deshalb: „Nehmt nicht die Forderungen dieser Welt zum Maßstab, sondern ändert euch, indem ihr euch an Gottes Maßstäben orientiert." (Rö 12,2 Hfa) Das Wort, das Paulus für „verändern" benutzt, ist von dem griechischen Wort *metamorphoun* abgeleitet. Wir kennen es von dem Begriff *Metamorphose* her.

Als Metamorphose bezeichnet man beispielsweise den geheimnisvollen Vorgang, in dem sich eine unansehnliche Raupe in einen prächtigen Schmetterling verwandelt. Wenn wir nicht wüßten, daß es sich in beiden Fällen um ein und dasselbe Lebewesen – nur in verschiedenen Entwicklungsstufen – handelt, würden wir es nicht glauben. So radikal ist die Wandlung, die da vor sich geht. Genau solche Veränderungen will und kann Gott auch im Leben des bekehrten Menschen vollbringen. J. C. Ryle hat deshalb recht, wenn er betont, daß Christus „nur ein halber Erlöser" wäre, wenn er nur vergeben, aber nicht verändern würde.[1]

Christen sind neue Menschen (2 Ko 5,17; Gal 6,15), die auch „in einem neuen Leben wandeln" (Rö 6,4), Gott in einer völlig neuen Weise dienen (Rö 7,6) und deren Leben Tag für Tag von innen heraus erneuert wird (2 Ko 4,16). Zusammenfassend kann gesagt werden, daß sie nicht nur eine neue Natur angenommen haben, sondern auch in das Ebenbild ihres Schöpfers verwandelt werden (vgl. Eph 2,1-6). Unbekehrte Menschen leben in „Feindschaft gegen Gott" und sein Gesetz, nach der Wiedergeburt aber haben sie „Lust an Gottes Gesetz nach dem inwendigen Menschen" (Rö 8,7; 7,22).[2]

Eine Bekehrung, wie sie in der Taufe bezeugt wird, bedeutet nicht nur den Tod des alten Menschen mit seinem früheren Lebensstil, sondern auch die Auferstehung zu einem neuen Leben (Rö 6,1-4; Gal 2,20; vgl. Jo 15,4). Durch diese Neugeburt kommt es zugleich zu einem Umorientieren der Liebe (*agape*) vom Ich weg zu Gott und

---

[1] J. C. Ryle, a. a. O., 16.
[2] Siehe A. Richardson, „An Introduction to the Theology of the New Testament" (New York, 1958), 34-38.

dem Mitmenschen hin.[1] Durch die Wiedergeburt wird Gottes Gesetz gleichsam auf „fleischerne Tafeln, nämlich eure Herzen" geschrieben, heißt es bei Paulus (2 Ko 3,3; vgl. Hbr 8,10).

Ellen White beschreibt die Erneuerung durch die Wiedergeburt so: *„Ohne diesen Umwandlungsprozeß,* der nur durch göttliche Kraft geschehen kann, *bleibt der ursprüngliche Hang zur Sünde im Herzen des Menschen bestehen* und wird neue Ketten schmieden, die in eine Sklaverei führen, aus der man sich mit eigener Kraft niemals befreien kann."[2]

Einige adventistische Autoren und Theologen lehren, daß es Menschen gibt, die „zum Zeitpunkt ihrer natürlichen Geburt ‚wiedergeboren' sind, genauso wie es bei Jesus der Fall war". Sie behaupten, diese Menschen seien nicht in derselben Weise wie ein unbekehrter Sünder „Gott entfremdet und von ihm getrennt".[3] Doch die Heilige Schrift stützt solche Anschauungen nicht. Diese Sicht beruht vielmehr auf einer fragwürdigen Vorstellung von der umfassenden Macht der Sünde und vom Einfluß der sündigen Neigungen der menschlichen Natur. Die Verfechter solcher Theorien neigen meist dazu, „gröbere Sünden" wie Ehebruch und Mord anders zu bewerten als beispielsweise „feine Sünden" wie Selbstzufriedenheit und Stolz.

Wer so denkt, verfällt nur allzu schnell einem fromm verbrämten Stolz oder geistlichem Hochmut, wie das bei vielen Pharisäern zur Zeit Jesu der Fall war. Es mag ja sein, daß manche Gläubigen nicht den Zeitpunkt ihrer Bekehrung angeben können. Das beweist aber keineswegs, sie seien von klein auf nicht ichsüchtig gewesen oder hätten es nicht nötig gehabt, ihr Ich als Mittelpunkt ihres Lebens zu entthronen.[1]

---

[1] D. F Wells, „Turning to God: Biblical Conversion in the Modern World" (Grand Rapids, 1989), 41-43.

[2] E. G. White, „Evangelism" (Washington D. C., 1946), 129 – Hervorhebung hinzugefügt.

[3] Zum Beispiel M. Moore, „Refiner's Fire", 132, Anm. 6. Zugegeben, diese Vorstellung scheint bei Moore nicht Mittelpunkt seiner Theologie zu sein, wie es bei einigen anderen der Fall ist, aber er hat gelegentlich und auch deutlich diese Stellung bezogen.

[4] E. G. White, „Der bessere Weg", 39.

Wer diese Theorie zu Ende denkt, muß schließlich zu der Überzeugung kommen, daß es einst im Himmel auch eine Reihe von Menschen geben wird, die keines Erlösers bedurften, um dorthin zu gelangen. Auf solche Gedanken kann man nur verfallen, wenn man unter Sünde nur einzelne fehlerhafte Handlungen versteht und nicht eine angeborene Neigung oder einen Hang zum Bösen begreift. Solche Leute geben zwar zu, daß auch ihnen hin und wieder einzelne Sünden vergeben werden müssen, aber sie glauben nicht, daß sie es nötig haben, „von neuem geboren" zu werden.

Aus biblischer Sicht ist das bestenfalls eine höchst befremdliche Theologie.

Gustav Aulén schreibt: „Einzelne oder spezielle sündige Handlungen sind nicht als isoliert oder nicht miteinander in Beziehung stehend zu betrachten, sondern haben ihre Wurzel in der Neigung des menschlichen Willens ... Sünde berührt den Menschen nicht nur äußerlich oder am Rande, sie geschieht auch nicht mehr oder weniger ‚zufällig', sondern hat ihren ‚Sitz' in seinem innersten Wesen."[1]

Christus hat diese Wahrheit klar und deutlich ausgesprochen, indem er sagte: „Aus dem Herzen kommen böse Gedanken, die dann zu Mord, Ehebruch, Unzucht, Diebstahl, Lüge und Verleumdung führen." (Mt 15,19 Hfa) Im Klartext heißt das, daß die äußerlich sichtbare Bosheit nur eine Folge des inneren Böseseins ist. Deshalb fordert das Neue Testament immer wieder die Umwandlung und Erneuerung des menschlichen Herzens.

Gerade dieses Herz mit seinem angeborenen „Hang zum Bösen" und seiner „von Anfang an vorhandenen Neigung zur Sünde" beschäftigte Ellen White sehr stark. „Christliches Leben", so schrieb sie, „entsteht nicht dadurch, daß einige Mängel des alten Lebens beseitigt und ein paar Schönheitsreparaturen vorgenommen werden, sondern durch *eine Umwandlung der Natur des Menschen.* Selbstsucht und Sünde sterben, und es entsteht ein völlig neues Leben. Dieser Wandel kommt nur durch das Wirken des Heiligen Geistes zustande."[2]

---

[1]   G. Aulén, „Faith of the Christian Church", 240.242.

[2]   E. G. White, „Erziehung", 25; ders., „Evangelism", 192; ders., „The Desire of Ages", 172 (vgl. „Das Leben Jesu", 155f.) – Hervorhebung hinzugefügt.

Seit Jahrhunderten streiten sich Theologen darüber, ob Rechtfertigung und Wiedergeburt ein und dasselbe sind oder ob es sich dabei um zwei verschiedene Dinge handelt. Luther und Wesley glaubten, daß man beides nicht voneinander trennen dürfe.

Luther, der den Begriff *Rechtfertigung* ganz unterschiedlich gebrauchte, schrieb: „Denn wir meinen, daß ein Mensch, der gerechtfertigt ist, noch kein gerechter Mensch ist, daß er sich aber von diesem Augenblick an auf dem Weg zur Gerechtigkeit befindet." Und weiter: „Unsere Rechtfertigung ist noch nicht abgeschlossen ... Sie ist noch im Werden. Sie wird jedoch bei der Auferstehung der Toten vollendet werden."[1]

Es war Philipp Melanchthon, Luthers rechte Hand, „der den großen Fehler beging", schreibt Carl Braaten, „daß er die Rechtfertigung zu der Erklärung verengte, der Sünder sei vermöge der Verdienste Christi gerecht". Melanchthons Anschauung, welche die Rechtfertigung auf den juristischen Freispruch reduziert, ist bedauerlicherweise unkritisch von einigen adventistischen Autoren übernommen worden.[2]

Ellen White steht im Gegensatz dazu auf Luthers und Wesleys Seite. „Gottes Vergebung", schrieb sie, „ist nicht nur ein juristischer Akt, durch den wir freigesprochen werden. Sie ist nicht nur Vergebung *für* Sünde, sondern auch Befreiung *von* Sünde. Sie ist die erlösende Liebe, die das Herz verwandelt."[3]

Zum Schluß gelangen wir zu demselben Schluß wie J. Gresham Machen: Die Feinheiten des Unterschiedes zwischen Rechtfertigung

---

[1] M. Luther, zit. bei P. Toon, „Justification and Sanctification", 58f. Siehe auch P. Althaus, „Theology of Martin Luther", 226-228; C. E. Braaten, „Justification", 13; L. G. Cox, „Wesley's Concept of Perfection", 136.

[2] C. E. Braaten, „Justification", 13; P. Toon, „Justification and Sanctification", 63. Zu den adventistischen Autoren, die Melanchthon folgten, gehören Desmond Ford, David P. McMahon und der spätere Robert Brinsmead. Siehe auch G. J. Paxton, „The Shaking of Adventism" (Grand Rapids, 1978).

[3] E. G. White, „Thoughts from the Mount of Blessing", 114 (vgl. „Das bessere Leben", 95); vgl. ders., „Das Leben Jesu", 539ff.; R. W. Olson, „Ellen G. White on Righteousness by Faith", in „Towards Righteousness by Faith: 1888 in Retrospect" (hgg. von Arthur J. Ferch, Wahroonga, 1989), 102f..

und Wiedergeburt sind nicht so wichtig, weil „sie in Wirklichkeit nur zwei Aspekte der einen Erlösung darstellen".[1]

Kindschaft und Erlösungsgewißheit

Wenn im Neuen Testament von Rechtfertigung und Wiedergeburt die Rede ist, taucht meist auch der Begriff Kindschaft auf (Adoption = Annahme an Kindes Statt).

Normalerweise fällt das Geborenwerden des Menschen mit seinem Eintritt in eine Familie zusammen. Es liegt also nahe, daß auch die Bibel in Verbindung mit der Wiedergeburt bildhaft von der Aufnahme des Menschen in die göttliche Familie spricht. In diesem Zusammenhang erhält der Begriff „Versöhnung" große Bedeutung. Eine Versöhnung mit Gott ist notwendig, weil die Sünde die Beziehung zu Gott unterbrochen hat.

Emil Brunner sagt, daß Sünde „sich mit dem Sohn vergleichen läßt, der im Zorn dem Vater ins Gesicht schlägt ... sie ist das anmaßende Beharren des Sohnes, seinen eigenen Willen über den des Vaters zu stellen".[2]

Nach der Entfremdung werden Menschen in dem Augenblick mit Gott versöhnt, indem sie sich im Vertrauen dafür entscheiden, Gott und seinen Willen zum Mittelpunkt ihres Lebens zu machen. Sobald sich ein Mensch von der Sünde abwendet (Reue/Bekehrung) und Gott zuwendet (Glaube), wird er für gerecht erklärt (gerechtfertigt) und zu einem neuen Leben geboren (wiedergeboren, erneuert). Dabei handelt es sich, wie bereits im Zusammenhang mit dem Gleichnis vom verloren Sohn erwähnt, um eine völlige Versöhnung, die sich in wenigen Augenblicken vollzieht (Lk 15,19-24; vgl. 18,14).

„Meine Lieben", schreibt Johannes, „wir sind schon Gottes Kinder." (1 Jo 3,2) Gott ist „unser Vater" und die Gläubigen werden „Gottes Kinder" genannt (Mt 6,9; 1 Jo 3,1). „Wie viele ihn aber aufnahmen, denen gab er Macht, Gottes Kinder zu werden." (Jo 1,12) Wer Christus in seinem Leben die Herrschaft überläßt, bei dem wird

---

[1] J. G. Machen, „Christianity and Liberalism" (Grand Rapids, 1946), 140.
[2] E. Brunner, „The Mediator", 462.

er „Wohnung ... nehmen" (Jo 14,23). Alle, die Christus im Glauben annehmen, empfangen die Kindschaft (Gal 4,5; Eph 1,5).

Nun könnte man fragen: Ist nicht jeder Mensch ein Kind Gottes, unabhängig davon, ob er Christ ist oder nicht? „Ganz sicher nicht!" meint J. I. Packer. „Die Vorstellung, daß alle Menschen Kinder Gottes sind, findet sich nirgendwo in der Bibel. Das Alte Testament beschreibt Gott nicht als den Vater aller Menschen, sondern als den seines erwählten Volkes, des Samens Abrahams." Und das Neue Testament sagt deutlich, daß wir Abrahams Kinder sind, wenn wir Christus annehmen (Gal 3,26-29).

„Kind Gottes zu sein ist daher kein Status, in den jeder durch die natürliche Geburt eintritt, sondern ein göttliches Geschenk, das man erhält, wenn man Jesus annimmt ... ‚Wie viele ihn aber aufnahmen, denen gab er Macht, Gottes Kinder zu werden ... die nicht aus dem Blut noch aus dem Willen des Fleisches noch aus dem Willen eines Mannes, sondern von Gott geboren sind' (Jo 1,12.13)."[1] In diesem Sinne ist die Annahme an Kindes Statt als Sohn oder Tochter Gottes ein Gnadengeschenk.

Das Bewußtsein der Kindschaft sollte fortan das gesamte Dasein des Christen, einschließlich seiner Lebensführung, bestimmen. Wenn unsere Beziehung zu Gott heil geworden ist, wird sich das auch auf unser Verhältnis zu denen auswirken, die Christus als seine Brüder und Schwestern bezeichnet (Mk 3,35). Die Sünde trennt nicht nur Gott und Mensch, sondern auch Mensch und Mensch (1 Mo 3,12; 4,1-16). Deshalb hat Christus die Liebe zu Gott auch immer wieder mit der Liebe zum Menschen verknüpft (Mt 22,36-40). Und dabei geht er sogar so weit, dieses Liebesgebot nicht nur auf den Kreis der Familie Gottes zu beschränken, sondern auch auf diejenigen, die nicht Gottes Kinder sind (Lk 6,27-35).

Die Gotteskindschaft sollte jeden Aspekt des christlichen Lebens durchdringen und dazu motivieren, sich am Vorbild des Vaters zu orientieren, Gott und seiner Familie Ehre zu machen und ein Leben zu führen, das Gott gefällt.[2]

---

[1]   J. I. Packer, „Knowing God", 181.

[2]   Siehe J. I. Packers ausgezeichneten Diskussionsbeitrag zur Adoption, a. a. O., 181f.

Das biblische Konzept der Adoption steht in enger Beziehung mit dem des Bundes. „Bund", schreibt Karl Barth, „ist der alttestamentliche Begriff für die grundlegende Beziehung zwischen dem Gott Israels und seinem Volk."[1] Er ist ihr Gott, und sie sind sein auserwähltes Volk. Ein Bund ist ein Vertrag oder eine Übereinkunft zwischen zwei Parteien, die beide Seiten an die Bedingungen des Bundes bindet. Im Alten Testament verpflichtete sich Gott, Israel zu segnen, wenn es sich an die vereinbarten Bedingungen – Glaube und Gehorsam – hielt (5 Mo 7,6-16; 28,1.15). Nach der Kreuzigung Jesu gingen die Segensverheißungen und Verpflichtungen des Bundes auf das geistliche Israel über, also auf diejenigen, die Christus im Glauben als ihren Herrn annehmen (Mt 21,33-43; 1 Pt 2,9.10; Gal 3,28.29).

Die Bundesbeziehung zwischen Gott und Mensch steht in der gesamten Heiligen Schrift im Mittelpunkt. Aus neutestamentlicher Sicht heißt das: Wer Christus annimmt, wird gerechtfertigt und erneuert sowie als Sohn oder Tochter in den Gottesbund aufgenommen. Gott sagt dann: „Ich will mein Gesetz geben in ihren Sinn, und in ihr Herz will ich es schreiben." (Hbr 8,10; vgl. 2 Ko 3,3) Auf diese Weise wird der Gehorsam gegenüber Gottes Willen oder Gesetz kennzeichnend für den Lebensstil des bekehrten Menschen.

J. A. Ziesler und Alister McGrath betonen, daß die Hebräer den Begriff Gerechtigkeit ganz eng mit dem Gottesbund verknüpften. Gerecht zu sein hieß daher, daß ein Mensch im rechten Verhältnis zu Gott stand. Im Alten Testament, so weist McGrath nach, bedeutet Gerechtigkeit weit mehr als eine bloße juristische Norm. Sie ist *„etwas Persönliches:* sie ist im Grunde *die Erfüllung der Forderungen und Verpflichtungen, die sich aus einer Beziehung zwischen zwei Personen ergeben ...* ‚Vor Gott gerecht zu sein' bedeutet daher, seinen gnädigen Zusagen zu vertrauen und dementsprechend zu handeln".[2]

Nachdem Abraham in die Bundesbeziehung berufen worden war, glaubte er Gott nicht nur, sondern er verhielt sich auch dement-

---

[1] K. Barth, „Church Dogmatics" (übers. von G. W. Bromiley, 1956), 4.1.22.
[2] J. A. Ziesler, „The Meaning of Righteousness in Paul", 38f.; A. McGrath, „Justification by Faith", 24-28.97.98.102.107; siehe auch „The Interpreter's Dictionary of the Bible" unter „Righteousness in the NT".

sprechend. Das läßt uns verstehen, warum in der Bibel manchmal davon die Rede ist, Abraham sei wegen seines Glaubens gerecht gesprochen worden (1 Mo 15,6; Rö 4,3.5.9), während an anderer Stelle im selben Zusammenhang auf seine Werke verwiesen wird (Jak 2,21).

Ich möchte, daß hier eins ganz klar wird: Zum Zwecke der gelehrten Diskussion mag es mitunter geraten erscheinen, Glaube und Werke voneinander zu trennen, aber im täglichen Leben des Christen gehören sie zusammen. Beide sind unverzichtbare Bestandteile der Bundesbeziehung mit Gott. Aufgrund der Wiedergeburt, die sich ereignet, wenn jemand von Gott für gerecht erklärt wird, befindet sich der gerechtfertigte Christ in innerer Übereinstimmung mit Gottes Grundsätzen. Gerecht gesprochen zu sein, wie es die Bibel versteht, heißt: Nicht mehr im Widerspruch und in Auflehnung zu Gott zu leben, sondern in einer Glaubensbeziehung zu ihm.

Aufgrund ihres Bundesverhältnisses mit Gott dürfen Christen *Erlösungsgewißheit* in sich tragen. Wer Christus im Glauben angenommen hat, ist „gerettet worden" (Eph 2,8; vgl. Lk 7,50; 19,9; Jo 3,36; 5,24; 6,47). Die Erlösung ist jedoch ein andauernder Vorgang und kein Geschehen, von dem man sagen kann: „Einmal erlöst, für immer erlöst." Erlösungsgewißheit ist Selbstbetrug, wenn der Christ nicht fortwährend das Bundesverhältnis mit Gott durch Jesus Christus aufrechterhält.

Wenn wir sündigen, heißt das nicht zwangsläufig, daß wir deshalb nicht mehr Kinder Gottes sind, wie manche meinen (1 Jo 2,1). Die Gotteskindschaft verliert nur, wer sich hartnäckig weigert, seine Schuld zu bereuen. Einzelne Sünden führen nämlich nicht dazu, daß ein Christ jedesmal aus dem Bundesverhältnis herausfällt, sondern erst der bewußte Vorsatz, sein auflehnendes Verhalten gegen Gott beizubehalten, hebt die Bundesbeziehung wieder auf. Solange wir gewillt sind, „in Christus" zu bleiben, können wir unserer Erlösung gewiß sein.[1]

Fassen wir also zusammen, was bisher über die Rechtfertigung gesagt worden ist. Wir haben festgestellt, daß Rechtfertigung die juristi-

---

[1] E. G. White, „Der bessere Weg", 61ff. Die Frage, was es bedeutet „in Christus" zu sein, wird ausführlicher im letzten Teil dieses Kapitels behandelt.

sche Verlautbarung der Vergebung und die Wiederherstellung eines Vertrauensverhältnisses zwischen Gott und dem Sünder ist. Das Fundament für die Rechtfertigung ist Christi Tod (siehe Rö 5,9; 3,24.25). Das Mittel, durch das sie für den einzelnen wirksam wird, ist der Glaube (siehe Rö 5,1; 3,25; Gal 2,16.20; Phil 3,9).

Wenn ein Mensch gerechtfertigt wird, vollzieht sich zugleich seine Wiedergeburt. Er wird dabei an Kindes Statt in die Familie Gottes aufgenommen, geht ein Bundesverhältnis mit Gott ein und erlangt Erlösungsgewißheit. Diese besteht, solange er diese Glaubensbeziehung mit Gott aufrechterhält. Um es noch einmal zu betonen: Alle diese Gnadenerweise treten in dem *Augenblick* in Kraft, in dem der Mensch Christus im Glauben annimmt, und bleiben so lange bestehen, wie er in der Glaubensbeziehung zu Gott bleibt.

Das Problem
der universalen Rechtfertigung

Bevor wir das Thema Rechtfertigung verlassen, müssen wir noch auf den Gesichtspunkt der universalen oder allgemeinen Rechtfertigung, d. h. die Rechtfertigung aller Menschen, zu sprechen kommen.

Dieser Aspekt ist in der Christenheit seit jeher immer wieder diskutiert worden. Manchmal blieb man innerhalb des von der Bibel abgesteckten Rahmens, manchmal verließ man ihn. Der Universalismus, eine Glaubensrichtung in den USA, zum Beispiel behauptet, daß alle Menschen errettet werden, weil Christus für alle Menschen gestorben ist.[1]

Diese Anschauung läßt allerdings die biblisch bedeutsame Bedingung des Glaubens an Christus außer acht. Die Bibel erklärt unmißverständlich, daß jeder, der „an Christus glaubt", nicht verloren geht, sondern das ewige Leben hat (Jo 3,36.16; vgl. 1 Jo 1,9; Gal 2,16). Da Gott dem Menschen die Entscheidungsfreiheit zugestanden hat, wird er niemanden gegen seinen Willen erretten. Der Glaube ist *die* Voraussetzung für die Erlösung.[2]

---

[1]   Siehe „Dictionary of Christianity in America", Stichwort „Universalism".
[2]   E. G. White, „Für die Gemeinde geschrieben", 1/410.

Römer 5,18 ist einer der Texte, die manche Adventisten[1] im Sinne der universalen Rechtfertigung deuten: „Wie nun durch die Sünde des Einen [Adams] die Verdammnis über alle Menschen gekommen ist, so ist auch durch die Gerechtigkeit des Einen [Christus] für alle Menschen die Rechtfertigung gekommen, die zum Leben führt."

Wenn man den Parallelismus in diesem Text benutzt, um damit die universale Rechtfertigung zu beweisen, muß man auch 1. Korinther 15,22 („Denn wie sie in Adam alle sterben, so werden sie in Christus alle lebendig gemacht werden") als Beleg für die allgemeine Auferstehung aller zum ewigen Leben verstehen. Mit diesem theologischen Handstreich landet man geradewegs beim Universalismus.

Es scheint, daß C. E. B. Cranfield recht hat, wenn er sagt, daß das Geschenk der Rechtfertigung tatsächlich für alle gedacht ist, aber daß Römer 5,18 auch „die Frage offen läßt, ob am Ende alle tatsächlich daran teilhaben werden". Ähnlich unterscheidet John Murray zwischen potentieller und tatsächlicher Rechtfertigung. Vers 19 beantwortet übrigens diese Frage, denn dort heißt es, daß „durch den Gehorsam des Einen die *Vielen* zu Gerechten" werden (vgl. V. 15). Die „Vielen" sind zweifellos diejenigen, die die Glaubensbedingung erfüllt haben.[2] Fraglos ist Christus für die Sünden *aller* gestorben (Hbr 2,9), doch läßt sich aus dieser Möglichkeit der Rechtfertigung für alle noch keine allgemeine Rechtfertigung ableiten.

Ein weiterer Text, der oft dazu benutzt wird, die allumfassende Rechtfertigung zu beweisen, findet sich in 2. Korinther 5,19: „Gott war in Christus und versöhnte die Welt mit sich selber und rechnete ihnen ihre Sünden nicht zu." Diesen Text in Richtung allgemeine Rechtfertigung zu deuten ist höchst fragwürdig, denn er will eigentlich nur darauf hinweisen, daß „der Erlösungsplan nicht darin besteht, daß sich Gott mit den Menschen versöhnen lassen muß, sondern daß sich die Menschen mit Gott versöhnen lassen sollen". Tat-

---

[1]   R. J. Wieland, „Grace on Trial" (Meadow Vista, 1988), 43; persönliches Gespräch mit Dennis E. Priebe, Indianapolis, Juli 1990.

[2]   C. E. B. Cranfield, „The Epistle to the Romans", „The International Critical Commentary" (Edinburgh, 1975), 1/290; J. Murray, „Redemption Accomplished and Applied", 85; vgl. ders., „The Epistle to the Romans", „The New International Commentary on the New Testament", (Grand Rapids, 1959).

sächlich sind alle, die in 2. Korinther 5 als Gerechtfertigte bezeichnet werden, Menschen, die „in Christus" sind (V. 17-20).[1]

Einige der Adventisten, die der Auffassung zuneigen, Menschen würden bereits gerechtfertigt geboren, unterscheiden häufig peinlich genau, ob jemand „juristisch für gerecht erklärt" oder „durch den Glauben gerechtfertigt" wird, wobei sie letzteres als errettende Rechtfertigung bezeichnen. Die Texte, auf die sie ihre Lehre gründen, stützen ihre Anschauungen jedoch nicht.[2]

Warum versteifen sich Leute wie Robert Wieland und andere adventistische Theologen auf solche Deutungen? Mir scheint, sie wollen unbedingt nachweisen, daß sich die Botschaft der Rechtfertigung durch den Glauben, wie sie auf der Generalkonferenz 1888 gepredigt wurde, deutlich von dem unterscheidet, was die anderen protestantischen Gemeinschaften verkündigen.

Sie übersehen dabei, daß sowohl E. J. Waggoner als auch Ellen White, die damals als Hauptverfechter der Rechtfertigungslehre auftraten, betonten, daß die „Rechtfertigung aus Glauben" keine neue Lehre sei, sondern mit dem übereinstimme, was Paulus, Luther und Wesley gepredigt haben.[3]

Die These von der universalen Rechtfertigung weicht von der protestantischen bzw. adventistischen Lehre ab, daß die jedem Menschen angebotene Gerechtigkeit nur dann wirksam werden kann, wenn er sie bewußt im Glauben an Jesus annimmt. Die adventistischen Verfechter der universalen Rechtfertigung halten daran fest, am Kreuz sei die Rechtfertigung aller Menschen schon *vollendet* worden, also nicht nur als Möglichkeit für jeden Menschen vorgesehen

Robert Wieland schreibt: „Es herrscht die allgemeine Vorstellung, das Opfer Christi sei nur *als Angebot* zu verstehen, das heißt, es bewirke nichts, wenn der Mensch nicht zuvor etwas tue, indem er ‚Christus annehme'. Jesus steht im Hintergrund, seine göttlichen Arme sind verschränkt, er tut nichts für den Sünder, ehe sich dieser nicht

---

[1] „The Seventh-day Adventist Bible Commentary" (hgg. von F. D. Nichol, Washington D. C., 1953-1957), 6/869.
[2] Zum Beispiel R. J. Wieland, „Grace on Trial", 41-48.
[3] Ebenda, 35f.; G. Knight, „Angry Saints", 40f.

entschieden hat, ihn ‚anzunehmen‘ ... Die wahre Gute Nachricht ist weit besser, als man sie uns bisher gelehrt hat. Durch die ‚kostbare‘ Botschaft von 1888 wissen wir, daß unsere Errettung nicht davon abhängt, daß wir die Initiative ergreifen, es kommt vielmehr darauf an, daß wir *glauben*, daß Gott bereits die Initiative ergriffen hat, um uns zu erretten.“[1]

Das ist zweifellos richtig, aber es stimmt nicht, daß es diese Erkenntnis erst seit 1888 gibt. Wesley und seine Anhänger haben sie in ihrer Lehre von der vorauslaufenden Gnade schon seit dem 18. Jahrhundert vertreten. Jacob Arminius (1560-1609) und andere lehrten sie sogar noch viel früher.

Aus der Bibel geht klar hervor, daß Gott zweierlei für das in Sünde gefallene Menschenpaar getan hat. Erstens vollstreckte er das angekündigte Todesurteil nicht sofort, sondern gab unseren Ureltern Gelegenheit zur Buße. Das könnte man als „allgemeine Gnade“ bezeichnen, wie sie auch heute noch wirksam ist. Adams Nachkommen wurde eine Gnadenzeit gewährt, damit sie sich für Gott entscheiden konnten. Während dieses Zeitraums läßt Gott seine Segnungen ausnahmslos Gerechten und Ungerechten zuteil werden, damit sie seine Güte erkennen möchten (siehe Mt 5,45; Rö 1,19.20; Jo 1,9).

Gottes allgemeine Gnade bedeutet auch, daß er den Menschen ihre Sünden nicht anrechnet, bis sie alt genug sind, die Verantwortung dafür zu übernehmen. Das ist vor allem im Blick auf die Errettung von unmündigen Kindern wichtig.

Über diese allgemeine Gnade hinaus, gewährte Gott den ersten Menschen zusätzlich die „vorauslaufende“ Gnade. Was ist damit gemeint? Gott räumte den Sündern nicht nur Zeit zur Umkehr ein und wartete dann gespannt darauf, ob sie die Chance nutzen würden, sondern er ging ihnen persönlich nach und sprach sie direkt an.

Das hat sich seither nicht geändert. Bis heute ist es eine der wichtigsten Aufgaben des Heiligen Geistes, uns zur Erkenntnis der Sünden zu bringen, damit wir begreifen, daß wir ohne Christus verloren sind (Jo 16,7-15). Deshalb schreibt Leo Cox: „Niemand geht in die Verdammnis, weil es für ihn keine Gnade gab, sondern weil er die

---

[1] R. J. Wieland, a. a. O., 43.47.

vorhandene Gnade nicht nutzte."¹ Deshalb gibt es keine wichtigere Frage als die: Nehme ich an, was Gott durch Christus für mich getan hat, oder lehne ich es ab? (Vgl. Jo 3,36)

Fortlaufende Rechtfertigung und augenblickliche Heiligung?

Inzwischen sollte klar geworden sein, daß die Rechtfertigung des Sünders in dem Augenblick stattfindet, in dem er Gottes Gnade im Glauben annimmt. So gesehen ist Rechtfertigung das Werk eines Augenblicks.

Das hört sich gut an und ist zweifellos richtig, aber die Sache hat einen Haken: Auch der Gerechtfertigte hört nicht auf zu sündigen! Er bedarf deshalb ständig neu der Rechtfertigung, weil „der Mensch keinen Vorrat an Verdiensten ansammeln kann, den er Gott im Austausch für seine Sünden anbieten könnte". Deshalb weist Hans La-Rondelle darauf hin, daß wir der „*täglichen Rechtfertigung* durch den Glauben bedürfen, ob wir nun bewußt oder versehentlich gesündigt haben".²

Unsere tägliche Rechtfertigung hängt eng zusammen mit Christi Dienst im himmlischen Heiligtum. „Weil Jesus Christus ewig lebt und für uns bei Gott eintritt, wird er auch alle endgültig retten, die durch ihn zu Gott kommen." (Hbr 7,25; vgl. 9,24) Christus, „der zur Rechten Gottes ist", vertritt uns (Rö 8,14). „Wenn jemand sündigt, so haben wir einen Fürsprecher bei dem Vater, Jesus Christus, der gerecht ist." (1 Jo 2,1)

„Wenn du mit einem demütigen Herzen kommst", schrieb Ellen White, „empfängst du Vergebung, denn Christus wird uns als derjenige gezeigt, der unaufhörlich am Altar steht und in jedem Moment

---

¹   L. G. Cox, „Wesley's Concept of Perfection", 189f.; A. V. Wallenkampf, a. a. O., 37-40, bietet eine hilfreiche Diskussion der vorauslaufenden und allgemeinen Gnade unter der Überschrift „Temporary Universal Justification".

²   R. J. Wieland, „Grace on Trial", 43.47; L. O. Hynson, „To Reform the Nation: Theological Foundations of Wesley's Ethics" (Grand Rapids, 1984), 104; H. La-Rondelle, „Christ Our Salvation" (Mountain View), 45.

sein Opfer für die Sünder der Welt anbietet ... Eine tägliche und jährliche Versöhnung (wie im alttestamentlichen Heiligtumsdienst) muß nicht mehr erfolgen, sondern das versöhnende Opfer durch einen Vermittler ist jetzt bedeutungsvoll, weil immerwährend Sünde begangen wird ... Jesus bietet seine Opfergabe für jede Übertretung und jede Unzulänglichkeit des Sünders an."[1]

Einige Theologen bezeichnen die „tägliche Rechtfertigung" zutreffender als „fortdauernde Vergebung"[2], da sich die Stellung des Gläubigen zu Gott bei seiner Bekehrung und der dabei stattfindenden Rechtfertigung ja bereits grundlegend verändert hat. Eigentlich ist hier nur die Wortwahl unterschiedlich, denn in einem ist man sich einig: Christus tritt ständig als Mittler für seine irdischen Schwestern und Brüder ein, um ihnen vor Gottes Thron zu vergeben und sie so erneut für gerecht zu erklären.

So kann die Rechtfertigung in einem gewissen – allerdings sekundären – Sinne auch als ein Vorgang bezeichnet werden, der ein Leben lang immer wieder stattfindet (Vergebung). Andrerseits versteht die Bibel – entgegen dem allgemeinen Verständnis – unter Heiligung vor allem einen Vorgang, der sich in einem Augenblick vollzieht. Die Grundbedeutung des hebräischen Wortes, das wir mit „heiligen" übersetzen, ist: „weihen", „widmen", „hingeben", „absondern", „reservieren".[3]

Mose wurde befohlen, das gesamte Volk Israel zu „heiligen" (2 Mo 19,10). Nicht nur die Israeliten wurden für einen heiligen Zweck geweiht oder abgesondert, sondern auch das Heiligtum und die Tempelgeräte wurden geweiht (2 Mo 30,25-29; 40,9-11; 3 Mo 8,10-13).

Das im Neuen Testament für „heiligen" benutzte Wort bedeutet „heilig machen".[4] Ein Heiliger ist ein Mensch, der von Gott für einen heiligen Zweck auserwählt wurde. Das Neue Testament spricht also

---

[1]   E. G. White, „Für die Gemeinde geschrieben", 1/363.

[2]   Zum Beispiel M. J. Erickson, „Christian Theology", 963; L. G. Cox, „Wesley's Concept of Perfection", 191.

[3]   „Theological Wordbook of the Old Testament", unter „qadash"; vgl. „Das große Bibellexikon" (Brockhaus, Wuppertal, 1988), 2/547f.

[4]   „Theological Dictionary of the New Testament" unter „hagios, hagiazo, hagiasmos, hagiotes, hagiosyne"; vgl. W. Bauer, a. a. O., Sp. 15.

im Blick auf die Heiligung zunächst einmal von einer vollendeten Tatsache (Hbr 10,14; vgl. 10,29). Paulus bezeichnet die Korinther als die „Geheiligten in Christus Jesus, die berufenen Heiligen"(1 Ko 1,2; vgl. Apg 20,32). Christen sind „geheiligt ... durch den Glauben" an Christus (Apg 26,18), durch das Wirken des Heiligen Geistes (Rö 15,16; vgl. 1 Th 5,23).

Paulus weist sogar auf den Zeitpunkt im Leben der Menschen hin, an dem sie geheiligt wurden. „Aber ihr seid reingewaschen, ihr seid geheiligt, ihr seid gerecht geworden durch den Namen des Herrn Jesus Christus", schrieb er den Korinthern (1 Ko 6,11). Das heißt doch: Der Mensch wird zu dem Zeitpunkt geheiligt, an dem er gerechtfertigt, wiedergeboren und in die Bundesfamilie Gottes aufgenommen wird. Kurz: Wenn er zum Glauben an Christus findet.

Man könnte hier von *Anfangsheiligung* sprechen, die aber nicht im moralischen Sinne zu verstehen ist, sondern das neue Verhältnis zu Gott beschreibt. Wer sich bekehrt und an Christus glaubt, ist von da an für Gott und seine Zwecke ebenso abgesondert, wie die Priester in alttestamentlicher Zeit für den Dienst am Tempel bestimmt waren.[1]

Geheiligt zu sein bedeutet, ein Leben zu führen, das Gott geweiht ist. Eine solche Weihe, sagt Anthony Hoekema, bedeutet im Neuen Testament „zweierlei: (1) die Trennung von allen sündigen Gewohnheiten dieser Welt sowie (2) Weihe und Hingabe an den Dienst für Gott".[2]

Ellen White äußerte sich ähnlich: „Echte Bekehrung ist nicht nur einmal im Leben nötig, sondern täglich. Sie erneuert das Verhältnis des Menschen zu Gott immer wieder. Das Alte ... ist vergangen, der Mensch wird erneuert und geheiligt. Das ist aber ein Vorgang, der nie aufhören darf."[3]

Diese Aussage führt uns die Tatsache vor Augen, daß Heiligung nicht nur das Werk eines Augenblicks ist, sondern zugleich eine lebenslange Aufgabe. Dadurch gestatten wir es Gott, uns seiner Ab-

---

[1]   Siehe G. E. Ladd, „A Theology of the New Testament", 519f.
[2]   A. A. Hoekema, „Reformed Perspective" in „Five Views on Sanctification", 63.
[3]   E. G. White, „Our High Calling", 215.

126

sicht gemäß zu gebrauchen. Menschen, die bei der Wiedergeburt geheiligt worden sind, sollen auch im Alltagsleben heilig sein (siehe 1 Th 4,3-7; Rö 6,19). Donald Guthrie beschrieb das so: Obwohl die Heiligung des Christen, von Gottes Warte aus gesehen, eine vollendete Tatsache ist, „muß sie doch im Leben des Gläubigen ständig von neuem Wirklichkeit werden".[1]

Es kann hilfreich sein, sich die Heiligung als einen Vorgang auf drei Ebenen vorstellen: (1) die „Anfangsheiligung", d. h. wenn ein Mensch zu Christus kommt und gerechtfertigt und wiedergeboren wird; (2) die fortschreitende Heiligung, d. h. wenn der Mensch für Christus lebt und im Alltag in der Gnade wächst; (3) die abschließende Heiligung oder Verherrlichung, die beim zweiten Kommen Christi stattfindet, wenn die Gläubigen „verwandelt werden ... in einem Augenblick" (1 Ko 15,51.52).

Die beiden letzten Phasen werden wir in den Kapiteln 5 und 10 dieses Buches ausführlicher behandeln.

Bevor ich zu einem anderen Thema übergehe, möchte ich betonen: Ich bin mir der Tatsache wohl bewußt, daß Ellen White geschrieben hat: „So etwas wie eine Heiligung in einem Augenblick gibt es nicht." Der Zusammenhang, in dem dieser Satz steht, zeigt eindeutig, daß sie sich damit nicht gegen Aussagen des Apostels Paulus oder anderer biblischer Autoren stellen wollte, sondern zu bestimmten Exzessen innerhalb der Adventbewegung Stellung nahm. Damals trieben nämlich Heiligkeitsfanatiker ihr Unwesen, die behaupteten, sie könnten nie mehr sündigen, weil Gottes Geist sie heilig, unfehlbar und vollkommen gemacht habe.[2]

Den obengenannten Satz aus dem Zusammenhang zu reißen und ihn unabhängig von der konkreten Situation, in die er hineingesprochen wurde, zu deuten heißt, Ellen G. White in Widerspruch zu Paulus zu setzen. Offenbar verband Paulus Heiligung nicht mit Sündlosigkeit. Wäre das der Fall gewesen, hätte er die Christen in Korinth nicht als Heilige bezeichnen können.

---

[1] D. Guthrie, „New Testament Theology" (Downers Grove, 1981), 669.

[2] E. G. White, „The Sanctified Life" (Washington D. C., 1937), 10; ders., „Der große Kampf", 469-472; ders., „Testimonies for the Church", 1/22f.

Begriffe sind nur
Hilfsmittel zur Verständigung

G. C. Berkouwer erinnert daran, daß es unter Theologen seit jeher Streit über die Bedeutung von Rechtfertigung und Heiligung gegeben hat. „In diesen Auseinandersetzungen beschuldigt einer den anderen des Irrtums. Die einen behaupten, nach der Sicht ihrer Gegner werde die Rechtfertigung von der Heiligung geschluckt. Und die anderen müssen sich vorwerfen lassen, ihre Überbetonung der Rechtfertigung verurteile die Heiligung zur Bedeutungslosigkeit."[1]

Diese Vorwürfe wurden auch in den heißen Diskussionen über die Gerechtigkeit durch den Glauben, die im Jahre 1888 ihren Höhepunkt erreichten, von den jeweiligen Seiten erhoben. Nach einer Atempause von etwa 70 Jahren flammte der Streit in der Adventgemeinde erneut auf und erregt seit etwa 1956 wieder die Gemüter.[2]

James Denney findet es höchst fragwürdig, Begriffe wie Rechtfertigung und Heiligung – und das, wofür sie stehen – gegeneinander auszuspielen. Er meint, wie Berkouwer, daß man nicht über die Rechtfertigung sprechen kann, ohne zugleich über die Heiligung zu reden, und umgekehrt. Denney schreibt: „Man hat leider manchmal vergessen, daß nicht die saubere Trennung zwischen Rechtfertigung und Heiligung die Hauptsache ist; es kommt vielmehr auf ihre Verbindung an, denn Rechtfertigung oder Versöhnung sind eine Selbsttäuschung, wenn nicht das Leben der Versöhnten und Gerechtfertigten ganz selbstverständlich ein heiliges Leben ist." Diese beiden Aspekte der Erlösung „sind die nicht voneinander zu trennenden und allumfassenden Antworten der Seele auf Christus".[3]

---

[1] G. C. Berkouwer, „Faith and Sanctification", 9.

[2] Ein beträchtlicher Teil der Diskussionen um die „Botschaft von 1888" drehte sich um die Beziehung zwischen Rechtfertigung und Heiligung. Bezüglich einer kurzen Zusammenfassung siehe Knight, „From 1888 to Apostasy" und „Angry Saints". Hinsichtlich einer Übersicht der entgegengesetzten Position der forensischen (gerichtlichen) Rechtfertigung siehe Paxton, „The Shaking of Adventism".

[3] G. C. Berkouwer, „Faith and Sanctification", 9; ders. „Faith and Justification", 100; J. Denney, „Christian Doctrine of Reconciliation", 297.300.

Die Reformatoren des 16. Jahrhunderts hatten diese Wahrheit klar erkannt. Calvin konnte daher schreiben, daß „Christus niemand rechtfertigt, den er nicht zur selben Zeit heiligt ... Man kann ihn [Christus] nicht besitzen, ohne an seiner Heiligung teilzuhaben, weil er nicht geteilt werden kann".[1]

Luther verstand die Erlösung ebenfalls als ein einheitliches Geschehen. Wie bereits erwähnt, war es sein Mitstreiter Philipp Melanchthon, der die forensische (durch göttlichen Richterspruch zuerkannte) Rechtfertigung in ungesunder Weise überbetonte. Leider folgte ein beträchtlicher Teil der nachreformatorischen Theologie nicht Luther, sondern Melanchthon. Das hatte schwerwiegende Mißdeutungen zur Folge, die zum Teil bis heute nicht überwunden sind.

Allerdings gibt es auch Fehlinterpretationen in der entgegengesetzten Richtung. William Hulme verweist auf dieses Problem, indem er bemerkt: „So erkünstelt es ist, Rechtfertigung und Heiligung voneinander zu trennen, so gefährlich ist es auch, sie durcheinanderzubringen bzw. sie miteinander zu verwechseln."[2]

Die Unterscheidung beider geht nämlich auf die Heilige Schrift zurück. Paulus schreibt beispielsweise, daß die Rechtfertigung ohne die Werke des Gesetzes geschieht (Rö 4,6). Im selben Brief verweist er aber auf die fortschreitende Heiligung, indem er die Gläubigen ermahnt, ihre Leiber als ein Opfer hinzugeben, das „lebendig, heilig und Gott wohlgefällig" ist (Rö 12,1). Der Römerbrief handelt im ersten Teil von der Rechtfertigung durch den Glauben und geht später auf das geheiligte Leben des Gläubigen ein.

Zu Studienzwecken oder zur Begriffsbestimmung mag es angebracht sein, Rechtfertigung und Heiligung gesondert zu behandeln, aber im praktischen Christenleben lassen sie sich nicht trennen. John Macquarrie hilft uns, zu einer ausgewogenen Verknüpfung zu gelangen, indem er schreibt: „Wir sollten dabei nicht an eine strikte Trennung denken, sondern vielmehr an unterschiedliche Aspekte eines einheitlichen Prozesses."[3]

---

[1] J. Calvin, „Institutes" [Institutio], 3,16.1.

[2] W. E. Hulme, „The Dynamics of Sanctification" (Minneapolis, 1966), 47.

[3] J. Macquarrie, „Principles of Christian Theology", 143.

Der Bibel geht es längst nicht so sehr um die feinen Unterschiede zwischen Rechtfertigung und Heiligung, als vielmehr um ein sinnvolles, lebendiges Christentum. Das Neue Testament läßt sich nicht darüber aus, ob die Heiligung wichtiger ist als die Rechtfertigung oder ob das eine vor dem anderen geschehen muß. Die entscheidende Frage aus der Sicht des Neuen Testaments ist vielmehr die, ob der Mensch in einer Glaubensbeziehung zu Christus steht. Sündigen heißt, die Beziehung zu Gott zu zerbrechen; glauben heißt, die Beziehung zu ihm aufzunehmen und aufrechtzuerhalten.

Paulus hat das auf eine einfache Formel gebracht: Entweder ist der Mensch „in Adam" oder „in Christus" (1 Ko 15,22; Rö 5,12-21). Wer „in Christus" ist, ist einerseits gerechtfertigt und geheiligt und wird andrerseits doch ständig geheiligt und zur Reife geführt. Die Wendung „in Christus" findet sich 164mal in den Schriften des Paulus, einschließlich der elf Male (die Pronomen und Synonyme mitgerechnet), in denen sie in einem der eindrucksvollen Eröffnungssätze des Epheserbriefes erscheint (Eph 1,1-14).

James Stewart verweist darauf, daß „im Zentrum der Religion des Paulus die Einheit mit Christus steht. Dies ist mehr als irgendein anderer Begriff ... der Schlüssel, der die Geheimnisse seiner Seele aufschließt." Sowohl die Rechtfertigung als auch die Heiligung verlieren für Paulus jede Bedeutung, wenn sie von der Einheit mit Christus getrennt werden.

Die Rechtfertigung sollte als das Einswerden mit Christus durch den Glauben verstanden werden. Daher konnte Paulus sagen: „So gibt es nun keine Verdammnis für die, die in Christus Jesus sind." (Rö 8,1) Heiligung ist die Fortsetzung des Lebens in Christus und seines Lebens im Gläubigen (Gal 2,20). „Nur wenn die Einheit mit Christus der Mittelpunkt bleibt", schreibt Stewart, „wird die Heiligung in ihrer wahren Natur erkannt, nämlich als die Entfaltung des Charakters Christi im Leben des Gläubigen, und nur dann kann man die tatsächliche Beziehung zwischen Glauben und Tun verstehen."[1]

---

[1] J. Stewart, „A Man in Christ", 147.152.153.

Wer begriffen hat, wie wichtig die Einheit mit Christus ist, versteht auch, daß „die Kraftquellen für den Sieg nicht im einzelnen Menschen, sondern in Christus liegen. Christen dienen nicht aufgrund ihrer Stärke, sondern aufgrund ihrer Schwachheit." Gott ermöglicht es ihnen durch die Kraft des in ihnen wohnenden Geistes und durch die Gnade Christi, ein von Liebe geprägtes Leben zu führen. P. T. Forsyth schrieb: „Nicht wir erringen den Sieg, wir stehen nur auf der Seite des Siegers." [1]

In einem Leben mit Christus wächst selbstverständlich Frucht heran (Jo 15,4). Weil der bekehrte Christ mit Christus lebt, wird er nicht kalt, unfreundlich oder abweisend sein. Mit Christus vereint zu sein bedeutet nicht nur, mit Gott Gemeinschaft zu haben, sondern auch mit seinen Mitmenschen. [2] „Wer Gottes Wort hält und danach lebt, an dem zeigt sich Gottes ganze Liebe. Daran ist zu erkennen, ob wir wirklich Christen sind. Wer von sich sagt, daß er zu Christus gehört, der soll auch so leben, wie Christus gelebt hat." (1 Jo 2,5.6 Hfa) Was das im einzelnen bedeutet, soll in den nächsten beiden Kapiteln erörtert werden.

---

[1]   M. E. Dieter, a. a. O., 35; P. T. Forsyth, „Justification of God", 221.
[2]   J. Murray, „Redemption Accomplished and Applied", 170f.

Kapitel 5

Weitere Aspekte der Heiligung

„Endlich", mögen Pharisäer sagen, „kommt dieses Buch in puncto Erlösung zur Sache. Wir sind der Milch für neugeborene Säuglinge in Christus entwöhnt und können uns nun der festeren Speise des fortgeschrittenen christlichen Lebens zuwenden. Jetzt, da wir so breit das ziemlich unwichtige Kellergeschoß des Erlösungsgebäudes (Rechtfertigung und die damit zusammenhängenden Fragen) untersucht haben, sind wir endlich so weit, das Haus der Heiligung, besser noch: der Vollkommenheit, zu errichten. Gott hat seinen Teil getan, nun wird es Zeit, daß wir unseren Teil tun."

Diese Denkweise herrscht häufig gerade bei Menschen vor, die ihr Christsein ernst nehmen. Daher, so stellt es Gerhard Forde dar, „betritt nun die Heiligung die Bühne ... um das gute Schiff Erlösung davor zu bewahren, am Felsen ‚Allein aus Gnaden' zu zerschellen". Pharisäisch über Heiligung zu reden kann gefährlich sein, meint Forde, weil es „das alte Wesen dazu verleitet, zu meinen, es habe das Steuer immer noch in der Hand".[1]

Satans meisterhafte Versuchung: „Ihr werdet sein wie Gott" (1 Mo 3,5) findet bis heute Widerhall in den Herzen der Menschen. Dem bei der Rechtfertigung gekreuzigten Ich fällt es ausgesprochen schwer, nicht wieder vom Kreuz herabzusteigen.

Mit der Rechtfertigung des Menschen sind längst nicht alle Schlachten geschlagen. Auch der wiedergeborene Christ ist einer Reihe von Gefahren ausgesetzt. Die erste Gefahr ist die des Antino-

---

[1] G. O. Forde, „The Lutheran View" in „Christian Spirituality", 15f.

mismus, der Lehre, daß durch Christi Tod das Gesetz und damit auch die sittliche Struktur des Universums null und nichtig sei. Im antinomistischen Denken ist der Christ nicht mehr verpflichtet, das Gesetz zu befolgen, da er gemäß den Aussagen des Apostels Paulus nicht mehr „unter dem Gesetz" ist (Rö 6,15).

Die entgegengesetzte Gefahr besteht darin, das Evangelium zu einem neuen Gesetz zu machen. Die Verfechter dieser Denkrichtung behaupten, der eigentliche Kern des christlichen Lebens sei das Halten der Gebote. Bei manchen äußert sich das in einer geradezu mönchischen Entsagung, andere gefallen sich in einer Art Perfektionismus auf dem Gebiet der Ernährung oder in anderen Lebensbereichen.

Gemeinsam ist ihnen allen, daß das, was sie sich zum Gesetz gemacht haben, zum Mittelpunkt ihrer religiösen Erfahrung und damit zum Fetisch wird. „Die Menschheit", so schrieb Leon Morris, „ist beängstigend erfinderisch, wenn es darum geht, sich ein neues Joch aufzuerlegen."[1]

Die dritte Möglichkeit, vom richtigen Wege abzukommen, ist die Auffassung, daß Heiligung völlige Passivität von seiten des Christen verlangt – nach dem Motto: „Jesus erledigt alles." Früher vertrat ich auch diese Auffassung, doch dann gelangte ich zu der Erkenntnis, daß dies nicht mit den vielen Imperativen wie „arbeitet", „strebt", „kämpft" usw. im Neuen Testament zu vereinbaren ist.

Der vierte Holzweg besteht darin, Heiligung mit Rechtfertigung zu verwechseln, als wäre sie nur ein Aspekt der Rechtfertigung. Vertreter dieser Auffassung haben die Bibeltexte, die von einer in einem Augenblick erfolgten Heiligung (von Gott für ein heiliges Leben abgesondert werden) sprechen, mit dem theologischen Konzept der fortschreitenden Heiligung vermengt.

Nach ihrer Auffassung ist die Heiligung (wie auch die Rechtfertigung) ein stellvertretendes Geschehen. Sie verstehen die Heiligung nicht als etwas, das Gott *in* uns tut, sondern als etwas, das Christus *für* uns tut. Deshalb bezeichnete John Wesley die Lehre von der stellvertretenden Heiligkeit als „Meisterstück Satans". Er lehrte viel-

---

[1] L. Morris, „The Atonement", 126.

mehr, daß Heiligkeit beides betrifft, das, was in uns geschieht, und das, was außerhalb von uns geschehen ist.[1]

In diesem Kapitel wollen wir versuchen, einen Kurs an den Klippen und Untiefen vorbei zu finden, die dem Verständnis der fortschreitenden Heiligung im Wege liegen. Es geht um die Bedeutung und das Wesen der Heiligung im christlichen Alltag, um die Aufgabe des Heiligen Geistes bei der Heiligung, um den Stellenwert menschlicher Bemühungen und Werke im Heiligungsprozeß, um „gute" und „böse" Werke, um die Bedeutung der Werke im Endgericht sowie um das Gebet und andere „Gnadenmittel" im Heiligungsprozeß.

Ehe wir zu einer Definition übergehen, möchte ich an zwei Dinge erinnern, die wir nicht außer acht lassen dürfen. Erstens: Die fortschreitende Heiligung darf im christlichen Leben niemals von der Rechtfertigung getrennt werden. Zweitens: Herzstück der Heiligung ist die Gemeinschaft mit Christus. Christliches Verhalten entspringt aus einer lebendigen Beziehung zu Christus. Eine „gute" Handlungsweise, die nicht in einer solchen Glaubensbeziehung wurzelt, mag zwar moralisch hochstehend sein, aber sie ist nicht christlich. *Und selbst wenn ein christliches Leben aus dem Glauben an Christus erwächst, leisten wir dadurch keinen Beitrag zu unserer Erlösung. Es ist (aller)höchstens eine Reaktion darauf, daß wir bereits durch Christus erlöst worden sind.*

Wachstum in Christus

Wie bereits in Kapitel 4 dargelegt, beginnt christliches Leben mit der Wiedergeburt (Jo 3,3.7). Wenn Paulus auf das Leben des Christen zu sprechen kommt, benutzt er genau dieses Bild. Besonders ausführlich widmet sich der Apostel in Römer 6 dieser Thematik.

In den ersten fünf Kapiteln des Römerbriefs schildert Paulus, (1) wie schrecklich die Auswirkungen der Sünde sind, (2) wie wenig das Gesetz zur Lösung des Problems Sünde beitragen kann und (3) daß die Rechtfertigung durch den Glauben für den Sünder die einzige

---

[1]   J. Wesley, „Works", 10/367.

Hoffnung darstellt angesichts seiner absoluten Unfähigkeit, sich aus der vom Gesetz verhängten Verlorenheit selbst herauszuhelfen.

Das sechste Kapitel beginnt mit einer Frage, die sich folgerichtig aus der paulinischen Lehre ergibt, daß Gott den Menschen gnädig vergibt, während sie noch Sünder sind: „Sollen wir etwa weitersündigen, damit Gott Gelegenheit hat, uns seine Barmherzigkeit und Liebe zu beweisen?" (V. 1 Hfa) Mit anderen Worten: Wenn doch Gott so gnädig ist, fragt er, sollten wir da nicht einfach weiter sündigen (wie vor unserer Bekehrung), damit Gott uns noch mehr seine Gnade erweisen kann?

Solchen Überlegungen setzt der Apostel allerdings sein klares: „Auf keinen Fall!" entgegen. Und er fährt fort: „Als Christen sind wir für die Sünde tot. Wie könnten wir da noch länger mit ihr leben!" (V. 2 Hfa) Christ zu sein bedeutet für Paulus mehr als nur den Tod des alten Lebens.

Schon der biblische Taufritus als solcher zeigt, welcher doppelte Sinn in diesem äußerlich sichtbaren Vorgang der Übergabe an Christus liegt: (1) ein Mensch, der sein Ich gekreuzigt hat, hat damit die alte Lebensweise in Selbstsucht und Sünde begraben. Neben dem Tod des alten Menschen symbolisiert die Taufe (2) die Auferstehung des erneuerten Menschen zu einem neuen Leben in Christus. Darum sollen Christen „in einem neuen Leben wandeln" (V. 1-4).

Gemeinschaft mit Christus bedeutet, Zugang zu der Kraft Christi zu haben, die sich in seiner Auferstehung erwiesen hat. Deshalb müssen Christen „nicht länger der Sünde dienen", denn „wer gestorben ist, kann nicht mehr beherrscht werden – auch nicht von der Sünde" (V. 5-11 Hfa). Durch die Gnade Gottes, die ihnen die notwendige Kraft verleiht, sind sie von der Herrschaft der Sünde befreit. Sie sollen sich nun an Gott halten und keinen einzigen Teil ihres Körpers „als Werkzeug für das Böse zur Verfügung stellen", sondern vielmehr versuchen, Gott mit allem, was sie sind und haben, zu dienen (V. 12-14 Hfa).

Durch die Gnade bevollmächtigte Christen sollen mit Leib und Seele dem Evangelium gehorchen und Diener der Gerechtigkeit sein statt, wie früher, Sklaven der Sünde. Wie sie früher der Unmoral und der Gesetzlosigkeit verfallen waren, sollen sie nun uneingeschränkt

Gott dienen, ja geradezu „Sklaven der Gerechtigkeit zur Heiligkeit" sein." (V. 15-19 EB)

Römer 6 bietet eine radikale und revolutionäre Sicht des christlichen Lebens, die das gesamte Denken und Verhalten des Menschen bestimmt. James Stewart bemerkt zu Römer 6, daß *„die Gemeinschaft mit Christus ein Ende und einen Neubeginn bedeutet, die absoluter, einschneidender und radikaler sind als jede andere Umgestaltung in der Welt ... Mit Christus vereint zu sein heißt, sich mit Christi Haltung gegenüber der Sünde zu identifizieren.* Es bedeutet, die Sünde mit den Augen Jesu zu sehen und ihr mit derselben Leidenschaft entgegenzutreten", wie es Christus auf Golgatha getan hat.[1]

Wiedergeborene Christen sehen nicht nur die Sünde mit anderen Augen, sondern auch die Gerechtigkeit. Luther meinte dazu in seiner direkten Art, daß man als Christ „ein solch großes Verlangen nach Keuschheit haben muß, wie man es vorher nach der Hurerei hatte".[2]

Keine Frage, daß die Heiligung im Herzen beginnt, aber sie verlangt geradezu danach, das gesamte Leben des Menschen Tag für Tag zu erfassen und zu verändern. In diesem Sinne schrieb Petrus, daß Christus „unsre Sünde selbst hinaufgetragen hat an seinem Leibe auf das Holz, damit wir, der Sünde abgestorben, der Gerechtigkeit leben" (1 Pt 2,24).

Die Bibel beschreibt die fortschreitende Heiligung als einen dynamischen Wachstumsprozeß. Petrus ermahnt die Empfänger seines Briefes: „Wachset ... in der Gnade und Erkenntnis unseres Herrn und Heilands Jesus Christus." (2 Pt 3,18) Er sagt nicht, daß sie in die Gnade *hineinwachsen* sollen, sondern erwartet, daß sie sich in der Gnade weiterentwickeln. Am Anfang des Glaubenslebens erfüllt Gott den Menschen mit seiner kraftspendenden Gnade, aber dabei bleibt es nicht, denn diese Gnade bewirkt eine fortschreitende Heiligung.

Deshalb schrieb der Apostel Petrus: „Alles, was wir brauchen, um ein Leben zu führen, wie es Gott gefällt, hat uns Christus geschenkt. Denn durch ihn haben wir Gott kennengelernt, der uns in seiner Macht und Herrlichkeit zu einem neuen Leben berufen hat ... Deshalb

---

[1] J. Stewart, „A Man in Christ", 192.196 – Hervorhebung teilweise hinzugefügt.
[2] M. Luther zit. bei P. Althaus, „Theology of Martin Luther", 140.

setzt alles daran, und beweist durch einen vorbildlichen Lebenswandel, daß ihr an Gott glaubt. Jeder soll sehen, daß ihr Gott kennt. Diese Erkenntnis Gottes zeigt sich in eurer Selbstbeherrschung. Selbstbeherrschung lernt man nur in Geduld und Ausdauer, und dadurch wieder kommt man zur wahren Liebe und Ehrfurcht vor Gott ... Wenn ihr diesen Weg geht und dabei weiter vorankommt, wird euer Christsein nicht leer und wirkungslos bleiben." (2 Pt 1,3.5-8 Hfa)

Paulus weist auf eben diesen Reifeprozeß hin, wenn er die Christen ermahnt, zu „wachsen in allen Stücken zu dem hin, der das Haupt ist, Christus" (Eph 4,15). Christen werden verwandelt „in sein Bild von einer Herrlichkeit zur andern" (2 Ko 3,18). Ihr Glaube soll sehr wachsen (2 Th 1,3) und ihre Liebe soll „immer noch reicher" werden (Phil 1,9). Der Heiligungsprozeß soll alle Bereiche des Christenlebens umfassen, nach den Worten des Paulus: „Geist samt Seele und Leib." (1 Th 5,23)

Die Heiligung wirkt sich sowohl im verborgenen Denken als auch im sichtbaren Verhalten aus. Daraus resultiert eine klare Selbsterkenntnis. C. S. Lewis bemerkt dazu scharfsinnig: „Je besser ein Mensch wird, desto deutlicher erkennt er das Böse in seinem Leben. Je schlechter ein Mensch wird, desto weniger wird ihm seine eigene Niedertracht bewußt."[1]

Die Heiligung wirkt sich auf das ganze Verhaltensspektrum des Christen aus. „Luther", so schrieb Dietrich Bonhoeffer, „hat gesagt, daß allein die Gnade erretten kann. Seine Nachfolger übernahmen diese Lehre und wiederholten sie Wort für Wort; sie ließen aber die unabdingbare Folge weg: die Verpflichtung zur Jüngerschaft." Es darf nicht übersehen werden, daß die urchristliche Gemeinde Christus nicht nur als Erlöser, sondern ebenfalls als Herrn bekannt hat. „Jesus als Herrn anzuerkennen", bekräftigt John Stott, „heißt, jeden Bereich unseres öffentlichen wie auch unseres privaten Lebens seiner Herrschaft zu unterstellen."[2] Weil wir „teuer erkauft" sind, sollen wir Gott preisen, forderte der Apostel Paulus (1 Ko 6,20).

---

[1]   C. S. Lewis, zit. bei A. V. Wallenkampf, a. a. O., 81.
[2]   D. Bonnhoeffer, „Cost of Discipleship" [Nachfolge], 53; J. Stott, „Basic Christianity" (Downers Grove, 1971, 2. Aufl.), 113.

Die fortschreitende Heiligung ist ein wichtiger Bestandteil des Erlösungsprozesses. Ellen White drückt das so aus: „Der Sünder wird nicht *in* seinen Sünden erlöst, sondern *von* seinen Sünden." Und James Stalker schrieb, daß sich des „Paulus gesamte Lehre zwischen den zwei Polen der Gerechtigkeit durch den Tod Christi für uns und der Heiligkeit durch das Leben Christi in uns bewegt".[1]

In der protestantischen Theologie wird die Beziehung zwischen Rechtfertigung und Heiligung, etwas salopp gesagt, so definiert: Durch die Rechtfertigung empfängt der Christ den „rechtmäßigen Anspruch auf den Himmel", während die Heiligung ihn für den Himmel „geeignet" macht. Oder von einem anderen Gesichtspunkt aus gesehen: Die Rechtfertigung befreit uns von der Schuld und von der Strafe für die Sünde, wogegen die Heiligung uns aus der Macht der Sünde erlöst.[2]

Anspruch und Wirklichkeit im Christenleben

Wenn von Wiedergeburt und Heiligung die Rede ist, tauchen immer wieder Fragen auf, die sich mit der Spannung zwischen Anspruch und Wirklichkeit im Christenleben beschäftigen: Wie kommt es, daß sich selbst ein wiedergeborener Christ nicht nur zur Gerechtigkeit, sondern auch zur Sünde hingezogen fühlt, wenn doch Christus auf Golgatha den Sieg für uns errungen hat? Sollten nach der Wiedergeburt nicht alle Gedanken und Handlungen eigentlich rein und heilig sein?

Auf dieses Problem wurde ich vor ein paar Jahren während einer Vorlesungsreihe über Philosophie in besonderer Weise aufmerksam gemacht. Den Kurs besuchte nämlich auch ein moslemischer Student, dem die saudi-arabische Regierung ein Stipendium gewährt hatte. Er fing an, sich für das Christentum zu interessieren, und such-

---

[1] E. G. White, „Faith and Works" (Nashville, 1979), 31; J. Stalker, „The Example of Jesus Christ" (New Canaan, 1980), 11 – Hervorhebung hinzugefügt.

[2] Siehe zum Beispiel J. C. Ryle, a. a. O., 30; B. W. Ball, „English Connection", 63; E. G. White, „Ruf an die Jugend" (Hamburg, Advent-Verlag, 1958), 18; P. T. Forsyth, „Work of Christ", 221; J. Wesley, „Works", 2/509; A. A. Hoekema, „The Reformed Perspective" in „Five Views on Sanctification", 61.

te mich regelmäßig in meinem Büro auf. Eines Tages erzählte er mir, daß er einen Gottesdienst der Baptisten besucht habe, der ihn ziemlich verwirrt habe.

Der Student hatte ausgerechnet einen Taufgottesdienst „erwischt". Er hatte gesehen, wie der Pastor jemanden „unter Wasser getaucht" und anschließend verkündet hatte, dieser Mann sei nun ein „neuer Mensch". Es war für ihn schon merkwürdig genug, zu sehen, wie im Gottesdienst jemand unter Wasser getaucht wurde. Was ihn aber noch mehr verwunderte, war die Behauptung, daß aus dem Wasserbecken ein neuer Mensch herausgekommen sei. Der Getaufte habe doch nach der Taufe nicht anders ausgesehen als zuvor!

Diese Begebenheit hat mir bewußt werden lassen, daß wir manchmal fremder Augen bedürfen, um einen tieferen Einblick in die Dinge zu bekommen, die wir mit unserem christlichen Hintergrund als selbstverständlich hinnehmen. Mir wurde jedenfalls klar, daß die Taufe jemanden einerseits zu einem neuen Menschen macht, ihn andererseits aber so läßt, wie er immer war.

Der biblische Befund ergibt: Durch Wiedergeburt und Taufe tritt der Christ in eine neue Beziehung zu Gott; er hat nun eine neue Gesinnung, ein neues Herz und ein neues Verhältnis zur Sünde und zur Gerechtigkeit. Andrerseits lebt auch der neugetaufte Mensch im selben Körper weiter; er hat noch dieselbe Frau und sie noch denselben Mann. Die charakterlichen Eigenschaften und die Persönlichkeit sind nach der Taufe nicht anders als zuvor. Der wiedergeborene Christ ist neu und doch nicht neu! Und genau in dieser Spannung zwischen dem Neuen und dem Alten liegt das Problem.

Das Neue Testament beschreibt die Existenz des Christen genauso, denn es stellt das Leben des Gläubigen häufig als einen Kampf gegen die Mächte des Bösen dar. Deshalb forderte Paulus seinen jungen Mitarbeiter Timotheus auf, „den guten Kampf des Glaubens" zu kämpfen (1 Tim 6,12). Im Grunde führt der Christ einen Krieg an zwei Fronten. Zum einen muß er der Versuchung widerstehen, der alten Denkweise und dem ungeheiligten Lebensstil nachzugeben, andrerseits muß er sich gegen die Angriffe Satans wehren, der umhergeht „wie ein brüllender Löwe und sucht, wen er verschlinge"

(1 Pt 5,8). Christen sind aufgefordert, dem Teufel zu widerstehen (Jak 4,7; vgl. Eph 4,27).

Deshalb rät Paulus: „Laßt euer Leben vom Heiligen Geist bestimmen. Wenn er euch führt, werdet ihr allen selbstsüchtigen Wünschen und Verlockungen widerstehen können. Denn, selbstsüchtig wie wir sind, wollen wir immer das Gegenteil von dem, was Gottes Geist will. Doch der Geist Gottes duldet unseren Egoismus nicht. Beide kämpfen gegeneinander, so daß ihr nicht ungehindert tun könnt, was ihr wollt." (Gal 5,16.17 Hfa)

Die Kampfsymbolik zieht sich durch das gesamte Neue Testament. Paulus bezeichnet Timotheus als „einen guten Streiter Christi Jesu" (2 Tim 2,3) und erklärt, daß die Christen mit den „Waffen der Gerechtigkeit" (2 Ko 6,7) ausgerüstet sein und die vollständige „Waffenrüstung Gottes" anziehen (vgl. Eph 6,10-17) sollen. Der Apostel Johannes spricht von der Belohnung der Christen, die in diesem Kampfe siegen bzw. „überwinden" (Offb 2,7.11.17.26; 3,5.12.21).

So schön es auch wäre, wenn das Christenleben durch einen sofortigen und totalen Sieg über alle Aspekte der Sünde gekennzeichnet wäre – das entspricht nicht der biblischen Aussage. Paulus sagte deshalb von sich, daß er noch nicht „vollkommen" sei (Phil 3,12), und Johannes behauptete ohne Einschränkung, daß jeder, der vorgibt, ohne Sünde zu sein, Gott zum „Lügner" macht (1 Jo 1,10). Weil Christen auch nach der Taufe weiterhin sündigen, ist es eine wahrhaft frohe Botschaft, daß sie einen „Fürsprecher beim Vater" haben, der für sie im himmlischen Heiligtum Vergebung erwirkt (1 Jo 2,1).

Christus hat durch sein Leben, Sterben und Auferstehen für jeden, der an ihn glaubt, den Sieg über Sünde und Teufel errungen. Diesen Kampf müssen wir also nicht mehr führen, und diesen Sieg braucht niemand von uns zu erringen. Unsere Aufgabe ist es lediglich, in enger Gemeinschaft mit dem Sieger zu bleiben.

John Stott legte den Finger auf den Kern des Problems, das wir gerade erörtern, als er bemerkte, daß „der Teufel bisher seine Niederlage nicht eingestanden hat, obwohl er längst besiegt worden ist. Satan ist zwar überwunden, aber er ist noch nicht vernichtet worden. Tatsächlich übt er auch weiterhin große Macht aus. Das ist der

Grund für die Spannung, mit der wir sowohl in unserer Theologie als auch in unserer Erfahrung zu tun haben." James M. Gustafson meint dazu: „Christus hat die entscheidende Schlacht bereits gewonnen ... Der endgültige Sieg steht für immer außer Zweifel, aber das ‚Großreinemachen' muß bis zum Ende durchgeführt werden."[1]

Dieses Großreinemachen findet nicht nur im gesamten Universum statt, sondern auch im Leben jedes Gläubigen. Der eine große Schauplatz im Kampf zwischen Christus und Satan ist der Makrokosmos, das Universum. Aber auch im Mikrokosmos, genauer: in unserem Herzen und Leben, findet dieser Kampf statt. Der Kampf gegen das eigene Ich, den Ellen White als den „härtesten Kampf, den es auszufechten gilt", bezeichnet hat, wird bis zur Wiederkunft Christi andauern.[2]

Glücklicherweise sagt die Bibel, daß die Gläubigen nicht bis zur Wiederkunft Christi warten müssen, bis sich der Sieg des Gottessohnes auf sie auswirkt. Die Sünde, sagt Paulus, wird nicht länger über die Gläubigen „herrschen" können (Rö 6,14). Solange sie zu Gott halten, brauchen sie die Sünde nicht in ihren sterblichen Leibern „herrschen" zu lassen (V. 12.13). Für alle, die „in Christus" sind, hat sich die Vormachtstellung der Sünde geändert. Sie ist nun nicht mehr der absolute Herrscher, sondern nur noch ein unrechtmäßiger Eindringling, der sich allerdings gut verschanzt hat und schwer zu vertreiben ist.

John Murray hat das so ausgedrückt: „Es besteht ein großer Unterschied zwischen der *noch lebenden Sünde* und der *beherrschenden Sünde,* zwischen dem wiedergeborenen Menschen, der im Kampf mit der Sünde steht, und dem Gottfernen, der ein Komplize der Sünde ist ... *Es ist ein Unterschied, ob der Feind die Hauptstadt eines Landes einnimmt oder ob noch einige versprengte Truppen einer längst geschlagenen Armee um die Stadtmauern herumstreichen."*[3]

---

[1]   J. R. W. Stott, „Cross of Christ", 239f.; G. Knight, „My Gripe With God", 94-99; J. M. Gustafson, „Christ and the Moral Life" (Chicago, 1979), 21.

[2]   E. G. White, „Der bessere Weg", 29.

[3]   J. Murray, „Redemption Accomplished and Applied", 145 – Hervorhebung hinzugefügt.

Rechtfertigung, Wiedergeburt und die dabei erfolgte Heiligung verleihen den Gläubigen eine neue Einstellung gegenüber der Sünde, verändern aber nicht vorhandene Charakterzüge und Gewohnheiten.

Ellen White schließt sich den biblischen Schreibern an, wenn sie sagt: „Wir [Christen] mögen weiterhin Fehler machen, aber wir werden die Sünde hassen, weil der Sohn Gottes ihretwegen leiden mußte.“[1] An anderer Stelle schrieb sie: Der Christ wird noch den Anreiz zur Sünde spüren, aber er wird ständig dagegen ankämpfen.“ Dieser „Anreiz zur Sünde“ ist dem sehr ähnlich, was sie als „Hang zur Sünde“ oder „Neigung zur Sünde“ bezeichnet hat. Paulus spricht von der „Lust des Fleisches“ (Gal 5,16-21 EB).

Bei der Bekehrung ändert sich die Richtung, in der ein Mensch hinfort unterwegs ist, sozusagen um 180 Grad. Eine sofortige Veränderung aller Verhaltensmuster erfolgt dagegen nicht. Das Neuwerden in diesen Bereichen vollzieht sich erst nach und nach. R. N. Flew bietet uns hier eine Hilfe, wenn er schreibt, daß „die meisten Sünden der Gläubigen keine vorübergehenden, flüchtigen Heimsuchungen sind, sondern die Folge eingeschliffener Gewohnheiten“.[2]

Maxie Dunnam sagt, daß „Gewohnheiten, die sich im Laufe der Jahre herausgebildet haben, durch die umwandelnde Kraft Christi überwunden werden können. Manchmal aber [oft ist wahrscheinlich zutreffender] üben sie einen lange anhaltenden Einfluß aus.“ Vor allem, wenn wir irgendwie unter Druck geraten, „sind wir versucht [oft ohne uns dessen bewußt zu sein oder es zu wollen], auf die alten Verhaltensmuster zurückzugreifen“.[3]

Eine wichtige Aufgabe der fortschreitenden Heiligung ist es, die Verhaltensmuster des Christen mit seiner neuen Einstellung der Sünde gegenüber in Übereinstimmung zu bringen. Das läßt sich nicht in wenigen Augenblicken verwirklichen, sondern währt ein ganzes Le-

---

[1] E. G. White, „Für die Gemeinde geschrieben“, 1/380; ders. „Der große Kampf“, 469f.

[2] R. N. Flew, „The Idea of Perfection“, 395f.; vgl. M. Venden, „95 Theses“, 92.

[3] M. D. Dunnam, „Exodus“, „The Communicator's Commentary“ (Dallas, 1987), 173; vgl. Thomas A. Davis, „How to Be a Victorious Christian“ (Washington D. C, 1975), 127.

ben lang. John Wesley bezeichnet diesen Vorgang als ein allmähliches Absterben der alten Verhaltensweisen.[1]

Paulus verweist auf diesen sich allmählich vollziehenden Prozeß, wenn er schreibt: „Zieht jetzt neue Kleider an, denn ihr seid neue Menschen geworden! Laßt euch von Gott erneuern. So *entsprecht ihr immer mehr* dem Bild, nach dem Gott euch geschaffen hat." (Kol 3,10 Hfa – Hervorhebung hinzugefügt)

Weil die Sünde in den Gläubigen fortbesteht, müssen auch Bekenntnis, Heiligung und Rechtfertigung fortbestehen. Geist und Wille werden durch Gottes Gnade in dem Augenblick verändert, in dem ein Mensch Jesus Christus als Herrn annimmt. Die Gewohnheiten und der Charakter dagegen werden nach und nach im Laufe des Lebens umgeformt. Die sündige Natur des Menschen wird erst bei der Auferstehung überwunden. Mit diesem Prozeß werden wir uns in Kapitel 10 befassen.

Heiligung umfaßt mehr als Nahrung und Kleidung

In diesem Abschnitt wollen wir danach fragen, was eigentlich geheiligtes Leben ausmacht. In den Köpfen zu vieler Christen geistern diesbezüglich höchst merkwürdige Vorstellungen herum. Darum soll zunächst auf einige gefährliche Mißverständnisse hingewiesen werden.

Viele meinen, Heiligung bestehe darin, eine Liste von Ge- und Verboten zu befolgen. Sie bewegen sich ständig zwischen den beiden Forderungen: „Das sollst du" und „Das darfst du nicht". Geheiligtes Leben heißt für sie beispielsweise, zwischen den Mahlzeiten nichts zu essen oder bestimmte Kleiderordnungen einzuhalten. Bei ihnen verkommt das christliche Leben zu einem höchst peniblen Befolgen zahlloser Regeln wie ungefähr bei den Pharisäern zur Zeit Jesu.

Eine weitere Spezialität dieser frommen Leute war es, geheiligtes Leben vorwiegend aus einem negativen Blickwinkel zu sehen. Das

---

[1]   J. Wesley, „A Plain Account of Christian Perfection", 90.

heißt, man wird „heilig" durch das, was man vermeidet. Edward Heppenstall schrieb angesichts solcher Vorstellungen zu Recht: „Am wichtigsten ist nicht, wovon wir erlöst sind, sondern wozu wir erlöst sind. Erlösung in Christus ist niemals eine Flucht aus dem Leben. Wir sind von der Sünde erlöst, um für Christus zu leben."[1]

Viele Christen versuchen auch, dadurch „gut zu sein, daß sie nicht böse sind". Um sich davor zu schützen, auf unerlaubtes Territorium zu geraten, errichten sie moralische Zäune, die ihnen Grenzüberschreitungen unmöglich machen sollen. Sie wollen möglichst genau wissen, wie weit sie gehen dürfen, ohne mit der Sünde in Berührung zu kommen.[2] Diese Sicht von Heiligung steht der Mentalität der Pharisäer sehr viel näher als dem Geist des Neuen Testaments.

Selbstverständlich ist es richtig, nach einem geheiligten Leben zu streben, aber das kann nicht dadurch geschehen, daß man Gerechtigkeit in leicht handhabbare Verhaltenshäppchen zerlegt. Solche Betrachtungsweise steht fast immer in direktem Zusammenhang mit dem Hang zur Aufspaltung der Sünde in vielen Einzelsünden, von dem in einem der vorhergehenden Kapitel die Rede war. Sie rückt Ernährungsfragen und Kleidungsweise in den Mittelpunkt und macht sie zum Prüfstein für ein geheiligtes Leben. Die geschichtlichen Wurzeln dieser Art von „Heiligung" finden wir im pharisäischen Judentum. *Diese Fehlinterpretationen der Heiligung haben allerdings Vorteile, denn sie beschränken sie auf einen verhältnismäßig überschaubaren Bereich, so daß man meint, das Gesetz vollkommen halten zu können.*

Jesu Bergpredigt ist ein Frontalangriff auf die Neigung, die Heiligung zu „erleichtern". Dort unterstrich er die Tiefe und Einheit des Gesetzes, indem er auf die Prinzipien hinwies, die dem Gesetz zugrunde liegen. Wenn er seinen Zuhörern sagte, daß ihre Gerechtigkeit die der Schriftgelehrten und Pharisäer übertreffen müsse (Mt 5,20), dann wies er damit auf einen höheren Maßstab hin als den, der durch die Aufspaltung der Gerechtigkeit oder durch einen Gebots- bzw. Verbotskatalog gesetzt wird.

---

[1] E. Heppenstall, „Salvation Unlimited: Perspectives on Righteousness by Faith" (Washington D. C, 1974), 248.

[2] M. Venden, „95 Theses", 25; W. Coleman, „Pharisees' Guide", 16.

Echte Heiligung ist eine Erneuerung des Herzens und der Beweggründe und beschränkt sich nicht einfach auf einen veränderten Lebensstil oder das Herausbilden neuer Gewohnheiten. Christ sein bedeutet „Erlösung von Selbstsucht", vor allem davon, auf seine guten Taten und Veränderungen in der Lebensweise auch noch stolz zu sein.[1] *Christ sein heißt, von der SÜNDE (als herrschender Macht) erlöst zu sein und nicht bloß von einzelnen Sünden.*

Vom biblischen Befund her bedeutet Heiligung ihrem Wesen nach eine völlige Umwandlung des Herzens, die folgerichtig mit einer umfassenden Veränderung des Lebens einhergeht. Dies zeigt sich nicht zuletzt daran, wie der Christ sich selbst, seine Mitmenschen und Gott sieht und behandelt. Fortschreitende Heiligung ist jener Vorgang, in dessen Verlauf unsere Selbstsucht und Selbstliebe im Alltag in Liebe zu Gott und zum Nächsten umgewandelt werden. *Heiligung ist daher nichts Geringeres als der Prozeß, durch den der Christ immer mehr zur Liebe fähig wird.* Wer das begriffen hat, den wird es nicht wundern, daß Jesus die gesamte Gesetzesstruktur des Alten Testaments auf dieses eine Prinzip zurückführt: Liebe zu Gott und Liebe zum Menschen (Mt 22,34-40).

Parallel dazu berichten die Evangelien von zwei Fällen, wo Menschen Jesus gezielt fragten, was sie tun müßten, um errettet zu werden (Mt 19,21.22; Lk 10,25-37). Beide Male nannte Christus die bedingungslose Liebe zu Gott und zum Nächsten. Jesus ging sogar so weit, daß er in der Liebe füreinander das wichtigste – möglicherweise gar das einzige? – Kennzeichen echter Jüngerschaft sah (vgl. Jo 13,35).

Der Apostel Paulus schlug unermüdlich in die gleiche Kerbe. Die Kolosser forderte er auf: „Vor allem aber liebt einander, denn die Liebe ist das Band, das alles zusammenhält und vollkommen macht." (Kol 3,14 EÜ) Die Galater ließ er wissen: „Denn das ganze Gesetz ist in einem Wort erfüllt, in dem ‚Liebe deinen Nächsten wie dich selbst!'" (Gal 5,14; vgl. Rö 13,8.10). Einige Verse weiter stellte er den

---

[1] H. D. McDonald, „The Atonement of the Death of Christ" (Grand Rapids, 1985), 16; W. L. Walker, „What About the New Theology?" (Edinburgh, 1907, 2. Aufl.), 155-164.

Werken des Fleisches die Frucht des Geistes gegenüber. Die einen sind eine natürliche Folge der Selbstsucht, während die Frucht des Geistes sich aus der *Agape*-Liebe Gottes heraus entfaltet (Gal 5,22.23).

Diese und andere Bibelstellen lassen es verständlich erscheinen, daß Vincent Taylor Heiligung als „vollkommene Liebe" definiert. Methodistische Theologen sagen, Heiligung sei „Liebe in Aktion", und Ellen White spricht davon, daß „wahre Heiligung vollkommene Liebe, völliger Gehorsam, völliges Einssein mit dem Willen Gottes ist".

Indem sie vollkommene Liebe mit vollkommenem Gehorsam verbindet, folgt Ellen White Jesus und Paulus, wenn sie darauf hinweist, daß, wer liebt, das Gesetz in all seinen Aspekten erfüllt.[1]

Mildred Wynkoop scheint auf der richtigen Spur zu sein, wenn sie schreibt, daß *die Agape(sich selbst hingebende)-Liebe eines Christen „eine Eigenschaft dieses Menschen ist ... Nach diesem Grundsatz führt er sein Leben".* Der Christ, der geheiligt wird, gelangt immer mehr dahin, daß er sein Leben gemäß den zwei großen Grundsätzen des göttlichen Gesetzes führt. Die Liebe zu Gott und dem Nächsten ist die Quelle, der das gesamte Tun des Christen entspringt. *Ellen White ergänzt: Gehorsam, der sich nicht auf Liebe gründet, entspringt der Selbstsucht.*[2]

Christliche Freiheit ist niemals Freiheit ohne Verantwortung, sondern vielmehr Freiheit, durch die einer dem andern dient (Gal 5,13). John Stott bekräftigt, daß in der Nachfolge Jesu nicht nur jeder Lebensbereich unter Jesu Herrschaft gestellt wird, sondern daß Nachfolge zugleich ein Aufruf zum Dienst ist. Daher „kann ein Christ nicht mehr nur sich selbst leben".[3] Allerdings, so meint Edward Heppenstall, ist es „leichter, sich auf dem Altar des religiösen Extre-

---

[1]   V. Taylor, „Forgiveness and Reconciliation" (London, 1946, 2. Aufl.), 170-179; M. E. Dieter, a. a. O., 27; Wilber T. Dayton, „Entire Sanctification" in „A Contemporary Wesleyan Theology" (hgg. von Charles W. Carter, Grand Rapids, 1983) 1/521ff.; E. G. White, „Das Wirken der Apostel" (Hamburg, Saatkorn, 1981), 562f.; vgl. ders., „Bilder vom Reiche Gottes", 137f.; ders., „Für die Gemeinde geschrieben", 1/355; ders., „Signs of the Times", 19. Mai 1890, 289f.

[2]   Mildred B. Wynkoop, „A Theology of Love" (Kansas City, 1972), 33; E. G. White, „Der große Kampf", 467-469; ders., „Das Leben Jesu", 19.

[3]   J. R. W. Stott, „Basic Christianity", 113.

mismus zu opfern, als Gott und die nicht liebenswerten Mitmenschen zu lieben".[1]

Gegenwärtig muß dazu aufgerufen werden, die Meßlatte der Gerechtigkeit höher zu legen. Eine mundgerecht gemachte und den Vorstellungen der Menschen angepaßte Gerechtigkeit ist in unserer Zeit ebensowenig angebracht wie damals, als Jesus den Pharisäern in der Bergpredigt vorwarf, sie hätten die Meßlatte zu niedrig angelegt.

Liebe als *das* Grundprinzip des Lebens kann nicht von den „guten Werken" getrennt werden. Im Gegenteil! Liebe, so schreibt Leon Morris, wird zum Fundament der guten Werke.[2] Diesem Thema wollen wir uns jetzt zuwenden. Zunächst werden wir den Einfluß des Heiligen Geistes auf das tägliche Leben des Christen untersuchen, um uns dann der Frage anzunehmen, welche Bedeutung Werke für das Christsein haben.

Die Aufgabe des Heiligen Geistes bei der Heiligung

Das Neue Testament läßt nicht den geringsten Zweifel daran, daß die Heiligung das Werk des Heiligen Geistes ist.

Petrus schreibt, die Christen seien „ausersehen ... durch die Heiligung des Geistes zum Gehorsam" (1 Pt 1,2), und Paulus betont, daß Gott uns heiligt (1 Th 5,23; vgl. Rö 15,16). Jesus weist im Zusammenhang mit der Verheißung des Heiligen Geistes darauf hin: „Ohne mich könnt ihr nichts tun." (Jo 15,5) Und die edelsten menschlichen Wesenszüge werden als „Frucht des Geistes" bezeichnet (Gal 5,22.23).

Diese Aussagen des Neuen Testamentes veranlaßten Carl Henry zu der Schlußfolgerung, daß „der Heilige Geist das dynamische Prinzip der christlichen Ethik ist, das persönliche Werkzeug, durch das Gott machtvoll in das Leben eingreift und den Menschen aus der

---

[1] E. Heppenstall, „Let Us Go on to Perfection" in „Perfection: The Impossible Possibility" (Nashville, 1975), 87.

[2] L. Morris, „Testaments of Love: A Study of Love in the Bible" (Grand Rapids, 1981), 235-239.

Versklavung durch Satan, die Sünde, den Tod und das Gesetz befreit. Der Geist Gottes wird nicht unter der Rubrik ‚Sonstige' angeführt, wenn es um die bei der Erlösung handelnden Personen geht. Er ist eine Hauptperson, deren Wirken für ein Leben in Heiligkeit in allen Phasen entscheidend ist."[1]

Wer aus dem Heiligen Geist geboren ist, wird sein Leben, das sich entwickelt und wächst, aus der Kraft heraus führen, die ihm von dieser Person der Gottheit zufließt. Fortschreitende Heiligung versteht man am besten als die Fortsetzung des Werkes, das der Heilige Geist bei der Wiedergeburt begonnen hat.

Im Blick auf Christen, die das andauernde Wirken des Geistes in ihrem Leben nicht verstanden hatten, schrieb Ellen White: Viele stellen sich vor, „daß sie einen Teil dieses Werkes selbst tun müßten. Sie haben bei der Vergebung der Sünden auf Christus vertraut, aber jetzt versuchen sie aus eigener Kraft, ein gerechtes Leben zu führen. Alle Versuche in dieser Richtung müssen fehlschlagen."[2]

Menschliches Bemühen in Sachen Heiligung ist zum Mißerfolg verurteilt. Müht sich ein Christ ohne rechten Erfolg um Heiligung, wird er nach einiger Zeit entmutigt sein. Ist er dagegen erfolgreich, steht er ständig in der Gefahr, geistlichem Hochmut zu verfallen – und das ist die hoffnungsloseste aller Sünden. Es ist daher für Christen so gefährlich wie unmöglich, ihre eigene Heiligkeit zu schaffen.

Dem Apostel Paulus wurde das wahre Geheimnis des Christenlebens enthüllt, als Gott ihm mitteilte: „Verlaß dich ganz auf meine Gnade. Denn gerade wenn du schwach bist, kann sich meine Kraft an dir besonders zeigen." (2 Ko 12,9 Hfa)

An anderer Stelle schrieb Paulus: „Jetzt habe ich ein neues Leben! Es wird nicht mehr von meinem alten Ich bestimmt, sondern von dem auferstandenen Christus, der in mir lebt." (Gal 2,20 Hfa). Als er die Christen in Philippi aufforderte: „Schaffet, daß ihr selig werdet ..." (Phil 2,12), fügte er schnell hinzu: „Er [Gott] selbst bewirkt ja beides in euch: den guten Willen und die Kraft, ihn auch auszuführen." (Phil 2,13 Hfa)

---

[1] C. F. H. Henry, „Christian Personal Ethics" (Grand Rapids, 1981), 437.

[2] E. G. White, „Der bessere Weg", 69.

Berkouwer schrieb zu diesem Text: „Fortschritt in der Heiligung bedeutet niemals, daß dieser Aspekt der Erlösung aus eigener Anstrengung oder Leistung erwachsen könnte; im Gegenteil: Er kann nur im ständig wachsenden Bewußtsein der Abhängigkeit von der Gnade Gottes im Leben des Christen bewirkt werden."[1]

Es ist für Christen wichtig, Berkouwers Hinweis richtig zu begreifen, da es zwei Ansichten darüber gibt, wie das Verhältnis des Christen zum Heiligen Geist während der fortschreitenden Heiligung zu verstehen ist. Nach der einen kommt er zu einer wachsenden Unabhängigkeit von Christi Gnade, weil der Gläubige sich immer mehr dem Wesen Gottes annähert.

Dieses Modell führt zu der Annahme, daß geheiligte Christen eines Tages ohne Christus auskommen könnten, weil sie schon wie Gott geworden sind.

Die zweite Auffassung dagegen vertritt eine ständig zunehmende Abhängigkeit von Jesus Christus. Je mehr der Christ seine eigene Hilflosigkeit und sein Unvermögen erkennt, desto mehr bittet er um Gottes Kraft für sein Leben. Das entspricht den Aussagen der Bibel. In diesem Sinne schreibt Ellen White: „Alle unsere guten Werke entspringen einer Kraft, die außerhalb unserer selbst liegt ... Nur wenn wir unsere Eigensucht aufgeben und uns ganz von Christus abhängig wissen, können wir sicher unseren Weg gehen."[2]

Diese beständige Ausgießung des Heiligen Geistes hängt mit einer weiteren wichtigen Aufgabe Christi im himmlischen Heiligtum zusammen. Zum einen, so sahen wir, bewirkt er durch seinen Mittlerdienst für die Gläubigen Vergebung. Zum andern stellt er ihnen durch die Gabe des Heiligen Geistes fortlaufend Kraft zur Verfügung, damit ein Mensch, der wiedergeboren ist und Vergebung empfangen hat, auch imstande ist, als Christ zu leben. Das sind zwei wichtige Gesichtspunkte der Gnade Gottes für uns. Niederlagen im Leben des Christen sind fast durchweg darauf zurückzuführen, daß er es versäumt hat, die Gabe des Heiligen Geistes in Anspruch zu nehmen.

---

[1] G. C. Berkouwer, „Faith and Sanctification", 112.
[2] E. G. White, „Bilder vom Reiche Gottes", 137.

Und was ist mit den Werken?

Ich kann mir vorstellen, daß an dieser Stelle mancher fragt, welchen Stellenwert denn nun unser Tun im Rahmen der Heiligung hat. Ist wirklich alles Gnade oder Wirken des Heiligen Geistes? Zählen unsere Anstrengungen und „Werke" gar nichts? Deshalb wollen wir uns im folgenden mit diesen und ähnlichen Fragen befassen.

Irgend jemand hat die Anekdote von einem lutherischen Pfarrer erzählt, der auf dem Sterbebett gefragt wurde, worauf er denn seine Zuversicht gründe, in den Himmel zu kommen. Er soll geantwortet haben: „Ich kann mich nicht erinnern, jemals in meinem Leben ein gutes Werk getan zu haben!"[1]

Mit dieser überspitzten Formulierung wollte er zum Ausdruck bringen, daß er seine ganze Hoffnung auf die Rechtfertigung durch den Glauben setzte. Möglicherweise klingt solch ein Ausspruch aus dem Munde eines Lutheraners nicht einmal befremdlich, aber manche Adventistenprediger würden ihn nie über ihre Lippen bringen. Wenn man sie fragte, worauf sie ihre Hoffnung setzen, hieße die Antwort wohl eher: „Warum sollte ich nicht in den Himmel kommen, ich habe doch mein Leben lang die Gebote gehalten!"

Wir werden noch einmal auf unseren lutherischen Freund zurückkommen, doch zuerst müssen wir zu dieser Thematik ein paar Bibeltexte untersuchen.

Paulus, der Errettung allein durch die Gnade aufgrund des Glaubens ohne des Gesetzes Werke predigte, erklärt eindeutig, daß der Glaube das Gesetz durchaus nicht überflüssig macht, sondern ihm zu neuer Bedeutung verhilft (Rö 3,31). Der Römerbrief führt tatsächlich durch den gesamten Erlösungsprozeß hindurch, den ganzen Weg von der forensischen Rechtfertigung (gerichtlich für gerecht erklärt zu werden) bis zur Verwirklichung der Grundsätze des Gesetzes im täglichen Leben des Gläubigen.

Die ethischen Abhandlungen von Römer 12-14 mit all ihren Ratschlägen für das Christenleben einschließlich der Erfüllung des Ge-

---

[1] G. O. Forde, „Justification by Faith – A Matter of Death and Life" (Philadelphia, 1982), 39.

setzes bilden den eigentlichen Höhepunkt dieses Briefes. Der Mensch wird erlöst und mit Kraft ausgestattet, damit er in seinem Alltag ein wahrhaft christliches Leben führen kann.

In ähnlicher Weise beginnt die große Erlösungspassage in Epheser 2 mit der Aussage, daß wir „aus Gnade ... durch Glauben" und nicht durch Werke („damit sich nicht jemand rühme") gerettet werden. Dann aber betont Paulus, daß die Gläubigen „geschaffen [sind] *in* Christus Jesus *zu* guten Werken ... daß wir darin wandeln sollen" (V. 8-10 – Hervorhebung hinzugefügt).

Jakobus allerdings schrieb bekanntlich, „daß der Mensch durch Werke gerecht wird, nicht durch Glauben allein" (Jak 2,24). Luther, der aus einem auf fromme Werke fixierten mittelalterlichen Katholizismus kam, fragte sich, warum der Jakobusbrief überhaupt in den biblischen Kanon aufgenommen worden war. Jakobus gehörte nicht zu den von Luther geschätzten Theologen.

Die neuere Theologie sieht jedoch zwischen Jakobus und Paulus keinen Widerspruch. Sie weist vielmehr darauf hin, daß sich die beiden Apostel an eine unterschiedliche Leserschaft wandten und den Nachdruck auf unterschiedliche Gesichtspunkte des ihnen gemeinsamen Evangeliums legten. Sowohl Paulus als auch Jakobus sahen einen engen Zusammenhang zwischen dem, was ein Christ glaubt, und dem, was er tut.

„Allein der Glaube rechtfertigt", schreibt Peter Toon, „aber der Glaube, der rechtfertigt, steht nicht für sich allein." Und J. H. Ropes stellt in seinem bedeutsamen Kommentar zum Jakobusbrief fest, daß der Glaube, der nicht von Werken begleitet wird, ein „unvollständiger Glaube" ist. Die Werke zeigen, „daß der Glaube wirklich echt ist und so ‚vollenden' sie ihn".[1]

Der Apostel Jakobus faßte die Lehre des Neuen Testaments über das Verhältnis zwischen Glaube und Werken treffend zusammen, als er schrieb: „So ist auch der Glaube, wenn er nicht Werke hat, tot in sich selber." (Jak 2,17; vgl. V. 26)

---

[1] G. C. Berkouwer, „Faith and Justification", 130-139; P. Toon, „Justification and Sanctification", 34; J. H. Ropes, „The Epistle of St. James", „The International Critical Commentary" (Edinburgh, 1916), 220.

Die Reformatoren des 16. Jahrhunderts erkannten ebenfalls die Einheit von Glaube und Werken, selbst Luther, wenn er nicht wegen seiner eigenen, an heilbringenden Werken orientierten Zeit als Mönch überzogen reagierte. So betonte er in seiner Vorrede zum Römerbrief, daß „der Glaube ein lebendig, eifrig, tätig und mächtig Ding ist, und er kann nicht anders, als ständig gute Werke hervorzubringen ... Es ist nicht möglich, den Glauben von den Werken zu trennen, so wie es nicht möglich ist, Hitze und Licht vom Feuer zu trennen."[1]

Johannes Calvin meinte ebenfalls, daß „Christus keinen rechtfertigt, den er nicht zur selben Zeit heiligt ... Er schenkt beides zur gleichen Zeit und niemals das eine ohne das andere. Daher ... kommt es, daß wir zwar nicht durch die Werke, aber auch nicht ohne sie gerechtfertigt werden."[2]

Obgleich Calvin und Luther die Rechtfertigung allein durch den Glauben lehrten, vertraten sie niemals eine Rechtfertigung durch den Glauben ohne Werke – für beide ein Ding der Unmöglichkeit. Zum gleichen Thema schreibt William Barclay: „Eine der gefährlichsten religiösen Tendenzen besteht darin, so zu tun, als handle es sich beim Glauben und bei den Werken um zwei völlig verschiedene, getrennte Dinge. Es gibt ebensowenig einen Glauben, der nicht in Werken zum Ausdruck kommt, wie gute Werke, die nicht das Ergebnis des Glaubens sind."[3]

Auch Thomas Oden verweist darauf, daß „sich das klassische Christentum nicht mit einem zahnlosen Gerede über Gottes Vergebung zufriedengibt, sondern Nachdruck auf eine mitfühlende, ermutigende Gemeinschaft legt und auf eine für die sittliche Entwicklung geeignete Struktur, durch die sich die erlangte Vergebung in einem Leben verantwortlicher Liebe manifestiert".[4]

Diese Überlegung bringt uns zu dem bereits erwähnten lutherischen Pastor zurück. Lutheranern fällt es gewöhnlich schwer, Glau-

---

[1] M. Luther, „Commentary on Romans", übers. J. T. Mueller (Grand Rapids, 1976), Xvii.

[2] J. Calvin, „Institutes", 3.16.1.

[3] W. Barclay, „Römerbrief", 53.

[4] T. C. Oden, „After Modernity ... What?" (Grand Rapids, 1990), 138.

ben und Werke – Rechtfertigung und Heiligung – als zwei Seiten ein
und derselben Medaille zu sehen, weil man Aussagen Luthers folgte,
die als Reaktion oder auch Überreaktion des Reformators auf die
katholischerseits vertretene Erlösung durch Werke zu verstehen sind.
Deshalb behauptete man nachdrücklich, das gesamte Erlösungsge-
schehen sei in dem Vorgang der forensischen oder gerichtlichen
Rechtfertigung enthalten. Einige Adventisten haben, indem sie dem
Beispiel Desmond Fords folgten, denselben Weg beschritten.

Die Schlußfolgerung des lutherischen Theologen Gerhard Forde
ist daher von ziemlicher Bedeutung. Nachdem er aufgezeigt hat, daß
die Lutheraner allzuoft keine Brücke zwischen der Erlösung und dem
praktischen christlichen Leben zu schlagen wußten (d. h. zwischen
der Rechtfertigung und der fortschreitenden Heiligung), sagt Forde,
daß das Problem durch die „unreflektierte" Überbetonung des Bild-
wortes von der forensischen Rechtfertigung entstanden sei. Obwohl
dieses Bild von größter Wichtigkeit sei, dürfe man darüber nicht
diskutieren, ohne das ergänzende Bild vom Tod und vom Leben in
Betracht zu ziehen. Wenn die Rechtfertigung als der „Tod vor dem
Leben" definiert werde, sei die Heiligung das „Leben nach dem
Tod".

Das heißt, die Werke sind das natürliche Resultat der Wiedergeburt in Christus, die in dem Augenblick der forensischen Rechtfertigung geschieht, in dem der Mensch für gerecht erklärt wird. Durch
die Kombination dieser beiden Bilder von der Erlösung bringt Forde
die zwei scheinbar gegensätzlichen Auffassungen Luthers in ein aus-
gewogenes Verhältnis zueinander. Das ist übrigens auch bei einer
Reihe von Aussagen des Apostels Paulus nötig, um ihn richtig zu
verstehen.[1]

Es ist allzu einfach, auf die „Pharisäer" unserer Tage mit einer
Kehrtwendung um 180 Grad zu reagieren, weil sie dem gleichen
Weg folgen, den das Judentum zur Zeit Jesu und später die mittelalterliche Kirche gingen, indem sie versuchen, mit der eigenen Leistung des Menschen die Erlösung teilweise zu „bezahlen". Außerdem
reagieren die meisten von uns wahrscheinlich auf den Pharisäer, der

---

[1] G. O. Forde, „Justification by Faith", 42.19.21.39-59.

zu einem guten Teil in uns selbst steckt. Die Antwort auf das Problem kann nicht darin liegen, von einem bildhaften Extrem in das andere zu geraten, sondern beide Positionen auf eine ausgewogene Weise miteinander zu verbinden. Etwa folgendermaßen: *Erlösung erfolgt aus Gnade durch den Glauben und ohne Werke, aber es gibt keine Erlösung, die nicht Werke zur Folge hätte.*

Von guten und bösen Werken

Nun mag jemand einwenden: Wenn die Werke doch eigentlich etwas Gutes sind, warum wendet sich dann das Neue Testament an manchen Stellen so scharf gegen sie?

Dazu muß gesagt werden, daß es in den neutestamentlichen Schriften keine generelle Ablehnung, sondern vielmehr eine sehr differenzierte Sicht der Werke gibt. Das Neue Testament wendet sich massiv gegen drei Arten von Werken: (1) Werke des Fleisches (Rö 8,3-10), die als Auswirkungen unserer sündigen Natur zu verstehen sind; (2) Werke des Gesetzes (Rö 3,28; Gal 2,16; Eph 2,9), die in der Hoffnung getan werden, sich durch sie die Erlösung zu verdienen; und (3) „tote Werke" (Hbr 6,1), womit Werke gemeint sind, die von Menschen „außerhalb der Beziehung mit dem lebendigen Gott" getan werden und daher „ohne die Leben schaffende Kraft der Gnade" sind.[1]

Diesen Werken, die nichts mit geheiligtem Leben zu tun haben, stellt das Neue Testament die Werke des Glaubens gegenüber. Paulus spricht beifällig von dem Glauben, „der durch die Liebe tätig ist" (Gal 5,6). Er lobt bei den Thessalonichern das Werk ihres Glaubens und die Opferbereitschaft ihrer Liebe (1 Th 1,3; vgl. 2 Th 1,3), und er sieht es als seine Aufgabe an, die Heiden zum „Gehorsam des Glaubens" aufzurufen (Rö 1,5).

Auch Jesus hat deutlich gemacht, daß es „gute" und „böse" Werke gibt. Beispielsweise heißt es in Matthäus 7, daß einige im Endgericht verworfen werden, obwohl sie in Jesu Namen „viele Wunder"

---

[1]   H. Montefiore, „The Epistle to the Hebrews", „Harper's New Testament Commentaries" (San Francisco, 1964), 105.

vollbracht haben. An gleicher Stelle betont er aber, daß diejenigen im kommenden Gottesreich sein werden, „die den Willen *tun* meines Vaters im Himmel" (V. 21.22 – Hervorhebung hinzugefügt).

Paulus erklärt den Unterschied zwischen „guten" und „bösen" Werken deutlich, wenn er sagt: „Denn alles, was wir nicht im Glauben an Christus tun, ist Sünde." (Rö 14,23 Hfa) Wobei Glaube bedeutet, durch Christus in einem vertrauensvollen Verhältnis zu Gott zu sein.

Werke sind dann gesetzlich und wertlos, wenn wir sie aus eigener Kraft hervorbringen, um uns dadurch die Gunst Gottes oder die Erlösung zu verdienen. Werke des Glaubens sind dagegen die Folge der Beziehung zu Christus, der uns errettet *hat*. Sie werden durch den Heiligen Geist gewirkt und durch die Liebe des Vaters geformt und annehmbar gemacht. Wenn der Mensch das Richtige tut, weil Christus ihn freigesprochen und der Heilige Geist ihn wiedergeboren hat, dann sind das Werke des Glaubens. Wenn er das Richtige tut, um sich bei Gott ins rechte Licht zu setzen oder dessen Wohlwollen zu erkaufen, sind das Werke des Gesetzes.

Zwischen beiden Arten liegt ein himmelweiter Unterschied. Luther hat in diesem Sinne gesagt, daß es dem Glauben „unmöglich ist, nicht unaufhörlich gute Werke zu tun". Der Glaube „fragt nicht, ob man gute Werke tun soll, denn ehe ihm die Frage kommt, hat er sie bereits getan und ist immer dabei, sie zu tun".[1]

Es ist äußerst wichtig, das richtige Verhältnis zwischen den Werken und der Rechtfertigung sowie der Neugeburt und der am Anfang erfolgten Heiligung zu erkennen. Ein erlöster Mensch hat es ebensowenig nötig, gute Werke hervorzubringen, um errettet zu werden, wie „ein Baum Frucht hervorbringt, um dadurch zu beweisen, daß Leben in ihm ist. Ein Baum trägt Früchte, weil Leben da ist, und nicht um zu beweisen, daß er lebt."[2]

„Gute Werke sollten genauso natürlich und spontan sein, wie man es im Verhalten von Eltern zu ihren Kindern beobachten kann", schreibt Gerhard Forde. Wenn Eltern sehen, daß ihr Kind gestürzt

---

[1]   M. Luther, „Commentary on Romans", Xvii.
[2]   A. V. Wallenkampf, a. a. O., 107; vgl. V. Taylor, a. a. O., 145.

ist, „fragen sie nicht erst, ob sie es aufheben oder trösten sollten, sondern sie tun es einfach. Sie kümmern sich auch nicht darum, ob das ein gutes Werk ist oder nicht, sondern sie greifen zu. Und wenn die Sache erledigt ist, rechnen sie sich das nicht als Verdienst an, sondern denken nicht mehr daran."[1] Menschen, die mit „toten Werken" oder Werken des Gesetzes umgehen, streben dagegen immer nach Anerkennung, Ansehen und Lohn.

Ellen White hob die Bedeutung der Werke des Glaubens hervor, als sie schrieb: „Bevor die Rechtfertigung wirksam werden kann, muß nach Gottes Willen die völlige Übergabe erfolgt sein. Und um gerechtfertigt zu bleiben, bedarf es des ständigen Gehorsams und eines lebendigen Glaubens, der durch die Liebe tätig ist und die Seele reinigt ... Um durch den Glauben gerechtfertigt zu werden, muß ein Mensch dahin kommen, daß die Leidenschaften und Triebe durch seinen Glauben beherrscht werden; und durch Gehorsam wird der Glaube vollendet."[2]

Die Reihenfolge von Gnade und Werken ist für die Unterscheidung zwischen „guten" und „bösen" Werken äußerst wichtig. Sowohl im Alten wie im Neuen Testament wird betont, daß Gott uns zunächst seine Gnade zuteil werden läßt, ehe er von uns eine Reaktion erwartet (z. B. 2 Mo 20,2.3; 5 Mo 7,6-12; 1 Ko 6,20; Gal 5,1). Aufgrund dessen, was Gott für ihn getan hat, fühlt sich der Christ gedrängt und zugleich mit der nötigen Kraft beschenkt, Gottes Liebe an seinen Nächsten weiterzugeben.[3]

Dieses dynamische Glaubensverhältnis veranlaßt den Gläubigen, anderen im Geist und der Kraft Christi zu begegnen – ja, ihnen sogar zu dienen. Das Leben des Christen ist ein Leben des Dienstes, das sich im Glauben, „der durch die Liebe tätig ist", verwirklicht (Gal 5,6). Deshalb lebt ein Christ auch nicht in weltabgewandter

---

[1] G. O. Forde, „Justification by Faith", 55.

[2] E. G. White, „Für die Gemeinde geschrieben", 1/386.

[3] Hilfreiche Darlegungen über das Verhältnis zwischen Indikativ und Imperativ bei Paulus siehe H. Ridderbos, „Paulus – Ein Entwurf seiner Theologie", 176-180; R. Y. K. Fung, „The Epistle to the Galatians", „The New International Commentary on the New Testament" (Grand Rapids, 1988), 278-283.

Einsiedelei, sondern den Nächsten zugewandt. John Wesley hat das anschaulich auf den Punkt gebracht: „Heilige Einsiedler', das ist ein Begriff, der genausowenig mit dem Evangelium im Einklang steht wie heilige Ehebrecher."[1] Werke des Glaubens sind ein unabdingbarer Bestandteil des christlichen Alltags.

Allerdings erhebt sich an dieser Stelle die Frage: Welchen Anteil hat eigentlich der Mensch an den Werken des Glaubens? Sind sie letztlich allein Gottes Werk, oder müssen Gott und Mensch hier zusammenarbeiten?

Die Hände in den Schoß legen?

Einige christliche Autoren sind der Meinung, daß „Jesus alles tut". Der Christ habe nichts weiter zu tun, als sein Leben Gott zu übergeben, der daraufhin alles andere bewirke. Unser Part bestehe lediglich darin, alle Kraft darauf zu richten, im Stande der Hingabe an Gott zu bleiben. So lehrten es viele Heiligungsprediger im vorigen Jahrhundert, und aus einigen Schriften von Morris Venden ergibt sich derselbe Eindruck.[2]

Früher dachte ich genauso und habe das auch so gelehrt. Ich bin zwar nach wie vor der Meinung, daß an dieser Auffassung viel Wahres ist, aber im Laufe der Zeit bin ich zu der Überzeugung gekommen, daß sie dem Reichtum der biblischen Aussagen und der täglichen Erfahrung nicht ganz gerecht wird.

Die Bibel ist voll von Hinweisen und Beispielen, die zeigen, daß vom Menschen mehr erwartet wird, als nur im Stande der Übergabe zu verbleiben. Moses Verhalten wird als vorbildlich hingestellt, weil er (1) „nicht mehr als Sohn der Tochter des Pharao gelten" wollte, (2) weil er sich dafür entschied, das Joch mit den Israeliten zu teilen, (3) weil er „die Schmach Christi" auf sich nahm, (4) weil er Ägypten verließ und (5) weil er in schwierigen Situationen ausharrte (Hbr 11,23-28).

---

[1]   J. Wesley, „Works", 14/321.

[2]   Zum Beispiel Andrew Murray, „Absolute Surrender" (New York, 1897); Robert Pearsall Smith, „Holiness Through Faith" (New York,1870); Morris L. Venden, „Salvation by Faith and Your Will" (Nashville, 1978).

Hinzu kommt, daß Jesus seine Jünger aufrief, nach dem Reich Gottes zu trachten (Mt 6,33), und Paulus fordert dazu auf, die Werke des Fleisches zu töten, unsere Leiber als ein lebendiges Opfer darzubringen und im Geiste zu leben sowie es gleichzeitig abzulehnen, das Verlangen des Fleisches zu befriedigen (Rö 8,13; 12,1.2; Gal 5,16). Außerdem sagt Johannes, daß wir Gottes Gebote „halten" sollen (Offb 14, 12; vgl. Jo 14,15; 15,10).

Im Neuen Testament werden die Gläubigen an vielen Stellen zum Handeln aufgefordert. Nirgendwo im Wort Gottes wird dagegen der Eindruck erweckt, der Christ werde gleichsam wie in einer Sänfte in den Himmel getragen. Allerdings lehrt die Bibel nicht, daß dem menschlichen Bemühen auch ohne die Kraft Gottes Erfolg beschieden sein könne. Jesus hat die Sache auf den Punkt gebracht, als er sagte: „Ohne mich könnt ihr nichts tun." (Jo 15,5)

Nach dem biblischen Befund geht es offenbar um ein Zusammenwirken zwischen Gott und Menschen. Deshalb kann Paulus schreiben: „Dafür mühe ich mich auch ab und ringe in der Kraft dessen, der in mir kräftig wirkt" (Kol 1,29), und: „Ich vermag alles durch den, der mich mächtig macht" (Phil 4,13).

Der Gedanke des Zusammenwirkens findet sich auch im Alten Testament. In 3. Mose 20,7 wird von Israel gesagt, daß es sich „heiligen" soll, obwohl es im nächsten Vers heißt, daß es der Herr ist, der sein Volk heiligt (siehe 2 Ko 7,1; vgl. 1 Th 5,23). In ähnlichem Sinne sagte Mose den Israeliten, als sie sich darauf vorbereiteten, das Rote Meer zu durchschreiten: *„Stehet fest und sehet zu, was für ein Heil heute der Herr an euch tun wird ... Der Herr wird für euch streiten, und ihr werdet stille sein."* Dann aber forderte er im Auftrag Gottes das Volk auf, weiterzuziehen (2 Mo 14,13-15). Gott bahnte den Weg, aber er trug das Volk nicht ans andere Ufer. Hindurchgehen mußten sie selbst. *Demnach gibt es im Leben mit Gott sowohl ein passives als auch ein aktives Element. Der grundlegenden Hingabe an Gott folgt das Handeln des Menschen, zu dem der Heilige Geist zwar die Kraft verleiht, menschliche Bemühungen aber dennoch erforderlich sind.*

Die klarste Darstellung der Wechselwirkung zwischen Gottes Handeln und menschlichem Bemühen lieferte Paulus: „Also, meine

Lieben, – wie ihr allezeit gehorsam gewesen seid, nicht allein in meiner Gegenwart, sondern jetzt noch viel mehr in meiner Abwesenheit, – schaffet, daß ihr selig werdet, mit Furcht und Zittern. Denn Gott ist's, der in euch wirkt beides, das Wollen und das Vollbringen, nach seinem Wohlgefallen." (Phil 2,12.13) Dieser Text spricht deutlich von den aktiven Bemühungen der Christen, aber er stellt alle menschliche Anstrengung in den Zusammenhang der Gnade Gottes.

John Murray verdeutlicht diesen Gedanken, wenn er schreibt, daß „wir handeln, *weil* Gott handelt". Unser Handeln wird nicht überflüssig, weil Gott wirkt, aber sein Wirken wird auch nicht deshalb unnötig, weil wir handeln. Christliches Bemühen vollzieht sich nur dadurch, daß Gott zuvor schon in unserem Herzen und unserer Gesinnung etwas angestoßen hat und uns der Heilige Geist als Beistand zugesagt ist. „Heiligung", schreibt Anthony Hoekema, „ist ein Werk Gottes in uns, das unsere verantwortungsbewußte Teilnahme einschließt."[1]

Aufgrund dieser Sicht verstehe ich heute, warum die Offenbarung das feine, weiße Leinen, mit dem die Heiligen am Ende der Tage bekleidet werden, als „die gerechten Taten der Heiligen" bezeichnet (Offb 19,8 EÜ). Robert Mounce betont, daß dieser Text „keineswegs die Lehre des Paulus von der Rechtfertigung, die auf dem völligen Gehorsam Christi beruht, widerlegt (Rö 5,18.19), sondern daß ein umgewandeltes Leben die angemessene Erwiderung auf den Ruf des himmlischen Bräutigams ist".

George Eldon Ladd bemerkt, daß das Verhältnis des Christen zur Erlösung auch dann von dynamischer Art ist, „wenn das hochzeitliche Kleid ein Geschenk Gottes ist". Nicht umsonst wird an den „Heiligen, die zum Hochzeitsmahl des Lammes berufen sind, das geduldige Ausharren, das Halten der Gebote und der Glaube an Jesus" gerühmt. (Offb 14,12)[2]

---

[1] A. Murray, „Redemption Accomplished and Applied", 148f.; A. A. Hoekema; „Response to Horton" in „Five Views on Sanctification", 139.

[2] R. H. Mounce, „The Book of Revelation", „The New Internatinal Commentary on the New Testament" (Grand Rapids, 1977), 340; G. E. Ladd, „A Commentary on the Revelation of John" (Grand Rapids, 1972), 249.

„Bekehrung", schreibt J. C. Ryle, „bedeutet nicht, einen Menschen in einen Sessel zu setzen, um ihn einfach in den Himmel zu tragen. Sie ist vielmehr der Beginn eines heftigen Kampfes, in dem man sich bis zum Letzten einsetzen muß, um den Sieg zu erringen." Solange das Leben währt, ist der Christ aufgefordert, sich zu bemühen.

„Jene aber, die darauf warten, einen magischen Wandel in ihrem Charakter wahrzunehmen, ohne ihrerseits ernste Anstrengungen zur Überwindung der Sünde zu machen, werden enttäuscht werden", schrieb Ellen White. Soll ihr Bemühen allerdings von Erfolg gekrönt sein, muß es im Zusammenwirken mit der Kraft verleihenden Gnade Gottes und im Vertrauensverhältnis zu Gott erfolgen. „Alles, was der Mensch ohne Christus tut, ist durch Egoismus und Sünde verdorben. Nur was aus Glauben geschieht, kann Gott akzeptieren."[1]

Zusammenfassend läßt sich sagen, daß unser menschliches Bemühen wichtig und notwendig ist. Es bewirkt zwar nicht unsere Erlösung, ist aber eine direkte Folge des Erlöstseins. Bonhoeffer betonte diesen Gedanken nachdrücklich, indem er sagte: „Nur wer gehorcht, glaubt." Bischof Ryle drückte sich drastisch aus, als er schrieb, wer meine, ein Christ brauche Gottes Anweisungen im täglichen Leben nicht zu befolgen, sei „vermutlich nicht ganz richtig im Kopf".[2]

Bis jetzt haben wir uns in diesem Kapitel ziemlich eingehend damit befaßt, welche Bedeutung menschliches Bemühen und „gute Werke" im Leben des Christen haben. Es gibt aber noch eine weitere wichtige Frage: Welche Rolle spielen sie in Gottes Endgericht?

Die Werke und das Gericht

Vom Gericht will normalerweise kaum jemand etwas hören. Das ist kein Thema für den modernen Menschen. Trotzdem läßt es sich nicht ausblenden, denn es gehört zum menschlichen Dasein wie Krankheit und Tod. Deren Realität zu leugnen verschont nicht vor der Bedrohung, die sie darstellen.

---

[1] J. C. Ryle, a. a. O., 67; E. G. White, „Für die Gemeinde geschrieben", 1/354.384; vgl. ders., „Bilder vom Reiche Gottes", 44.

[2] D. Bonhoeffer, „Cost of Discipleship" [Nachfolge], 76; J. C. Ryle, a. a. O., 26.

Daß es ein Endgericht geben wird, ist an vielen Stellen der Bibel bezeugt. Für Nichtchristen ist der Gedanke an ein Endgericht, in dem sie vor Gott Rechenschaft für ihr Tun ablegen müssen, abwegig. Das ist auch nicht anders zu erwarten. Wenn allerdings Christen bei diesem Thema nervös werden oder sich gar fürchten, zeigt das nur, daß ihnen Gottes Absicht dabei noch nicht klar geworden ist.

Gericht heißt hier, den Gläubigen wird bestätigt, daß sie „in Christus" sind. Denn Gottes Wort sagt: „So gibt es nun keine Verdammnis für die, die in Christus Jesus sind." (Rö 8,1) „Ist Gott für uns, wer kann wider uns sein? ... Gott ist hier, der gerecht macht. Wer will verdammen?" Christus ist „zur Rechten Gottes", um für uns einzutreten. Nichts kann die von der Liebe Gottes trennen, die „in Christus" sind (V. 31-39; vgl. Sach 3,1-5). Eingedenk dieser Zusagen, kann der wiedergeborene Christ dem Gericht Gottes zuversichtlich und getrost entgegensehen.

Johannes bestätigt: „Wer den Sohn hat, der hat das Leben." (1 Jo 5,12; vgl. Jo 5,24) Und Jesus bekräftigt: Wer den Sohn sieht und glaubt an ihn, der hat das ewige Leben; und ich werde ihn auferwecken am Jüngsten Tage." (Jo 6,40)

Wenn die Bibel sagt, jemand sei „in Christus", dann heißt das, daß jemand ein vertrauensvolles Verhältnis zu Gott hat. „In Christus" zu sein schließt sowohl die Rechtfertigung (d. h. als gerecht angesehen und in ein rechtes Verhältnis zu Gott gebracht zu sein) als auch die Heiligung ein (d. h. für einen heiligen Zweck ausgesondert zu sein und Gottes Liebe durch ein sittliches Leben in der Kraft des Heiligen Geistes zu erwidern). Jeder Mensch steht entweder in einem Glaubensverhältnis oder in einem Sündenverhältnis zu Gott.

Wenn es also im Gericht um das „In Christus Sein" geht, heißt das: Es wird eine Beziehung bewertet! Ein Mensch, der in Christus ist, hat sowohl Jesu vergebende Gnade als auch den von ihm vorgezeichneten Lebensstil angenommen. Diese zwei Dinge können nicht voneinander getrennt werden.

Das Neue Testament zeigt deutlich, daß das tägliche Leben eines Menschen im Endgericht als Beweismittel dient. In der Offenbarung heißt es, daß die Toten „nach ihren *Werken*" gerichtet werden (Offb

20,12 – Hervorhebung hinzugefügt). Das Tun ist wichtig, weil jemand, der „in Christus" ist, so leben wird wie er. Woran sollte man es sonst erkennen? Die „gerechten *Taten* der Heiligen" werden durch das schöne, reine Leinen versinnbildlicht (Offb 19,8 EÜ – Hervorhebung hinzugefügt). Damit Taten als gerecht gelten können, müssen sie allerdings im Rahmen einer Glaubensbeziehung zu Christus vollbracht worden sein.

Das hochzeitliche Kleid in Matthäus 22,1-14 steht offenbar als Sinnbild für die völlige Erlösung eines Menschen. Wer „Christus angezogen" hat, wird auch seinem Leben nacheifern wollen. Mit anderen Worten: Mag die rechtfertigende Gnade in der theologischen Diskussion von der heiligenden Gnade getrennt werden, im praktischen Leben des Christen ist das ausgeschlossen. Jeder, der „in Christus" ist, muß beide erfahren haben. William Johnsson sagt daher, das Gericht bestehe im wesentlichen aus der feierlichen Verlautbarung, daß die Gläubigen gerecht sind, weil sie in einer Glaubensbeziehung zu Gott stehen.[1]

Im Gericht stehen sowohl der Glaube als auch der Gehorsam des Menschen im Mittelpunkt. Im Johannesevangelium heißt es: „Wer an den Sohn *glaubt,* der hat das ewige Leben. Wer aber dem Sohn *nicht gehorsam* ist, der wird das Leben nicht sehen, sondern der Zorn Gottes bleibt über ihm." (Jo 3,36 – Hervorhebung hinzugefügt)

Jeder für sich allein sind Glaube und Werke also noch kein Beweis dafür, daß jemand in einer rettenden Beziehung zu Christus steht. Viele, die verloren gehen, haben in Jesu Namen „viele Wunder" vollbracht (Mt 7,22).

Es ist so, wie Donald Bloesch schreibt: „Wir sollen aufgrund unserer Werke gerichtet werden", nicht gerettet. Alle, die „in Christus" sind, haben eine Beziehung zu ihrem Herrn und führen ein Leben, in dem sich diese Beziehung widerspiegelt. „Werke des Glaubens" sind daher die unumgängliche Folge des Glaubens.[2]

---

[1] W. G. Johnsson, „Religion in Overalls" (Nashville, 1977), 63. Eine klare Darstellung über das Gericht aufgrund der Werke findet sich bei G. C. Berkouwer, „Faith and Justification", 103-112.

[2] D. Bloesch, „Essentials of Evangelical Theology" (New York, 1978), 1/184.

Ellen White schrieb: „Es ist offensichtlich, daß ein Mensch *nicht* durch den Glauben gerechtfertigt ist, wenn seine Werke nicht seinem Bekenntnis entsprechen."[1]

Leon Morris bezeichnet es als eines der großen Paradoxa der Erlösung, daß zwar die Erlösung nicht davon abhängt, was wir tun, trotzdem aber niemand erlöst wird, wenn er nicht im Glauben auf sie reagiert, und dazu gehört ein „frommer Lebenswandel".[2]

In diesem Zusammenhang muß folgendes besonders betont werden: Das Gericht stützt sein Urteil nicht auf die Gewichtung von Werken, wie sie aus pharisäischer Sicht mit der ihr eigenen Definition von Sünde und Gerechtigkeit oder aus der Sicht heutiger christlicher Fundamentalisten mit ihrer Betonung äußerlicher Merkmale wie Nahrung und Kleidung erfolgt.

Sünde und Gerechtigkeit, so haben wir bereits festgestellt, stehen jeweils für ein bestimmtes Verhältnis zu Gott und den Grundzügen seines Wesens sowie seines Gesetzes. Der große Fehler der Pharisäer bestand ja darin, daß sie die Sünde in einzelne Taten aufspalteten, anstatt sie generell als gestörtes Verhältnis zu Gott zu verstehen. Sowohl die Pharisäer als auch ihre modernen Nachfahren neigen dazu, Gottes Gesetz als eine Sammlung von einzelnen, negativen Verboten zu betrachten und nicht als positives Prinzip der Liebe, von dem alle Bereiche des Menschen durchdrungen sein müssen.

Diese Betrachtungsweise hat zu einer Vorstellung vom Gericht geführt, die einzelne Sünden und gute Werke auf irreführende Weise zum Thema macht. Infolge dieser falschen Auffassung, schrieb Ellen White, behaupten auch heutzutage „viele, die Gebote Gottes zu halten, aber sie sind nicht von Gottes Liebe erfüllt, um sie an andere weiterzugeben".[3] Jesus sagt klar und deutlich, daß sich das Gericht mit den Werken beschäftigt. Dabei ist die Abfolge der Texte in Matthäus 24 und 25 von großer Bedeutung. Matthäus 24 bietet Jesu

---

[1] E. G. White, „Für die Gemeinde geschrieben", 1/418 – Hervorhebung hinzugefügt.

[2] L. Morris, „The Cross in the New Testament" (Grand Rapids, 1965), 390f.; vgl. E. Heppenstall, „Our High Priest" (Washington D. C., 1972), 132.

[3] E. G. White, „Bilder vom Reiche Gottes", 239.

ausführlichste Darstellung seiner Wiederkunft, wogegen Kapitel 25 aus drei Gleichnissen besteht, die sich mit diesem Ereignis befassen.

Das Gleichnis von den zehn Jungfrauen (Mt 25,1-13) mahnt zur Wachsamkeit, damit die Gläubigen nicht unvorbereitet von der Wiederkunft überrascht werden. Das Gleichnis von den Talenten (V. 14-30) zeigt, daß Jesu Nachfolger sich einsetzen und die ihnen anvertrauten Gaben nutzen sowie gleichzeitig auf sein Kommen vorbereitet sein sollen. Im Gleichnis von der Trennung der Mutterschafe von den Böcken zeigt sich, nach welcher Art von Werken Gott im Gericht fragen wird.

Die Pharisäer muß es geradezu schockiert haben, daß Jesus im Blick auf das Gericht weder die fehlerlose Einhaltung des Sabbats noch das strenge Befolgen der Ernährungs- und Reinheitsvorschriften erwähnte. Statt dessen behauptete er, Gott werde die Menschen danach beurteilen, ob ihre Herzen von *Liebe* erfüllt gewesen seien. Im Gericht, so betonte Jesus, werde es darum gehen, ob man sich tatkräftig um seine Mitmenschen gekümmert habe, wenn sie hungrig oder krank waren oder im Gefängnis lagen. Das ist *die Hauptsache* im Gericht.

Ellen White unterstrich diesen Gedanken, als sie bei der Auslegung des Gleichnisses von den Schafen und Böcken schrieb: „Wenn Christus wiederkommt, wird es nur zwei Gruppen von Menschen geben. Ihr Geschick wird davon abhängen, wie sie sich Jesus gegenüber verhalten haben. Es wird nicht darum gehen, was Christus für sie getan hat, sondern was sie im Glauben für ihn getan oder im Unglauben verweigert haben."[1] In diesem Gerichtsverfahren geht es also nicht um Erlösung durch Werke, sondern es wird bewertet, wie der Mensch auf Gottes Liebe reagiert hat. Falls keine Reaktion erfolgt ist, zeugt das davon, daß Christi Liebe nicht angenommen wurde und keine Umwandlung in einen liebevollen Charakter durch die Kraft des Heiligen Geistes erfolgt ist.

Die Heiligung beginnt mit der Umwandlung des Herzens im Augenblick der Wiedergeburt. Fortschritte in der Heiligung konzentrie-

---

[1]   E. G. White, „Jesus von Nazareth" (Lüneburg, Advent-Verlag, 1996), 469; vgl. ders., „The Ministry of Healing" (Mountain View, 1942), 104f.

ren sich darauf, daß das liebende, dienende und fürsorgliche Wesen Jesu im Gläubigen zum Durchbruch kommt. Zugleich werden alte, unchristliche Charakterzüge wie Selbstsucht, Unbarmherzigkeit, pharisäischer Richtgeist allmählich zurückgedrängt und ausgemerzt.

Nachfolger Jesus sollten daher genau darauf achten, von welchem Geist ihr tägliches Leben bestimmt wird; denn „was man immer wieder tut, wird zur Gewohnheit, die den Charakter prägt, und der wiederum entscheidet über unser Schicksal in Zeit und Ewigkeit".[1]

Heiligung und die „Gnadenmittel"

Wenn von Gnadenmitteln die Rede ist, geht es um die Art und Weise, wie der Mensch Gottes Gnade empfangen kann.

Manche bringen Gnadenmittel in die Nähe bestimmter magischer Rituale. So meinen manche, daß ein Säugling kraft der an ihm vollzogenen Taufhandlung von aller angeblich angeborenen Erbsünde und Erbschuld befreit sei. Ähnlich ist es mit der Annahme, daß einem Mensch besondere Gnade zuströme, wenn er an einer Messe teilnimmt oder wenn für ihn eine Messe gelesen wird, unabhängig davon, ob er glaubt oder wie er lebt. Es ist weder ein Verdienst noch ein magisches Geschehen, wenn man am Abendmahl teilnimmt, getauft wird, die Bibel liest, betet oder Gottes Wort in der Predigt hört. Wenn das alles jedoch *im Glauben geschieht*, wird jede dieser Handlungen zu einem Mittel, mit dessen Hilfe sich Gott dem Menschen zuwendet und ihm seine Gnade schenkt.

Geistliches Wachstum vollzieht sich genausowenig von selbst wie körperliches Wachstum. Wenn ein Mensch gesund heranwachsen soll, muß er essen, trinken und sich bewegen. Gesundes geistliches Wachstum folgt ähnlichen Gesetzmäßigkeiten. Ellen White schrieb: „Die Gnade kann nur in einem Herzen gedeihen, das für den Samen der Wahrheit offengehalten wird. Die Dornen der Sünde wachsen auf jedem Boden, ohne daß man sich besonders darum zu kümmern braucht; die Gnade Gottes aber benötigt sorgfältige Pflege."[2]

---

[1]   E. G. White, „Bilder vom Reiche Gottes", 311.
[2]   Ebenda, 37.

Eins der hervorragendsten Gnadenmittel ist die Bibel, in der wir alles finden, was wir von Christus wissen müssen. In diesem Sinne wünschte Petrus den Empfängern seines Briefes: „... daß ihr in eurem Leben immer mehr die unverdiente Liebe und Gnade unseres Herrn und Retters Jesus Christus erfahrt und ihn immer besser kennenlernt." (2 Pt 3,18 Hfa). Oder an anderer Stelle: „Wie ein neugeborenes Kind nach der Milch schreit, so sollt ihr nach dem unverfälschten Wort Gottes verlangen. Dann werdet ihr im Glauben wachsen und das Ziel erreichen." (1 Pt 2,2 Hfa; vgl. Kol 1,10; Jo 17,17).

Wenn man sie im Glauben annimmt, lenkt die Botschaft der Bibel unsere „Wünsche, läutert die Gedanken und veredelt das Wesen. Geisteskraft und Seelenstärke werden belebt, und die Fähigkeit wächst, mitzufühlen und zu lieben."[1]

Wir können nur „in Christus wachsen", wenn wir Gottes Wort durch persönliches Studium, durch das Hören des verkündigten Wortes und durch das Nachsinnen über das Gehörte oder Gelesene in uns aufnehmen.

Gott hat die Bibel in Verbindung mit der Erleuchtung durch den Heiligen Geist dazu ausersehen, für uns das Hauptgnadenmittel zu sein. Johannes schrieb sein Evangelium, „damit ihr glaubt, daß Jesus der Christus ist, der Sohn Gottes, und damit ihr durch den Glauben das Leben habt in seinem Namen" (Jo 20,31; vgl. 2 Tim 3,15). Alle, die das Wort Gottes haben, besitzen „die Schlüssel des Himmelreichs" (Mt 16,19; vgl. Lk 11,52; Jo 17,3). Das Lesen der Bibel, die Predigt und die Evangelisation sind daher Gnadenmittel.

Ein anderes wichtiges Gnadenmittel ist das Gebet, von manchen als Atmen der Seele bezeichnet. Ellen White schrieb: „Das Gebet ist der Schlüssel in der Hand des Glaubens, der die Kammern des Himmels öffnet."[2] Wer in Christus stark sein und bleiben will, muß ein regelmäßiges Gebetsleben pflegen. Die Andacht ist eine besondere Gelegenheit, nicht nur über Gott und seine Liebe nachzudenken, sondern sich ihm täglich neu zu weihen. Weitere Gnadenmittel sind: Teilnahme am Abendmahl und an anderen symbolischen

---

[1]   Ebenda, 79.
[2]   E. G. White, „Der bessere Weg", 66.

Handlungen der Gemeinde, Gemeinschaft mit anderen Gläubigen im Gottesdienst, bei missionarischen Aktivitäten oder auch bei Freizeitunternehmungen. Gott übermittelt seine Wahrheit, seine Liebe und geistliche Erkenntnis auf vielerlei Weise und wünscht, daß seine Kinder soviel Nutzen wie nur möglich daraus ziehen.

Wir sollten aber nicht vergessen, daß es durchaus möglich ist, stundenlang zu beten, nächtelang die Bibel zu studieren und sich im Eifer für die Sache Gottes zu verzehren, aber trotzdem verlorenzugehen. Genau das war die Situation, in der sich viele Pharisäer zur Zeit Jesu befanden. Sie studierten eifrig die Heiligen Schriften und kannten sich aus in der mündlichen Überlieferung der Rabbiner, ohne wirklich zur Erkenntnis Gottes zu gelangen und seine Liebe zu erfahren. Alles das konnte für sie nicht zum Gnadenmittel werden, weil ihnen die demütige und aufnahmebereite Vertrauensbeziehung zu Gott fehlte. Leider ist ihre Haltung bis heute nicht ausgestorben.

Gottes Gnadenmittel können auch dann nicht seinem Willen entsprechend wirken, wenn sich der Mensch ihrer aus eigensüchtigen Beweggründen heraus bedient. Das Gebet und das Lesen der Bibel sind nutzlos, wenn sie dazu gepflegt werden, um sich sicher zu fühlen (wenn nicht gar stolz und selbstzufrieden), weil man wieder eine Andacht abhaken und seine Bilanz in Sachen geistliche Fortschritte verbessern konnte. Damit sie erfolgreich wirken können, müssen sie nicht nur unser Herz verändern und unser Leben umgestalten, sondern auch zu einem Leben im Dienst für andere führen. Stagnierendes Christsein ist ein Widerspruch in sich selbst.

Die Gnadenmittel sind nur im Rahmen einer Glaubensbeziehung, die durch den Geist Gottes Leben und Kraft empfängt, Mittel der Gnade. Ohne diese Dynamik und diese Beziehung ist alles nichts weiter als ein Lesen und Zitieren guter Worte, die möglicherweise zu einem moralisch anständigen Verhalten anregen, aber zu mehr nicht. In dieser dynamischen Beziehung sind solche Aktivitäten jedoch wirksame und notwendige Elemente für ein geistliches Wachstum im Rahmen der fortschreitenden Heiligung.

Kapitel 6

Heiligung, Vollkommenheit
und das Beispiel Jesu

Selbst am Ende des 20. Jahrhunderts gibt es immer noch „aktive Pharisäer". Sie diskutieren zwar nicht mehr darüber, wie groß ein Stein sein darf, den man am Sabbat bewegen will. Sie verbringen ihr Leben auch nicht wie Simeon auf einer Säule, um jeder Versuchung auszuweichen. Aber ich kann euch versichern, daß es nach wie vor „pharisäische Programme" gibt. Erst jüngst habe ich von modernen Spielarten pharisäischen Geistes gehört.

Beispielsweise erzählte mir jemand von einem Glaubensbruder, der es derart eifrig mit der Lebensreform hielt, daß er trotz seiner fast zwei Meter Körpergröße nur noch 63 Kilogramm wog. Auf seinem Weg zur Vollkommenheit hat er immer mehr Dinge entdeckt, die er nicht essen darf. Wahrscheinlich wäre der alte „Säulenheilige" Simeon vom Heiligungseifer dieses Mannes angetan gewesen. Ich kann seine Denkweise sogar einigermaßen verstehen, weil ich selbst im ersten Jahr nach meiner Bekehrung in dem Bestreben, der erste vollkommene Christ seit Christus zu werden, von 75 auf 54 Kilogramm abgemagert war. Übrigens bietet sich gerade die gesunde Lebensweise als besonders „geeignetes" Gebiet für das Vollkommenheitsstreben an. Da können nämlich sowohl die Sünden als auch die guten Taten in allgemein sichtbare, „mundgerechte Happen" aufgeteilt werden. Das macht Eindruck, weil es verhältnismäßig leicht kontrollierbar ist.

Allerdings muß man als Vertreter einer solch *strengen* Lebensreform mit einem merkwürdigen Paradoxon fertig werden: Je größer die Fortschritte auf diesem Gebiet sind, desto weniger gesund sieht der Betreffende aus. Viele dieser „geistlichen Athleten", denen ich im Laufe der Zeit begegnet bin, hatten eine höchst ungesunde wächserne Hautfarbe und waren körperlich nicht gerade in bester Verfassung.

Ich hörte von einer Glaubensschwester, die eine so strenge Diät einhielt, daß die Selbstheilungskräfte ihres Körpers extrem herabgesetzt waren: Wunden, die eigentlich innerhalb kurzer Zeit hätten heilen müssen, brauchten Monate, um sich einigermaßen zu schließen. Gewiß gibt es Leute, die diese Frau wegen ihrer Prinzipientreue bewundern, aber ich frage mich, was das alles mit gesunder Lebensweise und christlichem Glauben zu tun haben soll. Ich bin nämlich nach wie vor der Auffassung, daß eine gesunde Lebensweise den Menschen gesund und leistungsfähig erhalten soll, damit er sich wohl fühlt und darüber hinaus Christus besser dienen kann.

Schließlich denke ich in diesem Zusammenhang auch an „hervorragende Leistungen" in bezug auf das Essen zwischen den Mahlzeiten. In manchen adventistischen Kreisen wird dieses Übel als eine der schlimmsten Sünden überhaupt angeprangert. Ich habe von einem Glaubensbruder gehört, der sich in der Gefängnisseelsorge betätigte. Mitunter feierte er mit einem Kreis von Häftlingen auch das Abendmahl. Dabei lehnte er es aber strikt ab, selbst das Brot und den Wein, die Zeichen dieses Mahles, zu sich zu nehmen – weil er nicht zwischen den Mahlzeiten essen wollte! Dieses Glanzstück von „Treue" läßt mich staunen, zumal das englische Wort „communion" für Abendmahl [im Katholizismus „Kommunion"] Teilnahme an einem Geschehen oder dessen gemeinsames Erleben bedeutet und nichts mit Essen oder Trinken zu tun hat.

Wenn man solche „Heiligen" nach einer vernünftigen Erklärung für ihr Verhalten fragt, begründen sie es in der Regel damit, daß sie sich um einen christusähnlichen Charakter bemühen. Einige weisen dann noch darauf hin, wie wichtig es sei, daß „der Charakter Christi zum Wesensmerkmal seines Volkes" wird, weil Christus dann nämlich endlich wiederkommen könne.[1] Jedenfalls habe ich damals so

---

[1] E. G. White, „Bilder vom Reiche Gottes", 53. Diese Ausage wird im Detail in Kapitel 9 behandelt.

argumentiert, als ich mich noch auf diesem fragwürdigen Weg zur „Christusähnlichkeit" befand.

In letzter Zeit bin ich ziemlich beunruhigt darüber, in welcher Weise der Jesus der Bibel – der gekommen war, um zu essen und zu trinken, und der mit den „Zöllnern und Sündern" Gemeinschaft pflegte (Lk 7,34; 15,1.2), weil ihm daran lag, „zu suchen und selig zu machen, was verloren ist" (Lk 19,10) – zum Vorbild werden konnte für solche „geistlichen" Verhaltensweisen und Praktiken, wie ich sie eben geschildert habe. Ich kann solche Sicht des Christseins nämlich nicht mit der Aussage des Apostels Paulus in Einklang bringen, daß das Reich Gottes „nicht Essen und Trinken [sei], sondern Gerechtigkeit und Friede und Freude im heiligen Geist" (Rö 14,17).

Allein das Wort *Freude* in diesem Text fällt im Blick auf manche „Heiligungsathleten" völlig aus dem Rahmen. Oft kann ich nämlich bei den in Amerika üblichen Campmeetings an den finsteren, verbissenen Gesichtern von Teilnehmern feststellen, wer am intensivsten nach seiner Vollkommenheit strebt. Wenn ich diese Leute anschaue, drängt sich mir der Eindruck auf, daß das Vollkommensein eine quälend ernste Angelegenheit sein muß.

Wie der ältere Sohn, der im Gleichnis Jesu stellvertretend für die damaligen Pharisäer stand, können manche Christen offenbar nur ein begrenztes Maß an Freude vertragen, und sie haben genausoviel daran auszusetzen wie der daheimgebliebene Sohn (Lk 15,25-32). Für viele von ihnen zählen die Worte *fröhlich* und *Feiern* [engl. *celebration*] zu den teuflischsten Begriffen im Wörterbuch.[1] Und das ungeachtet der Tatsache, daß sowohl Paulus als auch Jesus immer wieder betonen, daß wir Grund haben zur Freude und zum Feiern (vgl. Rö 14,17; Lk 15,5-10.20.22-27.30.32). Würde man beispielsweise aus Lukas 15 alles streichen, was nach Freude und Feiern klingt, bliebe nicht viel übrig.

Das scheint die Erfahrung vieler „Heiliger" in unseren Reihen auszumachen. Sie meinen, weil sie zur Zeit des antitypischen Versöhnungstages leben, hätten sie kein Recht, sich zu freuen. Tatsache ist

---

[1] Diesen Eindruck erhält man zwangsläufig von den Videos, die John Osborne von bestimmten Lobpreisgottesdiensten [engl. *celebration worship*] angefertigt hat.

jedoch, daß sich Menschen, die „in Christus" sind, jeden Tag neu über die Gewißheit ihrer Erlösung freuen dürfen. Wenn es jemandem an Freude und Frohsinn mangelt, ist das eigentlich ein Zeichen dafür, daß er ständig im Zweifel ist, ob er auch wirklich mit Christus lebt.

Wenn die gute Nachricht zur schlechten Nachricht wird

Eine der Tragödien in der Geschichte des Christentums ist die, daß lächerliche, absurde oder übersteigerte religiöse Praktiken als Forderungen Jesu oder als Weg zur Überwindung der Sünde dargestellt werden. Solche Auswüchse gab es in frühchristlicher Zeit, in der mittelalterlichen Kirche – und es gibt sie auch heute.

Stellvertretend für viele andere möchte ich an dieser Stelle nur den Jesuitenpater William Doyle nennen. Dieser fromme Mann legte sich große persönliche Beschwernisse auf. Er trug absichtlich ein kratziges Hemd aus grober Wolle, wälzte sich in Brennesseln, stieg zu mitternächtlicher Stunde in eiskaltes Wasser und legte sich stundenlang auf den kalten Steinfußboden der Kapelle. Trotz aller Kasteiungen machte ihm sein gesunder Appetit zu schaffen. Dagegen versuchte er sich verzweifelt zu wehren – übrigens eine perfektionistische Übung aller Zeiten.

In seinem Tagebuch hat Doyle Einzelheiten über seine vielen Versuchungen mit Zucker, Kuchen, Honig, Marmelade und anderen Leckereien festgehalten: „Gewaltige Versuchung, Kuchen zu essen, mehrere Male widerstanden. Verlangen nach Marmelade, Honig und Zucker überwunden. Heftige Versuchung nach Kuchen usw. ... Gott hat mich während der gesamten Einkehrzeit stark gedrängt, ganz auf Butter zu verzichten."[1]

„Das Mönchtum", stellt R. N. Flew fest, „ist der kühnste organisierte Versuch in der langen Geschichte der Kirche, christliche Vollkommenheit zu erlangen." Das Motiv für diese heroischen Anstrengungen war die Nachahmung Christi. Den Blick auf Christus gerich-

---

[1] W. Doyle, zit. bei Menninger, „Man Against Himself", 123.

tet zu halten war das Wichtigste, auch wenn dabei menschliche Gefühle abgetötet wurden. Cassian zum Beispiel berichtet beifällig von einem Mönch, der fünfzehn Jahre in völliger Abgeschiedenheit gelebt hatte und einen Packen Briefe, den seine Eltern und Freunde ihm in dieser Zeit geschrieben hatten, ungeöffnet ins Feuer warf, weil er meinte, sie würden seine Aufmerksamkeit von den himmlischen Dingen ablenken.[1]

Solche Vorstellungen und Heiligungsbestrebungen sind nicht auf die christliche Antike und die römische Kirche des Mittelalters oder der Gegenwart beschränkt. Man kann dieser Geisteshaltung ebenso unter evangelikalen Protestanten – Adventisten eingeschlossen – begegnen. Stan Mooneyhan, der ehemalige Präsident der amerikanischen Fernsehanstalt „World Vision", hat sich einmal kritisch zu dieser Thematik geäußert. Er war in einer fundamentalistischen Kirche aufgewachsen und hatte ständig mit frommen Leuten zu tun, denen „schon früh im Leben ein gesetzliches und richtendes ‚Evangelium' aufgebürdet worden war". Mooneyhan bezeichnete ihre Glaubenssicht als „die Interpretation der Guten Nachricht als schlechte Nachricht". Diese „Schlechte Nachricht"-Mentalität ist anscheinend von „der quälenden Furcht bestimmt, daß irgend jemand irgendwo an irgend etwas Spaß und Freude haben könnte".[2]

Leider sind viele Christen davon überzeugt, daß dies die Geisteshaltung Gottes ist. Der britische Schriftsteller C. S. Lewis erzählt von einem Schuljungen, der gefragt wurde, wie er sich Gott vorstelle. „Er antwortete, soviel er erkennen könne, sei Gott wie die Menschen, die ständig herumschleichen, um auszuspionieren, ob sich jemand amüsiert, und dann versuchen, es ihm zu vermiesen."[3]

Ich kann mich kompetent zu diesem Thema äußern, da ich ein paar Wochen nach meiner Taufe einige eifrige Adventisten kennenlernte, die mir halfen, zur selben Schlußfolgerung zu gelangen. Es bedurfte mehrerer Jahre und verzweifelter Anstrengungen, von der

---

[1] R. N. Flew, „The Idea of Perfection", 158.168; LaRondelle, „Perfection and Perfectionism", 304f.

[2] S. Mooneyhan, „Dancing on the Straight and Narrow" (San Francisco, 1989), 12f.

[3] C. S. Lewis, „Pardon, ich bin Christ", 70.

bedrückenden Last solchen „Christentums" frei zu werden, ehe ich erkannte, daß mein erbärmlicher Richtgeist und meine negative Grundeinstellung nichts mit dem Jesus der Bibel gemein hatten. Ich hatte natürlich geglaubt, Jesus müsse dasselbe Verhalten und dieselbe Auffassung vom Leben gehabt haben wie ich. Heute bin ich überzeugt, eine Ewigkeit mit einem solchen Jesus zusammenleben zu müssen wäre schlimmer als das, was die Bibel mit dem Begriff „feuriger Pfuhl" umschreibt.

Wenn Petrus und andere Schreiber des Neuen Testaments davon sprachen, daß Jesus unser „Vorbild" ist, verwendeten sie das griechische Wort *hypogrammos,* das soviel wie „das Daruntergeschriebene" bedeutet. Das entspricht etwa der Grundschulmethode, Buchstaben oder Wörter in ein Heft zu schreiben und das Kind dann aufzufordern, diese auf der nächsten Zeile nachzuschreiben. In diesem Sinne, so Sinclair Ferguson, „fordert das Neue Testament die Christen auf, die Biographie ihres eigenen Lebens so zu schreiben und zu gestalten, daß sie dabei mit einem Auge auf den Lebensstil schauen, den Jesus vorgelebt hat. Das Nachahmen des fleischgewordenen Erlösers ist das Wesentliche bei der fortschreitenden Heiligung."[1]

Selbstverständlich sollen Christen sich am Leben Jesu orientieren, aber dabei dürfen sie sich nicht auf das Bild verlassen, das andere von Christus verbreiten, sondern müssen die Bibel selbst studieren und sich an das halten, was *sie* über Christus sagt. Wenn wir das tun, kann Gott uns frei machen von allen Spielarten pharisäischen Richtgeistes und dafür sorgen, daß wir die Gute Nachricht auch wirklich als Gute Nachricht verstehen.

Christus nachfolgen: ein neutestamentlicher Imperativ

Das Neue Testament weist immer wieder darauf hin, daß der Christ so leben soll, wie Jesus es vorgelebt hat. Petrus schrieb, daß Christus seinen Nachfolgern ein „Vorbild hinterlassen [hat], daß ihr sollt nachfolgen seinen Fußtapfen" (1 Pt 2,21). An anderer Stelle heißt es: „Wie

---

[1] S. B. Ferguson, „The Reformed View" in „Christian Spirituality", 66.

der, der euch berufen hat, heilig ist, sollt auch ihr heilig sein in eurem ganzen Wandel. Denn es steht geschrieben: ‚Ihr sollt heilig sein, denn ich bin heilig.'" (1 Pt 1,15.16)

Jesus selbst hatte zu dieser Nachfolge ermutigt, als er sagte: „Ich bin der Weg" (Jo 14,6). Tatsächlich lautete der erste Name für den christlichen Glauben „der Weg" (vgl. Apg 9,2; 19,23; 24,14). Nachdem Jesus den Jüngern die Füße gewaschen hatte, sagte er: „Ein Beispiel habe ich euch gegeben, damit ihr tut, wie ich euch getan habe." (Jo 13,15) Dem Beispiel Jesu nachzufolgen wurde zu einem wichtigen Bestandteil „des Weges". Johannes schrieb: „Wer von sich sagt, daß er zu Christus gehört, der soll auch so leben, wie Christus gelebt hat." (1 Jo 2,6 Hfa). Paulus mahnte die Korinther, „Christi Sinn" zu haben (1 Ko 2,16), und die Thessalonicher lobte er, weil sie dem Beispiel des Herrn gefolgt waren (1 Th 1,6).

G. C. Berkouwer verbindet die Nachfolge Christi mit der fortschreitenden Heiligung: „Die Nachahmung Christi ist nicht bloß eine Form der Heiligung unter mehreren, sondern sie ist die Beschreibung ihres eigentlichen Kerns."[1] Wenn dem so ist, kommen wir nicht umhin, uns jetzt näher mit diesem Thema zu beschäftigen. Zuerst ist es jedoch nötig, die Nachfolge Christi in den größeren Zusammenhang des Erlösungsplans zu stellen.

Die Nachfolge darf niemals aus dem Zusammenhang der rechtfertigenden Gnade Gottes herausgelöst werden. Pelagius (gestorben etwa 419 n. Chr.) lehrte, daß Jesus eher ein Vorbild menschlicher Vollkommenheit gewesen sei als ein Erlöser von der Sünde. Das Ziel dieses christlichen Führers war es, der sündigen Welt eine vollkommene Kirche gegenüberzustellen. Pelagius hielt das für möglich, weil er meinte, daß der Wille des Menschen trotz der Ursünde Adams keinen angeborenen Hang zum Bösen habe. Deshalb könne jeder ein sündloses Leben führen, wenn er dem Beispiel Jesu folgt. Die Aufgabe bestehe lediglich darin, so behauptete Pelagius, zwischen dem schlechten Vorbild Adams und dem guten Beispiel Jesu zu wählen. Gnade bedeutete aus seiner Sicht, daß Gott den Menschen

---

[1]   G. C. Berkouwer, „Faith and Sanctification", 135.

ermutigt und motiviert, das Richtige zu tun.[1] Solch pelagianisches Gedankengut stützte nicht nur das Mönchstum, sondern geistert bis heute sogar durch bestimmte Kreise der Adventgemeinde.

Wer dem Grundprinzip des Pelagianismus zustimmt, bagatellisiert nicht nur die Sünde und ihre Auswirkungen, sondern mißt den Möglichkeiten des Menschen eine viel zu große Bedeutung bei. Der christliche Glaube „unterscheidet sich dadurch von allen anderen, daß er eine Erlösungreligion" ist, schreibt James Orr. Dem Vorbild Christi nachzustreben ist nicht dasselbe, wie Buddha zu folgen. Der christliche Glaube lehrt nicht, daß man den Sieg durch ein ständiges Streben nach Gerechtigkeit erringen kann. Er ist vielmehr eine Religion der Erlösung, in der der Mensch infolge der Rechtfertigung durch den Tod Christi von der Schuld der Sünde und der Strafe befreit und durch die Heiligung von der Macht der Sünde erlöst wird.[2]

Gewiß, Christus ist ein Vorbild für den Christen, aber er ist weit mehr als das: zuerst und vor allem ist er der Erlöser. Weil Christen erlöst worden sind, können sie durch die Gabe des Heiligen Geistes Christi Vorbild nachfolgen. Luther drückte das so aus: „Nachfolge macht uns nicht zu Söhnen, sondern weil wir Söhne sind, werden wir zu Nachfolgern."[3]

Die Bibel läßt keinen Zweifel daran, daß Christen genauso überwinden sollen, wie Christus überwunden hat (Offb 3,21), daß „wir zum vollkommenen Menschen werden und Christus in seiner vollendeten Gestalt darstellen" (Eph 4,13 EÜ) sollen und daß „der Glaube der Sieg [ist], der die Welt überwunden hat" (1 Jo 5,4).

Ellen White war derselben Meinung: „Gott fordert uns auf, nach Vollkommenheit zu streben, und stellt uns den Charakter Christi als Vorbild vor Augen. Durch beharrlichen Widerstand gegen das Böse bewies der Heiland in den Tagen seines Menschseins, daß Menschen durch das Zusammenwirken mit Gott bereits in diesem Leben die

---

[1]   Siehe „The Westminster Dictionary of Christian Theology" unter „Imitation of Christ, The"; „Evangelical Dictionary of Theology" unter „Pelagius, Pelagianism".

[2]   Siehe J. Orr, „Christian View of God", 287f.; J. Stalker, „Example of Jesus", 15f.

[3]   M. Luther, zit. bei Hynson, „To Reform the Nation", 162, Anm. 17.

Vollkommenheit des Charakters erlangen können. Damit gibt Gott die Gewähr, daß auch wir einen völligen Sieg erringen können."[1]

Dieses häufig angeführte Zitat wird fast immer ohne die einschränkende Aussage am Anfang des Absatzes angeführt, wo es heißt: „Niemand braucht in seinem Bemühen, *in seinem Bereich* einen vollkommenen christlichen Charakter zu erlangen, zu verzagen. Durch das Opfer Christi sind alle Vorkehrungen getroffen, daß der Gläubige das empfängt, was zum Leben und göttlichen Wandel dient." Das heißt, daß Christi „Bereich" sich von unserem unterscheidet. Mit diesem Gedanken werden wir uns noch einmal in Kapitel 8 beschäftigen.

An einer anderen Stelle schrieb Ellen White, daß Christus unsere menschliche Natur angenommen hat, „um mit uns unsere Sorgen und Versuchungen zu teilen und das Beispiel eines sündlosen Lebens zu geben". Solche und ähnliche Aussagen von Ellen White finden sich an den verschiedensten Stellen.[2]

Bevor wir uns eingehender mit dem Wesen der Nachfolge Christi beschäftigen, muß klargestellt werden, daß wir Menschen Christus in mancherlei Weise ähnlich sind, uns andererseits aber auch von ihm unterscheiden. Nirgendwo in der Bibel wird z. B. sonst noch ein Kind „das Heilige ... Gottes Sohn" genannt (Lk 1,35).

Christus war nicht wie jeder andere Mensch. Er war schon von Anfang an heilig, schon von Geburt an „von oben her geboren". Aus diesem Grunde war er nie, wie das bei allen anderen Kindern der Fall ist, mit dem Hang zum Bösen belastet.

Dazu schrieb Ellen White: „Es ist nicht richtig zu sagen, wie es viele tun, daß Christus so wie alle anderen Kinder war ... Seine Neigung zum Guten war für Jesu Eltern ein ständiger Anlaß zur Freude ... Er war ein Vorbild für alle Kinder, dem sie nachstreben sollten ..." „Niemals", so schrieb sie in einem anderen Zusammenhang, „sollte auch nur im entferntesten der Eindruck in den Gemütern der Men-

---

[1]   E. G. White, „Das Wirken der Apostel", 529.
[2]   Ebenda, 529; E. G. White, „Das Leben Jesu", 34; vgl. ders., „Testimonies to Ministers and Gospel Workers" (Mountain View, 1962), 173; ders, „Der große Kampf", 623f.

schen erweckt werden, es sei auch nur eine Spur oder die geringste Neigung zur Verderbtheit in Christus vorhanden gewesen." Bei anderer Gelegenheit schrieb sie, daß Christus „von Geburt an von jeglicher Verderbtheit unbefleckt vor der Welt stand". Das kann von niemandem sonst gesagt werden.[1]

An gegenteiligen Beispielen zeigte sie, daß alle anderen Menschen, einschließlich der Kinder, einen „Hang zum Bösen" haben.[2] Darin stimmt sie mit Paulus überein, der ausdrücklich betont: „Alle haben gesündigt und die Herrlichkeit verloren, die Gott ihnen zugedacht hatte." (Rö 3,23) Alle Menschen können ihren „Hang" zum Bösen nur korrigieren lassen, indem sie zu Jesus kommen und „von neuem geboren" werden (Jo 3,3.7) sowie in ihrem Leben die Kraft des Heiligen Geistes in Anspruch nehmen. Dann werden sie Teilhaber der göttlichen Natur, die Christus von Geburt an hatte.

Aber auch dann sind sie noch nicht genau so wie Jesus, weil sie in ihr neues Leben sündige Gewohnheiten und fest eingeschliffene Neigungen aus der Vergangenheit mit einbringen. Daher müssen alle Menschen, auch die Kinder, im Gegensatz zu Christus, gerechtfertigt (für gerecht erklärt), erneuert (von oben her geboren werden, damit ihre Neigungen nun in die richtige Richtung gelenkt werden) und fortlaufend geheiligt werden (Ausmerzen alt eingeschliffener und Einüben neuer Gewohnheiten und Neigungen).

Christus hatte das alles nicht nötig. Er brauchte nicht gerechtfertigt zu werden, da er nie gesündigt hatte. Er brauchte nicht wiedergeboren zu werden, weil er bereits mit „der Neigung zum Guten" geboren worden war. Er mußte sich keinem Heiligungsprozeß unterziehen, da er bereits heilig war und daher keine sündigen Neigungen ausmerzen mußte.

Andererseits war Jesus in vieler Hinsicht genauso wie alle anderen Menschen. Ellen White behauptet zum Beispiel, daß Christus „unse-

---

[1]   E. G. White, „The Youth's Instructor" vom 8. September 1898, 704f.; Ellen G. White an das Ehepaar Baker [9. Februar 1896]; ders. in „Seventh-day Adventist Bible Commentary", 7/907.

[2]   E. G. White, „Erziehung", 25. Mehr darüber im Zusammenhang mit der Generalkonferenz von 1888, siehe G. Knight, „From 1888 to Apostasy", 132-150.

re sündige Natur auf sich nahm". Da sie, wie bereits ausgeführt, wiederholt darauf hinweist, daß bei Jesus nicht von einer sündigen Natur im ethisch-moralischen Sinne die Rede sein kann, muß sich diese Aussage auf seine physische Natur beziehen. Jesus nahm die menschliche Natur an, schrieb Ellen White, „nachdem das Menschengeschlecht bereits durch vier Jahrtausende im Dienst der Sünde geschwächt worden war. Und dennoch nahm er wie jeder andere die Folgen auf sich, die das unerbittliche Gesetz der Vererbung zeitigte."[1]

Auch auf einem anderen Gebiet war Jesus in seiner menschlichen Natur wie wir. Beispielsweise griff er während seines Erdenlebens nicht auf seine göttliche Kraft zurück, wenn es um ihn selbst ging. Nachdem er sich selbst „entäußert" hatte (Phil 2,7), führte Gottes Sohn ein Leben in der Abhängigkeit von Gott, wie alle anderen gottesfürchtigen Menschen es auch müssen (Jo 5,19.30; 8,28; 14,10). Er wurde nicht Mensch, um dann auf dieser Erde als Gott zu leben, sondern um als Mensch ein Gott gehorsames Leben zu führen und zu überwinden, wo die ersten Menschen versagt hatten (Rö 5,15-19; Phil 2,8).

Ellen White schrieb darüber: „Die Macht seines Gottseins blieb verborgen. Er überwand in seiner menschlichen Natur, indem er sich auf die Kraft verließ, die er von Gott erhielt." „Er ertrug jede Versuchung, der auch wir ausgesetzt sind, und er benutzte zu seinen Gunsten keine Kraft, die nicht auch uns uneingeschränkt angeboten wird." Wir können dieselbe dynamische Kraft des Heiligen Geistes empfangen, wie Christus sie hatte, um die Sünde zu überwinden.[2]

Damit dürfte deutlich geworden sein, daß Christus in mancher Beziehung einer von uns, andrerseits aber auch anders als wir war. Wenn Paulus schrieb, daß Gott seinen Sohn „in der Gestalt des sündigen Fleisches" sandte (Rö 8,3; vgl. Phil 2,7), bedeutet das Ähnlichkeit, aber nicht völlige Gleichheit. Das in diesem Zusammenhang verwendete griechische Wort wird auch benutzt, um beispielsweise darauf hinzuweisen, daß Gottes Reich „gleich" einem Senfkorn ist

---

[1] E. G. White, in „Review and Herald", 15. Dezember 1896, 789; ders., „Das Leben Jesu", 34.

[2] E. G. White, „Youth's Instructor", 25. April 1901, 130; ders., „Das Leben Jesu", 14.

oder dem versteckten Schatz im Acker „gleicht" (Lk 13,19; Mt 13,44). Es kann also nicht Deckungsgleichheit gemeint sein, sondern muß sich um Ähnlichkeit handeln.[1]

Wenn wir das im Auge behalten, fällt es uns leichter zu erkennen, warum Ellen White erklärt hat, unser Sieg als Menschen über die Sünde sei nicht genau derselbe Sieg, den Christus errungen hat. „Christus", so schrieb sie, „ist unser Vorbild, das vollkommene und heilige Beispiel, dem wir nachfolgen sollen. *Wir vermögen niemals völlig diesem Vorbild zu entsprechen, aber wir können es, entsprechend unseren Möglichkeiten, nachahmen und ihm ähnlich werden."*[2] Christus hatte auf Erden eben seinen Bereich und wir den unseren.

Noch etwas anderes sollte bezüglich der Nachfolge Christi beachtet werden. Es geschieht immer wieder, daß Menschen die Beispielfunktion Jesu zu buchstäblich nehmen. Manche meinen daher, sie müßten wie Jesus ehelos leben, andere schleppen zu bestimmten Zeiten ein Holzkreuz mit sich herum, um „wie Jesus zu sein".

T. W. Manson hat wohl recht, wenn er schreibt, daß Nachfolge Christi „kein sklavisches Kopieren seiner Handlungen ist, sondern das Leben in seiner Gesinnung und seinem Geist" im Alltag. Christen sollen nicht haargenau dasselbe tun, was auch Christus getan hat, vielmehr sollen dieselben Grundsätze, auf denen sein Leben aufgebaut war, auch für uns Maßstab sein.[3]

Deshalb müssen wir nun die Grundprinzipien des Lebens Christi untersuchen, die von zentraler Bedeutung bei seinem Sieg über die Sünde sind und sein Wesen ausmachen. Diese Hauptcharakteristika sind das Herzstück seiner Existenz, der Kern, von dem aus sein tägliches Tun gesteuert wurde.

Diese Hauptkennzeichen sind von größter Bedeutung, wenn wir Jesus folgen wollen. Ohne sie hat das Leben mit Christsein nichts zu

---

[1]   „A Greek-English Lexicon of the New Testament" (Arndt und Gingrich) unter „homoioma".

[2]   E. G. White, in „Review and Herald", 5. Februar 1895, 81 – Hervorhebung hinzugefügt.

[3]   T. W. Manson, zit. bei E. J. Tinsley, „The Imitation of God in Christ" (Philadelphia, 1960), 179.

tun. Jesu Leben scheint im wesentlichen von zwei Elementen bestimmt worden zu sein: (1) von einem Willen in völliger Übereinstimmung mit Gott und (2) von einem Herzen voller Liebe.

Warum Jesus Versuchungen siegreich bestand

Wenn man manche Leute reden hört, könnte man denken, die Versuchung entspränge Fragen wie ob man einen Ehering trägt, Käse ißt oder ein Auto stiehlt. Das und manches andere mögen Versuchungen sein oder auch nicht, aber es geht dabei nicht um die eigentliche VERSUCHUNG.

Das Leben Jesu zeigt uns das Wesen der VERSUCHUNG, die die Quelle aller Versuchungen ist. Das Wesen der VERSUCHUNG besteht nämlich darin, seinem eigenen Willen zu folgen, sein eigenes Leben zu führen und dem Kreuz aus dem Weg zu gehen.

Den Schlüssel zum Verständnis der VERSUCHUNG, der Christus ausgesetzt war, bietet Philipper 2,5-8: „Seid so unter euch gesinnt, wie es auch der Gemeinschaft in Christus Jesus entspricht: Er, der in göttlicher Gestalt war, hielt es nicht für einen Raub, Gott gleich zu sein, *sondern entäußerte sich selbst* und nahm Knechtsgestalt an, ward den Menschen gleich und der Erscheinung nach als Mensch erkannt. *Er erniedrigte sich selbst und ward gehorsam bis zum Tode, ja zum Tode am Kreuz.*" (Hervorhebung hinzugefügt)

Man beachte, daß der „Gottmensch" Christus sich bei der Menschwerdung „entäußerte". Paulus präzisierte diese Aussage zwar nicht, aber aus dem Gesamtzeugnis des Neuen Testaments geht hervor, daß Christus bei seiner Menschwerdung bewußt alle „Zeichen der göttlichen Gewalt und die Vorrechte des Gottseins" ablegte. Der Apostel schien sagen zu wollen, daß Christus freiwillig auf den (von Gott losgelösten) selbständigen Gebrauch seiner göttlichen Eigenschaften verzichtete und sich völlig den Bedingungen des menschlichen Lebens unterwarf.[1]

---

[1] Siehe „The Interpreter's Bible Dictionary", unter „Kenosis"; E. Heppenstall, „The Man Who Is God" (Washington D. C., 1977), 67-80.

Mit anderen Worten: Jesus blieb seinem Wesen und seiner Herkunft nach Gott, verzichtete aber freiwillig darauf, seine göttlichen Kräfte in eigener Regie und zum eigenen Nutzen zu gebrauchen. Wie jeder andere Mensch war er während seines Erdenlebens völlig von seinem himmlischen Vater und von der Kraft des Heiligen Geistes abhängig. Er stellte sich der Behauptung Satans entgegen, daß es unmöglich sei, dem Gesetz zu gehorchen.

Durch sein Leben in vollkommenem Gehorsam überwand Jesus dort, wo Adam versagt hatte, aber er tat dies eben als Mensch und nicht als Gott. Durch sein Vertrauen zum Vater und durch die Kraft des Heiligen Geistes empfing er für seinen täglichen Kampf gegen das Böse dieselbe Hilfe, die auch uns zur Verfügung steht.[1]

Weil Jesus „nur" aus freien Stücken auf den Gebrauch der eigenen göttlichen Kraft verzichtet hatte, konnte er für sein Wirken auf Erden – im Unterschied zu allen andern – jederzeit auf seine ihm innewohnende göttliche Macht zurückgreifen. Hätte er sich allerdings im Kampf gegen die Sünde seiner göttlichen Kräfte bedient, wäre der Erlösungsplan gescheitert. Dabei ging es nämlich darum, die Behauptung Satans zu entkräften, kein Mensch könne Gottes Gesetz befolgen.

Sein ganzes Leben lang wurde die freiwillige Selbstentäußerung Christi immer wieder in Frage gestellt. Darin liegen der Kern und die Kraft aller Versuchungen, denen er ständig ausgesetzt war. Hätte Satan Jesus nur ein einziges Mal dazu verleiten können, seine „verborgene" Macht im Zorn oder um seiner selbst willen einzusetzen, wäre die Auseinandersetzung zu Satans Gunsten entschieden gewesen.

Der Punkt, um den es geht, ist folgender: Christus ist nicht nur „versucht worden ... in allem wie wir" (Hbr 4,15), sondern Satans Angriffe auf ihn gingen weit über das hinaus, was Menschen je widerfahren kann, weil Jesus die Kraft Gottes in ihrer ganzen Fülle ständig in sich trug. In seinem inneren Ringen ging es für ihn immer darum, im Stande der Selbstentäußerung zu bleiben.

Unter diesem Blickwinkel müssen alle Versuchungen Jesu gesehen werden. Das ist zum Beispiel der Kern der Versuchung in der Wüste,

---

[1] Siehe E. G. White, „Das Leben Jesu", 14.

wo Satan Christus aufforderte, die Steine in Brot zu verwandeln (Mt 4,3).

Für mich ist das keine Versuchung, weil ich dazu nicht in der Lage bin. Ich könnte an den Strand gehen und den Steinen dort einen ganzen Tag lang befehlen, sich in Brot zu verwandeln, doch es würde nichts geschehen. Aber Jesus hatte die Macht dazu. Christus ist der Schöpfer, und als solcher wäre es ihm sogar möglich gewesen, Brot aus dem Nichts entstehen zu lassen.

Jesus hatte bereits über einen Monat gefastet, als der Versucher mit dieser Aufforderung an ihn herantrat. Deshalb erscheint der Vorschlag, endlich wieder Nahrung zu sich zu nehmen und das Brot gleich selbst zu schaffen, verführerisch. Aber wir übergehen die Hauptsache, wenn wir die Versuchung nur darin sehen, daß Jesus seinen Hunger stillen sollte.

Die eigentliche VERSUCHUNG bestand vielmehr darin, Christus dahin zu bringen, die in Philipper 2 beschriebene „Selbstentäußerung" rückgängig zu machen und seine göttliche Kraft einzusetzen, um seine persönlichen Bedürfnisse zu befriedigen. Das hätte nämlich bedeutet, daß er den Kampf gegen Satan von einer Ebene aus geführt hätte, die keinem anderen Menschen zugänglich ist. Kern der VERSUCHUNG war die versteckte Anspielung Satans: *Wenn* Jesus wirklich Gott sei (Mt 4,3), könne er doch seine göttlichen Kräfte für sich selbst nutzen, anstatt sich auf Gott zu verlassen.

Manche Kreise diskutieren eifrig darüber, was es wohl für Jesus bedeutet hat, daß er „versucht worden ist in allem wie wir" (Hbr 4,15). Der biblische Befund ergibt offenbar, daß Jesus – unabhängig von der Art und Weise seiner menschlichen Natur – weit über das Maß dessen hinaus versucht worden ist, was uns Menschen jemals als Versuchung begegnen könnte.

Die meisten Versuchungen, denen er ausgesetzt war, sind für uns völlig gegenstandslos, weil uns die Fähigkeit fehlt, entsprechend zu reagieren.

An anderer Stelle habe ich darauf hingewiesen, daß „alle Versuchungen, denen Christus ausgesetzt war, darauf abzielten, daß er von seiner völligen Abhängigkeit vom Vater absah, das Steuer seines

Lebens selbst in die Hand nahm und so die Selbstentäußerung rückgängig machte".[1]

Eng verbunden mit diesem Thema ist die Verlockung, seinem eigenen Willen statt dem des Vaters zu folgen. Insbesondere deshalb, da dieser Christi gehorsame Selbsterniedrigung bis „zum Tode am Kreuz" (Phil 2,8) vorsah.

Nach Raoul Dederen bestand Christi besondere Versuchung während seines gesamten Lebens darin, „seinem Auftrag als Erlöser untreu zu werden und vom Weg des Leidens und Todes abzuweichen, der unvermeidbar mit seinem messianischen Auftrag verbunden war".[2]

Dies läßt uns verstehen, warum Jesus so heftig reagierte, als Petrus ihn davon abbringen wollte, daß „er viel leiden müsse von den Ältesten und Hohenpriestern und Schriftgelehrten und getötet werden" sollte. „Geh weg von mir, Satan!" wies er seinen Jünger ungewohnt scharf zurecht (Mt 16,21.23).

Christus war viel herumgekommen und kannte daher die Todesstrafe der Kreuzigung sicher nicht nur vom Hörensagen. Wie alle Zeitgenossen dürfte er nicht den Wunsch gehegt haben, die Welt auf eine so schmachvolle und unmenschliche Weise zu verlassen. Da wäre es schon verlockender gewesen, in die Rolle eines politischen Befreiers zu schlüpfen, wie ihn die Juden, einschließlich der Jünger, erwarteten (vgl. Mt 4,8-10; Jes 2,2; Jer 3,17; Jo 6,1-15).[3]

Menschlich gesehen konnte es ihn auch nicht danach verlangen, auf Golgatha das Gericht Gottes über die ganze Welt auf sich zu nehmen und damit in Gottes Augen buchstäblich selbst zur Sünde zu werden (vgl. Jo 12,31-33; 2 Ko 5,21). Zumal das mit der entsetzlichen Aussicht verbunden war, von Gott abgeschnitten zu sein.

---

[1]   G. R. Knight, „My Gripe with God", 84. Dort findet sich eine breitere Ausführung über die Versuchung Christi (78-94).

[2]   R. Dederen, „Atoning Aspects in Christ's Death" in „The Sanctuary and the Atonement: Biblical, Historical, and Theological Studies" (hgg. von A. V. Wallenkampf und W. Richard Lesher, Washington D. C., General Conference of SDA, 1981), 107.

[3]   Siehe G. R. Knight, „My Gripe With God", 83-85.

Die VERSUCHUNG, dem eigenen Empfinden und Willen gemäß zu handeln und dadurch dem Gang ans Kreuz auszuweichen, erreichte im Garten Gethsemane ihren Höhepunkt. Als der Kreuzestod unmittelbar bevorstand, überfielen ihn „Grauen und Angst" und er flehte: „Mein Vater, wenn es möglich ist, so bewahre mich vor diesem Leiden. Dir ist alles möglich." (Mk 14,33.36 Hfa)

Niemand von uns kann sich vorstellen, welcher Kampf gegen die Versuchung, seinem eigenen Willen zu folgen und dem Kreuz auszuweichen, in ihm tobte und welcher Druck in dieser Stunde auf Christus lastete. Aber er kämpfte sich durch Angst und Grauen hindurch und traf seine Entscheidung: „Mein Vater ... so geschehe dein Wille" (Mt 26,42).

Selbst am Kreuz war Jesus noch mit diesen zwei Elementen der VERSUCHUNG konfrontiert: Er hätte immer noch seinem eigenen Willen folgen und von diesem Schandpfahl herabsteigen können. Und er hätte seine göttliche Kraft zu seinem Vorteil einsetzen können. Jedem anderen Gekreuzigten blieb nichts weiter übrig, als ohnmächtig auf den Tod zu warten. Jesus aber hätte das nicht gemußt! Darum besteht ein großer Unterschied zwischen seinem Tod am Kreuz und dem aller anderen, die auf diese Weise ums Leben kamen.

Es trifft zu, was D. M. Baillie schreibt: „Jesus starb nicht als hilfloses Opfer. Er hätte entrinnen können."[1] Als der Mensch, der zugleich Gott war, hätte er seine „Entäußerung" zurücknehmen und der unerträglichen Qual ein Ende machen können. Doch er hatte sich dafür *entschieden*, am Kreuz zu sterben. Sein Kreuzestod war ein freiwilliger Akt des Gehorsams gegenüber Gottes Willen. Das bestätigen Aussagen wie diese: „weil ich mein Leben lasse" ... „Niemand nimmt es von mir, sondern ich selber lasse es" ... „Der gute Hirte läßt sein Leben für die Schafe" (Jo 10,17.18.11). Christus hätte also tatsächlich vom Kreuz herabsteigen *können*, aber er *wollte* es nicht.

Im Grunde hatten alle Versuchungen, deren Jesus sich erwehren mußte, nur das eine Ziel: Sie sollten seinen Sühnetod verhindern. Selbst als der Herr schon am Kreuz hing, gab Satan nicht auf. Er

---

[1] D. M. Baillie, „God Was in Christ" (New York, 1948), 182.

versuchte ihn bis zum letzten Atemzug und immer nach demselben Muster. Diesmal benutzte der Versucher ausgerechnet jene, für die Christus am Kreuz hing. Sie verhöhnten ihn und forderten: Wenn du der bist, als der du dich so großspurig ausgegeben hast, dann beweise es jetzt. „Hilf dir nun selber und *steig herab vom Kreuz!*" Die Geistlichkeit stimmte in die Schmährufe der Masse ein und forderte Jesus heraus: „Er hat andern geholfen und kann sich selber nicht helfen. Ist er der Christus, der König von Israel, *so steige er nun vom Kreuz,* damit wir sehen und glauben." Inzwischen „verspotteten ihn auch die Soldaten" (Mk 15,29-32; Lk 23,36 – Hervorhebung hinzugefügt).

Ich frage mich, wie ich auf eine solche Herausforderung reagiert hätte, wenn ich die Macht gehabt hätte, über die Christus verfügte. Ich wäre vermutlich herabgestiegen und hätte den Schreiern genau das gegeben, was sie verdienten. Ich hätte ihnen schon gezeigt, wer ich bin und wie wenig sie es verdienten, daß irgend jemand – und ich nun schon gar nicht mehr! – sich für sie opfern wollte.

Zu unser aller Glück ist Jesus nicht auf dieses letzte satanische Manöver hereingefallen. Er widerstand der VERSUCHUNG, vom Kreuz herabzusteigen, seinen Willen und seine Autorität zum Mittelpunkt seines Lebens zu machen und dann – endlich – seinen Weg zu gehen. *Dadurch überwand er genau an der Stelle, wo Adam versagt hatte. Nicht nur so hat sein Tod das Strafurteil für die Sünde aufgehoben. Darüber hinaus dient sein Leben den Christen als Beispiel, dem sie nacheifern sollen.* Deshalb konnte er mit letzter Kraft ausrufen: „Es ist vollbracht!" (Jo 19,30) *Damit war vor dem gesamten Universum bewiesen, daß es möglich ist, ein hingebungsvolles Leben des Gehorsams zu führen.*[1]

Das Kreuz steht ebenso im Mittelpunkt der VERSUCHUNG in unserem Leben. Denken wir an unsere Ureltern. Als sie sich gegen Gott auflehnten, ihren Willen zum Mittelpunkt des Lebens machten und ihr Ich an die Stelle setzten, die Gott gebührt, kam das Verhängnis der Sünde über sie. SÜNDE ist das Aufbegehren gegen Gott und die sich daraus ergebende zerbrochene Beziehung. Dieser zer-

---

[1]   W. Barclay, „The Gospel of John", 2/301, „Daily Study Bible" (Edinburgh, 1956).

brochenen Beziehung entspringt dann die Vielzahl einzelner sündiger Handlungen.

Deshalb fordert das Neue Testament von Christi Nachfolgern, ihren Eigenwillen und ihre Selbstliebe ans Kreuz zu schlagen und ein neues Leben in der Kraft der Auferstehung zu führen (Rö 6,1-11). „Will mir jemand nachfolgen", sagt Jesus, „der verleugne sich selbst und nehme sein Kreuz auf sich und folge mir." (Mt 16,24) Und Paulus bekennt: „Durch den Glauben erkenne ich, daß *mein altes Leben mit Christus am Kreuz gestorben ist. Jetzt habe ich ein neues Leben! Es wird nicht mehr von meinem alten Ich bestimmt, sondern von dem auferstandenen Christus, der in mir lebt. Mein Leben auf dieser Erde erhält seinen Sinn durch den Glauben an Jesus Christus, den Sohn Gottes, der mich geliebt und sich in seiner Liebe für mich geopfert hat."* (Gal 2,19.20 Hfa, Hervorhebung hinzugefügt)

Die Kreuzigung des eigenwilligen, in sich selbst verliebten Ichs ist der eigentliche Kern des christlichen Glaubens. Deshalb kann sich Nachfolge Jesu nicht darin erschöpfen, im Laufe der Zeit eine Reihe ehrenwerter und anständiger Eigenschaften und Verhaltensweisen zu entwickeln. Die Pharisäer aller Zeiten haben bewiesen, daß ein Mensch nach außen ein moralisch achtbares Leben führen kann, obwohl er im Herzen stolz und ichsüchtig bleibt. Als Luther ins Kloster eintrat, schrieb Bonhoeffer, „hatte er alles hinter sich gelassen, alles – außer seinem frommen Ich". Als er aber Christus begegnete, „wurde ihm auch das genommen".[1]

Das Evangelium fordert zur Kreuzigung und Umwandlung auf und nicht zu einer allmählichen Besserung des ichhaften Lebens (Rö 12,1.2). Von einer egozentrischen Gesinnung, die für uns Menschen so natürlich ist, zur Gesinnung Christi zu gelangen, schreibt H. H. Palmer, ist keine Sache allmählichen Wachstums und auch nicht Folge einer natürlichen Entwicklung. Im Gegenteil: Es ist „ein Ausreißen, Niederreißen, Zerreißen, Zerspalten und Zerbrechen, eine Art radikaler chirurgischer Eingriff, eben eine ... Kreuzigung".[2]

---

[1] J. R. W. Stott, „Basic Christianity", 111; D. Bonhoeffer, „Cost of Discipleship" [Nachfolge], 51.

[2] H. H. Farmer, zit. bei Dillistone, „Significance of the Cross", 155.

Zentrum dieser Auseinandersetzung ist „die herrschende Macht in der Natur des Menschen" – der Wille. Daher schreibt Ellen White: „Der Kampf gegen das eigene Ich ist der härteste, den es auszufechten gilt. Unser Ich hingeben und alles dem Willen Gottes unterordnen, kostet Überwindung. Aber ein Mensch kann erst dann zu einem geheiligten Leben geführt werden, wenn er dazu bereit ist und sich vor Gott beugt."[1]

James Denney ergänzt: „Die Sünde wird zwar auf natürliche Weise geboren, stirbt aber leider keines natürlichen Todes. Sie muß in jedem Fall moralisch verurteilt und hingerichtet werden."[2] Diese Verurteilung ist ein Willensakt und geschieht auf Betreiben des Heiligen Geistes.

Wie Christus fällt es auch jedem von uns schwer, das Kreuz auf sich zu nehmen. Das ist deshalb so, wie P. T. Forsyth betont, weil „unser Wille uns das Teuerste im Leben ist, das, woran wir am meisten hängen und was wir als Letztes aufgeben". Ellen White schrieb: „Gott allein kann uns den Sieg schenken" in der Auseinandersetzung mit unserem so gehegten, eigenwilligen Ich. Aber er kann unseren Willen nicht zwingen und will es auch nicht. „Das Bollwerk Satans" wird nur gebrochen, wenn unser „Wille sich auf Gottes Seite schlägt". Aber die Kraft zum Sieg kommt von Gott. „Wenn du gewillt bist, willig gemacht zu werden, wird Gott das Werk für dich vollbringen."[3] (vgl. Phil 2,12.13)

Man beachte, daß Christen ihren Willen nicht *aufgeben*, sie *übergeben* ihn vielmehr an die umwandelnde Kraft des Geistes Gottes. Der Wille bleibt weiterhin die beherrschende Macht in ihrem Leben, aber der bekehrte Wille steht im Einklang mit Gottes Grundsätzen. Deshalb werden Christen nicht zu willenlosen Marionetten in Gottes Hand, sondern sind verantwortliche Personen, die seine Sicht teilen.

Ein Christ, dessen Herz und Sinn von oben her geboren ist, wird so mit Gottes Willen übereinstimmen, daß er im Gehorsam gegen-

---

[1] E. G. White, „Der bessere Weg", 45.
[2] J. Denney, „Christian Doctrine of Reconciliation", 198.
[3] P. T. Forsyth, „The Cruciality of the Cross" (Wake Forest, 1983), 92; E. G. White, „Das bessere Leben", 142.

über Gott lebt, „als käme der Impuls dazu aus ihm selber".[1] Christus trug sein Kreuz, und wir müssen das unsere tragen. Christus starb damals um unserer Sünden willen, obwohl er keinen Anteil an dieser Schuld hatte. Wir müssen unseren Stolz und unser ichsüchtiges Wesen ans Kreuz nageln lassen, um teilzuhaben an seinem Leben, das uns eigentlich nicht zusteht. Am Kreuz Christi zerbricht all unsere intellektuelle und moralische Eigenständigkeit endgültig, und wir bekennen freimütig, in allen Bereichen des Lebens von Gott abhängig zu sein. Unter dem Blickwinkel des Kreuzes gewinnt Jesu Wort einen neuen Sinn: „Denn wer sein Leben erhalten will, der wird es verlieren; wer aber sein Leben verliert um meinetwillen, der wird's erhalten." (Lk 9,24)

Wenn man zu Jesus kommt, um gerechtfertigt und wiedergeboren zu werden, entspricht das einer Kreuzigung. Das geheiligte Leben kann dann als ein Leben unter dem Kreuz betrachtet werden. Daher fordert Christus seine Jünger auf, ihr Kreuz „täglich" auf sich zu nehmen (Lk 9,23), und Paulus bekennt: „Ich sterbe täglich." (1 Ko 15,31)

Noch einmal: Die eigentliche VERSUCHUNG im Leben Jesu bestand zum einen darin, sich auf sich selbst zu verlassen und dem Kreuz auszuweichen, zum andern, vom Kreuz herabzusteigen, um sein Leben zu retten. Bei Jesu Nachfolgern ist es ähnlich. Auch hier ist die VERSUCHUNG ständig gegenwärtig, „von unserem Kreuz herabzusteigen" und anderen das zu geben, was sie „verdienen". Wir möchten unser Leben selbst bestimmen und tun, was uns gefällt, und uns selbst zum Gott unseres Lebens machen. Wir sind eher geneigt, uns wie Adam für das größtmögliche Maß an Eigenständigkeit zu entscheiden, statt uns wie Christus in eine Abhängigkeit von Gott zu begeben.

Dem Beispiel Jesu zu folgen heißt nicht nur, sich „ans Kreuz" schlagen zu lassen, sondern ein Leben unter dem Kreuz zu führen. „Ein jeder sei gesinnt, wie Jesus Christus auch war", schreibt Paulus und fährt fort: Er, obwohl er in göttlicher Gestalt war, „hielt es nicht für einen

---

[1] E. G. White, „The Desire of Ages", 668 (vgl. „Das Leben Jesu", 666).

Raub, Gott gleich zu sein, sondern entäuüerte sich selbst und nahm Knechtsgestalt an ... erniedrigte sich selbst und ward gehorsam bis zum Tode, ja zum Tode am Kreuz" (Phil 2,5-8 – Hervorhebung hinzugefügt).

Der Charakter Christi

Wer Christus wirklich nachfolgt, stirbt nicht nur mit ihm seinen Tod, sondern lebt auch mit ihm sein Leben. Der Tod ohne Auferstehung entspricht einfach nicht dem Evangelium. Christlicher Glaube ist vor allem eine positive, vorwärts weisende Kraft. Das Sterben des Ichs, des Teils unseres Daseins also, um den sich normalerweise alles dreht, macht den Weg für ein Leben frei, in dem Christus die Mitte ist.

Das Leben unter dem Kreuz ist ein Leben hingebungsvoller Liebe und des Dienstes für andere Menschen. So, wie Gott Liebe ist (1 Jo 4,8), und „wie er die Welt geliebt [hat], daß er seinen eingeborenen Sohn gab" (Jo 3,16), so kam auch Christus nicht, „daß er sich dienen lasse, sondern daß er diene und gebe sein Leben zu einer Erlösung für viele" (Mt 20,28). Jesu Leben auf dieser Erde hat gezeigt, daß Liebe und Dienstbereitschaft seine hervorstechendsten Wesenszüge sind.

Christsein, das sich am Vorbild Jesu ausrichtet, wird von denselben Merkmalen bestimmt. Als Jesus eines Tages aus gegebenem Anlaß den Grundsätzen dieser Welt die des Reiches Gottes gegenüberstellte, betonte er: „Ihr wißt ... wie die Machthaber der Welt ihre Völker unterdrücken. Wer die Macht hat, nutzt sie rücksichtslos aus. Aber gerade so darf es bei euch nicht sein. Wer in Gottes Augen groß sein will, der soll allen anderen dienen, und wer der Erste sein will, soll sich allen anderen unterordnen. Auch der Menschensohn ist nicht gekommen, um sich bedienen zu lassen, sondern um zu dienen und mit seinem Leben viele Menschen aus der Gewalt des Bösen zu befreien." (Mk 10,43-45 Hfa)

Christi Leben hat Vorbildfunktion für seine Nachfolger. „Im Leben des Erlösers", schrieb Ellen White, „wurden die Grundsätze des

Gesetzes Gottes – Liebe zu Gott und zum Nächsten – beispielhaft und vollkommen vorgelebt. In seinem Wesen offenbaren sich Güte und selbstlose Liebe." Jesu Lebensziel war, „andern zum Segen zu leben".[1]

Martin Luther äußerte im Blick auf ein Leben mit Christus: „Ich sollte für meinen Nächsten ein Christ werden und für ihn das sein, was Christus für mich ist." Und Anders Nygren fordert, der Christ solle „ein Kanal sein, durch den die Liebe Gottes hindurchströmen kann".[2]

Wenn Christus unser Vorbild ist, wird sich das daran zeigen, daß unser Handeln von der Liebe zu Gott und zum Mitmenschen bestimmt ist. Dieses Konzept – und das Leben, zu dem es hinführt – ist das Herzstück sowohl der fortschreitenden Heiligung als auch der Vollkommenheit.

John Wesley drückte das so aus: „Der Glaube, der durch die Liebe tätig ist, ist die Länge und die Breite und die Tiefe und die Höhe der christlichen Vollkommenheit ... Und in der Tat, wer seine Brüder liebt, nicht nur in Worten, sondern so, wie ihn Christus geliebt hat, der kann nicht anders, als ‚eifrig in guten Werken' zu sein. Er empfindet in seiner Seele ein brennendes, unaufhörliches Verlangen, sich zu verzehren und für sie verzehrt zu werden ... Bei jeder sich bietenden Gelegenheit wird er, wie sein Meister, ‚umhergehen und Gutes tun'."[3]

Wenn man die „Gesinnung Christi" empfangen hat, führt das nicht nur zu Taten der Liebe im Alltag, sondern hilft uns auch, die Sünde so zu hassen, wie Christus sie gehaßt hat, weil die Sünde das Leben der Kinder Gottes zerstört. Daher wird sich der Grundsatz der Liebe zu Gott und zu den Mitmenschen *in jedem Bereich* unseres Lebens auswirken. Es gibt nichts in unserem Leben, das nicht von diesem Grundsatz der Liebe erfaßt wird. Wer sich am Vorbild Christi orientiert, führt sein Leben unter völlig neuen Gesichtspunkten.

---

[1]   E. G. White, „Steps to Christ" 28 (vgl. „Der bessere Weg", 18); ders., „Das Leben Jesu", 41.53.

[2]   M. Luther, zit. bei P. Althaus, „Theology of Martin Luther", 135; A. Nygren, „Agape and Eros" (Philadelphia, 1953), 733.

[3]   J. Wesley, „Works", 14/321f.

In diesem Kapitel haben wir untersucht, was es heißt, Christus nachzufolgen. Wir haben dabei entdeckt, daß Nachfolge vor allem damit zu tun hat, das selbstsüchtige Ich, um das sich beim unbekehrten Menschen alles dreht, zu kreuzigen. Nur so wird es möglich, ein Leben des liebenden Dienstes für die zu führen, die in dieser Welt um uns herum sind.

Wir werden uns nun dem Thema der Vollkommenheit zuwenden. Das ist insofern ein wichtiges Thema, als Jesus seinen Nachfolgern aufgetragen hat: „Darum sollt ihr vollkommen sein, wie euer Vater im Himmel vollkommen ist." (Mt 5,48)

Kapitel 7

Was sagt die Bibel über
Vollkommenheit und Sündlosigkeit?

In meiner christlichen Erfahrung bekam ich es sehr bald mit dem
„pharisäischen Paradoxon" der Vollkommenheit zu tun. Wie bereits
erwähnt, hatte ich mir bei meiner Bekehrung ernsthaft vorgenommen, der erste sündlose und vollkommene Christ seit Christus zu
werden. Das stürzte mich in die ärgste Krise meines Lebens. Je mehr
ich mich darum bemühte, desto schlimmer wurde es mit mir. Fast
alle, die mit mir zu tun hatten, erkannten viel früher als ich, was mit
mir los war.

Wenn ich an jene Zeit zurückdenke, treibt es mir heute noch die
Schamröte ins Gesicht. Meine eingebildete „geistliche Überlegenheit"
hatte mich den Mitmenschen gegenüber ungenießbar gemacht. Ich
war unduldsam und schroff, neigte stets dazu, andere zu verurteilen,
und wurde ein Kleinigkeitskrämer mit einer negativen Grundeinstellung. Mit anderen Worten: Ich war zu einem typischen Pharisäer
geworden. In den zurückliegenden zwei Jahrtausenden hat sich die
Natur des Menschen nicht grundlegend geändert. Deshalb ist der
Geist des Pharisäertumss heute noch ebenso lebendig wie zur Zeit
Christi.

D. M. Baillie hilft uns, das Widersinnige des pharisäischen Perfektionismus zu entschlüsseln, wenn er bemerkt, daß es bestimmte Arten
des Perfektionismus und der Charakterentwicklung gibt, die uns
ständig dazu veranlassen, „an uns selbst zu denken. Wir sollen gerade davon frei werden, uns immer mit uns selbst zu beschäftigen und

unser Selbst in den Mittelpunkt zu stellen, weil das die Wurzel der Sünde ist ... Die allerschlimmste Art dieser Selbstbezogenheit ... besteht in Selbstgerechtigkeit und Stolz. So werden wir, anstatt zu Heiligen, zu Pharisäern.“[1]

Falsche Vorstellungen von der Vollkommenheit führen in die Irre, weil sie unser Ich und die eigene Entwicklung zum Mittelpunkt machen. In diesem Kapitel werden wir entdecken, daß die in der Bibel beschriebene Vollkommenheit weit von der Ichhaftigkeit des pharisäischen Perfektionismus entfernt ist.

Vollkommen sein: eine biblische Forderung

„Darum sollt ihr vollkommen sein, wie euer Vater im Himmel vollkommen ist“ (Mt 5,48), befahl Jesus seinen Zuhörern. Christus verlangt hier nicht nur Vollkommenheit, sondern macht auch noch Gott zum Maßstab.

„Wandle vor mir und sei untadelig“, forderte Gott von Abraham, als er ihm den Bund von neuem bestätigte (1 Mo 17,1 Pattloch). Der Hebräerbrief fordert dazu auf, sich dem „Vollkommenen“ zuzuwenden (Hbr 6,1), und Paulus schrieb an die Kolosser, daß er „jeden Menschen in Christus vollkommen machen“ möchte (Kol 1,28). Die geistlichen Gaben sollen den Gläubigen helfen, „zum vollen Maß der Fülle Christi“ zu gelangen (Eph 4,12.13).

Jean Zurcher schrieb im Blick auf diese und andere Texte, daß „die ganze Bibel ein einziger lauter Ruf nach Vollkommenheit ist“. R. Newton Flew gelangte zu dem Schluß, daß *„Christentum kein Christentum ist, wenn es nicht nach Vollkommenheit strebt“*. „Die Lehre von der christlichen Vollkommenheit ... ist nicht auf Seitenwegen der christlichen Theologie zu finden, sondern auf der Hauptstraße.“[2]

Aus den biblischen Aussagen ist zu schließen, daß Vollkommenheit möglich sein muß, denn sonst würden die Verfasser nicht dazu auffordern,

---

[1]   D. M. Baillie, „God was in Christ“, 205f.

[2]   J. R. Zurcher, „Christian Perfection: A Bible and Spirit of Prophecy Teaching“ (Washington D. C., 1967), 6; R. N. Flew, „The Idea of Perfection“, 397f. – Hervorhebung hinzugefügt.

vollkommen zu sein. Es ist also nicht zu fragen, ob Vollkommenheit möglich ist oder nicht, sondern wir müssen uns darüber klar werden, was die Schreiber der Bibel unter Vollkommenheit verstanden und wie sie zu erreichen ist.

Bevor wir uns dieser Aufgabe unterziehen, sollen noch einige vorbereitende Gesichtspunkte zu dieser Thematik bedacht werden. Erstens: Vollkommenheit kann im Leben des Gläubigen mehr als nur eine Bedeutung haben. Das allein vermindert die Verwirrung schon erheblich. Marvin Moore betont beispielsweise, daß „wir einerseits in Jesus in dem Augenblick vollkommen sind, in dem wir ihn als Erlöser annehmen, denn seine Gerechtigkeit deckt all unsere Sünden zu".

Hinzu kommt dann allerdings, „daß die Vervollkommnung unseres Charakters ein ganzes Leben lang" währt.[1] Es gibt daher biblische Konzepte der Vollkommenheit, die sich sowohl auf die Rechtfertigung als auch auf die fortschreitende Heiligung beziehen. In Kapitel 10 wird es dann noch um ein drittes biblisches Konzept gehen, nämlich das der Verherrlichung, wenn unsere sterblichen Leiber bei Christi Wiederkunft verwandelt werden (vgl. 1 Ko 15).

Es muß betont werden, daß sich die oben genannten Bibeltexte (Mt 5,48; Hbr 6,1; Eph 4,12.13) nicht auf die Vollkommenheit beziehen, die mit der Rechtfertigung verbunden ist. Sie sprechen von einem dynamischen Prozeß der Charakterentwicklung, in dessen Verlauf Menschen ihrem „Vater im Himmel" immer ähnlicher werden.

Diesen dynamischen Aspekt der Vollkommenheit meinte Paulus, als er die Korinther aufforderte: „Laßt uns ... die Heiligung vollenden in der Furcht Gottes." (2 Ko 7,1) Diese Dynamik ist ebenfalls gemeint, wenn der Verfasser des Hebräerbriefes den Gläubigen rät, sich dem „Vollkommenen" zuzuwenden (Hbr 6,1), und wenn den Korinthern zugesagt wird, sie würden „verklärt in sein Bild von einer Herrlichkeit zur andern" (2 Ko 3,18; vgl. Gal 4,19; 2 Pt 3,18).

Vincent Taylor wehrt sich dagegen, daß die Vollkommenheit allzu oft als ein festgelegter, statischer Standard betrachtet wird, „wo doch das christliche Ideal ... als etwas begriffen werden muß, das einer nie aufhörenden Bereicherung und Vertiefung fähig ist". Mar-

---

[1] M. Moore, „Reformer's Fire", 106f.

vin Moore sagt dasselbe, wenn er meint, Vollkommenheit müsse als fortlaufende Linie gedacht werden und nicht als Punkt, der erreicht werden soll. Er schreibt: „Das Wort *Punkt* schränkt zu sehr ein. Vollkommenheit ist ein Seinszustand, eine Beziehung zu Jesus, ein Lebensstil – jedenfalls mehr als ein *Punkt*, den man messen kann, um zu wissen, wann man ihn erreicht hat." Mildred Wynkoop beschreibt die Vollkommenheit als die Tiefe einer Beziehung, „die vom geistlichen Vermögen eines Menschen zu einem beliebigen Zeitpunkt abhängt".[1]

Das biblische Bild zeigt, daß sich der Charakter der Menschen unaufhörlich weiter entwickelt, wenn sie vollkommen sind (d. h. vervollkommnet werden). Diese Weiterentwicklung wird sich, wie wir in Kapitel 10 sehen werden, in den unendlichen „Zeiträumen" der Ewigkeit fortsetzen. Die dynamische Linie der Charakterentwicklung ist unendlich. „Vollkommene Christen" werden Gott immer ähnlicher, ohne jemals genauso zu sein wie er. Der Himmel wird eine Stätte ewigen, geistlichen Wachstums sein.

Es ist bedauerlich, daß unbiblische Vorstellungen über Vollkommenheit und Sündlosigkeit im Laufe der Kirchengeschichte immer wieder zu Fanatismus und Ausschreitungen geführt haben. Daher prangerte John Wesley, der sein ganzes Leben lang davon überzeugt war, daß der Christ vollkommen werden könne, eine Reihe von Perfektionisten an, durch ihre Lehren „das bloße Wort Vollkommenheit" in Verruf zu bringen.[2]

Falsche Vollkommenheitslehren haben in der Christenheit zu verschiedenen Verirrungen geführt. Eine irrige Auffassung hebt den deutlichen Unterschied zwischen dem Willen des Gläubigen und dem des Heiligen Geistes auf. Ihre Verfechter behaupteten, da der Christ aufgrund einer Erklärung Gottes „vollkommen" sei, müsse alles, was er tue, zwangsläufig richtig und geheiligt sein. Diese Anschauung führte in den vierziger Jahren des vorigen Jahrhunderts

---

[1]   V. Taylor, a. a. O., 144; M. Moore, „Refiner's Fire", 114; M. Wynkoop, „Theology of Love", 295.

[2]   J. Wesley, „The Letters of the Rev. John Wesley, A. M." (hgg. von J. Telford, London, 1931), 5/38.

unter ehemaligen Anhängern der Millerbewegung und anderen Christen zu sexueller Freizügigkeit – man nannte sie „geistliche, freie Liebe" – und anderen moralischen Verirrungen.[1]

Eine andere unbiblische Auffassung von Vollkommenheit führt in eine mehr oder weniger materialistische Richtung. In den neunziger Jahren des vorigen Jahrhunderts glaubte man in einigen adventistischen Kreisen und in der Heiligkeitsbewegung tatsächlich daran, daß sogar graue Haare wieder ihre ursprüngliche Farbe bekämen, wenn der Mensch einen entsprechenden Grad an Heiligkeit erreicht habe. Sogar ein Prediger wie E. J. Waggoner lehrte, daß jemand, der wahrhaft Christi Gerechtigkeit besitze, niemals krank werden könne.[2]

Eine weitere perfektionistische Irreführung ist ein Moralismus, der die äußerliche Übereinstimmung mit dem Gesetz betont. Im Rahmen der moralistischen Vollkommenheit wird jede Handlung, das gesamte menschliche Verhalten, durch Vorschriften reglementiert, die immer umfassender werden und alle Bereiche wie Arbeit, Ehe, Familie, Ernährung, Kleidung, Erholung usw. abdecken.

Heiligkeit durch Ehelosigkeit, Geißelung, Vegetarismus oder andere Einschränkungen auf dem Gebiet der Ernährung sind unter den Anhängern solcher moralistischen Vollkommenheit nichts Ungewöhnliches. Manche von ihnen schrecken nicht einmal vor der Selbstkastration zurück. Ihre Listen des Erlaubten und Verbotenen werden immer länger. Zu diesem Flügel des Perfektionismus gehörten vor allem Pharisäer, Einsiedler und Mönche. Aber auch unter konservativen Christen, einschließlich bestimmter adventistischer Kreise, kann man ihnen begegnen.

Ein letztes Mißverständnis der neutestamentlichen Vollkommenheit setzt an die Stelle der fortschreitenden Vollkommenheit in der Charakterentwicklung die uns aufgrund der Rechtfertigung zuge-

---

[1]   Siehe zum Beispiel Ronald G. Walters, „American Reformers", 1815-1860, New York, 54-60; Ellen White sah sich in ihrer Frühzeit ebenfalls mit diesem Problem konfrontiert.

[2]   S. N. Haskell, an E. G. White, 3. Oktober 1899; Virginia Lieson Brereton, „Training God's Army: The American Bible School, 1880-1940" (Bloomington, 1990), 11; E. J. Waggoner, „General Conference Bulletin" (1899), 53.

rechnete Vollkommenheit. Die Theorie lautet: Wir sind in Christus vollkommen, und allein darauf kommt es an. Die Verfechter dieser Lehre behaupten, „daß der Charakter von einer Person auf eine andere übertragen werden kann". Dadurch wurde Christus zu unserer stellvertretenden Vollkommenheit. Auf diese Weise „haben mit der Erlösung alle Prüfungen ein Ende ... Zwar wird zu einem guten, moralischen Lebenswandel ermutigt, doch der gilt nicht als notwendig für die Erlösung." Solch ein Glaube führt letztlich – zumindest im Denken, wenn nicht sogar in der Praxis – zur Ablehnung des Gesetzes (Antinomismus).[1]

In der Geschichte unserer Gemeinschaft hat es Zeiten gegeben, in denen manche von dieser unbiblischen Form der Vollkommenheit fasziniert waren. Meist herrschte dabei die Ansicht vor, man könne die Rechtfertigung von der Heiligung trennen (siehe Kapitel 4).

Biblische Vollkommenheit

Eines der größten Probleme mit der Vollkommenheit entsteht dadurch, daß manche Christen ihre eigenen Vorstellungen in die Bibel hineinlesen, anstatt darauf zu hören, wie Gottes Wort Vollkommenheit versteht. Das führt meist dazu, daß Vollkommenheit im absoluten Sinne verstanden wird. Eine solche Deutung befindet sich zwar in Einklang mit der griechischen Philosophie, entspricht aber nicht der Sicht der Bibel.

Dieses Hineintragen von Auffassungen in den Bibeltext hat im Blick auf das Verständnis des Begriffs „Vollkommenheit" verheerende Folgen gehabt. Wer der biblischen Bedeutung von Vollkommenheit auf die Spur kommen will, muß den Textzusammenhang als Kommentar betrachten, der die Wortbedeutung erklärt. Außerdem ist es wichtig, die biblische Bedeutung der Wörter zu erfassen, die in der deutschen Sprache mit *vollkommen* wiedergegeben werden.

Von den Verfassern der vier Evangelien benutzt nur Matthäus den Begriff *vollkommen* – und zwar nur dreimal. Davon allein zwei-

---

[1] M. B. Wynkoop, „Theology of Love", 279f.

mal in Matthäus 5,48, wo es heißt: „Darum sollt ihr vollkommen sein, wie euer Vater im Himmel vollkommen ist."

Viele Christen haben dieses Wort als Aufforderung verstanden, in jeder Beziehung so vollkommen wie Gott zu werden. Das hat teilweise zu unsinnigen oder extremen Verhaltensweisen geführt, weil man hoffte, diesen Idealzustand durch die Trennung von der Welt mit ihren Sünden erreichen zu können. In Wirklichkeit weist der Zusammenhang, in dem dieser Text steht, in eine ganz andere Richtung.

Die Verse 43 bis 47 zeigen, daß es in dieser Belegstelle um einen ganz bestimmten Sachverhalt geht und nicht um Vollkommenheit an sich. So vollkommen zu sein, wie der Vater im Himmel vollkommen ist, heißt hier: nicht nur seine Freunde zu lieben *(agapao)*, sondern auch seine Feinde. *„Liebt eure Feinde* und bittet für die, die euch verfolgen*, damit ihr Kinder seid eures Vaters* im Himmel." (V. 44.45 Hervorhebung hinzugefügt)

Die Parallelstelle im Lukasevangelium bekräftigt diese Aussage. „Seid barmherzig", befiehlt Jesus im Zusammenhang mit dem Gebot der Feindesliebe, „wie auch euer Vater barmherzig ist." ((Lk 6,27-36) Barmherzig zu sein ist also für Lukas dasselbe, wie vollkommen zu sein. So wie Gott Christus sandte, um für seine Feinde zu sterben (Rö 5,6.8.10), sollten auch seine Kinder ihren Feinden mit Liebe begegnen.

William Barclay kommentiert diese Schriftstelle folgendermaßen: „Das einzige, was uns wie Gott sein läßt, ist die Liebe, die nie aufhört, für Menschen zu sorgen, ganz gleich, was die auch tun mögen. Wir werden vollkommen ... wenn wir lernen, so zu vergeben, wie Gott vergibt, und so zu lieben, wie Gott liebt."[1]

Außer an der genannten Stelle kommt das Wort *vollkommen* in den Evangelien nur noch einmal im Gespräch Jesu mit einem jungen Reichen vor. Eines Tages wollte der junge Mann von Jesus wissen, wie er sich garantiert das ewige Leben sichern könne. Im Gespräch *zählte er auf*, was er im Blick auf das Halten der Gebote schon alles

---

[1] W. Barclay, „The Gospel of Matthew", 1/177.

erreicht hatte. Aber er war noch nicht zufrieden. Offenbar hatte er das Gefühl, nicht *genug getan* zu haben. „Was also noch?" war seine Frage. Jesu Antwort lautete: „Willst du vollkommen sein, so geh hin, verkaufe, was du hast, und gib's den Armen, so wirst du einen Schatz im Himmel haben; und komm und folge mir nach!" (Mt 19,16-21)

Christus gestattete es dem Fragesteller nicht, Gerechtigkeit in einzelne Handlungen aufzuspalten und sie damit zu einer Ware zu machen, um die man feilschen kann. Deshalb verband er das „Vollkommensein" nicht nur erneut mit der Liebe zum Nächsten, sondern stellte diese Liebe auch noch in den Zusammenhang mit einer das gesamte Leben verändernden Nachfolge.

„Die tatsächliche Entscheidung, die Christus vom reichen jungen Mann verlangte", schreibt Hans LaRondelle, „war in erster Linie nicht *ethischer* Natur (d. h. etwas tun zu müssen), sondern voll und ganz *religiöser* Natur (d. h. eine Beziehung zu jemandem zu haben); genauer: eine völlige Übergabe an Gott."[1]

Mit Christus verbunden zu sein heißt, sein Wesen der Liebe in sich aufzunehmen und widerzuspiegeln. Andere Bibelstellen, die sich mit Gottes Ideal für die Menschen beschäftigen, stehen im Einklang mit den Aussagen Jesu in den Evangelien (z. B. 1 Jo 2,4-6; Jak 1,27; Mi 6,8).

Vollkommenheit wird in der Bibel von der positiven Seite her beschrieben, nicht von der negativen. Das heißt: Das Wesen der Vollkommenheit besteht nicht darin, einzelne Dinge zu unterlassen oder bestimmte Verhaltensweisen aufzugeben, sondern aus der Beziehung zu Christus heraus „Werke der Liebe" zu tun. Es geht dabei darum, im Alltag eine christusähnliche Liebe und ein davon geprägtes Verhalten zum Mitmenschen und Gott gegenüber zu offenbaren.

„Vollkommenheit", so schreibt Jean Zurcher, „ist mehr, als nur das Böse nicht zu tun. Sie ist die Überwindung des Bösen durch das Gute im Einklang mit dem Grundprinzip, das in der Goldenen Regel niedergelegt ist (vgl. Mt 7,12)." Und Mervyn Maxwell äußert:

---

[1]   H. LaRondelle, „Perfection and Perfectionism", 181.

„Vollkommenheit des Charakters bedeutet nicht mehr und nicht weniger als ‚Liebe zu leben‘."[1]

Der Begriff Liebe definiert daher sowohl die Sünde als auch die christliche Vollkommenheit. Sünde ist es, die Liebe *(agape)* im wesentlichen auf mich selbst zu beschränken. Analog dazu bedeutet Vollkommenheit, daß ich diese Liebe wieder auf Gott und meinen Nächsten richte. Paulus spricht davon, daß diese Umorientierung jeden Bereich unseres Lebens verändert (Rö 13,8-10; Gal 5,14).

Vollkommene Liebe, so schreibt Leo Cox, „bedeutet *keinesfalls* ‚vollkommene Leistung‘ oder ‚vollkommene Fähigkeit‘ oder gar eine ‚vollkommene menschliche Natur‘." Es geht vielmehr um Gehorsam in der Beziehung zum Gott der Liebe, die zugleich die Grundlage seines Gesetzes ist.[2] Alle Versuche, vollkommen zu werden, ohne eine lebendige Beziehung zu Christus zu pflegen und ohne das Gesetz als Ausdruck seiner Liebe verstanden zu haben, schlagen fehl. Sie sind kalt und tot, darüber hinaus abstoßend und gefährlich. Wie wahr das ist, erlebt man spätestens, wenn man Menschen mit einem Hang zum Pharisäismus begegnet.

Nun ist es an der Zeit, sich den Wörtern der Bibel zuzuwenden, die mit dem deutschen Wort *Vollkommenheit* wiedergegeben werden. Kein einziges von ihnen bedeutet Sündlosigkeit oder hat etwas zum Inhalt, was in diese absolute Richtung weisen könnte. Das Schlüsselwort des Neuen Testaments für „vollkommen" ist *teleios*. Es ist das Eigenschaftswort zu *telos*. Was *telos* bedeutet, legt uns das Wort *Teleologie* nahe. In Meyers enzyklopädischem Lexikon heißt es unter dem Stichwort „Teleologie" (S. 298), daß jedem Ding ein Streben innewohne, „das durch seine Natur oder sein Wesen gesetzte Ziel seiner Existenz über die Vervollkommnung seiner Eigenschaften zu erreichen".

Im Griechischen bedeutet *telos* „Ende", „Absicht", „Zweck" oder „Ziel". Etwas ist *teleios,* wenn es den Zweck erfüllt, zu dem es geschaffen wurde. Die Menschen sind daher vollkommen *(teleios),*

---

[1]   J. R. Zurcher, „Christian Perfection", 25; C. M. Maxwell, „Ready for His Appearing" in „Perfection: The Impossible Possibility", 164; vgl. 141.

[2]   L. Cox, „Wesley's Concept of Perfection", 145f.

wenn sie den Zweck erfüllen, für den Gott sie bestimmt hat. Die Bibel sagt gleich auf den ersten Seiten, wozu die Menschen erschaffen wurden. „Lasset uns Menschen machen, ein Bild, das uns gleich sei", heißt es im Schöpfungsbericht (1 Mo 1,26). Es war für Jesus also ganz natürlich, davon zu sprechen, daß die Menschen so vollkommen *(teleios)* in der Liebe werden sollen wie ihr Vater im Himmel (Mt 5,48; vgl. 1 Jo 4,8). Von der Schöpfung her sind sie nämlich dazu bestimmt, liebevoll miteinander umzugehen. Daß das weithin nicht mehr der Fall ist, hat mit dem Sündenfall (vgl. 1 Mo 3) zu tun.

Der Sinn von *teleios* ist nicht „sündlos", sondern „reif", „erwachsen", „ganz" oder „unversehrt".[1] Christus konnte daher dem jungen Mann sagen, daß er sich uneingeschränkt Gott übergeben müsse, wenn er vollkommen *(teleios)* sein wolle (Mt 19,21).

Die Vorstellung von Vollkommenheit als Reife oder Erwachsensein wird in Hebräer 5,13 bis 6,1 besonders deutlich. Dort heißt es, daß die Christen von der Milch ihrer Kinderzeit, als sie noch Säuglinge im Glauben waren, nun zu der festen Speise der „Vollkommenen" [von *teleios*] oder „Erwachsenen" (EB) übergehen sollten. Die Reifen oder Erwachsenen sind jene, „die durch den Gebrauch geübte Sinne haben und Gutes und Böses unterscheiden können. Darum wollen wir jetzt lassen, was am Anfang über Christus zu lehren ist, und uns zum Vollkommenen [der vollen Reife (EB); von *teleiotes*] wenden."

Vom neutestamentlichen Befund her ist der „vollkommene" Christ der reife, unversehrte, ganze Christ. Auch im Alten Testament bedeuten die hebräischen Wörter, die mit „vollkommen" übersetzt werden, gewöhnlich: „ganz", „rechtschaffen", „unbeschädigt" oder „untadelig" in einem geistlichen Sinn.[2]

Deshalb konnten Noah, Abraham und Hiob als „vollkommen", „rechtschaffen" oder „ohne Tadel" bezeichnet werden (1 Mo 6,9;

---

[1] L. Coenen, „Begriffslexikon zum Neuen Testament" (Wuppertal, 1979, 2. Aufl., Bd. 2, Sp. 1492f.); „The International Standard Bible Encyclopedia", 1977-1988, unter „Perfect; Make Perfect; Perfection".

[2] W. Gesenius, „Hebräisches und Aramäisches Handwörterbuch" (Berlin, 1962, 17. Aufl.) unter „Tamam" [und seinen Ableitungen].

17,1; Hi 1,1.8), obwohl sie offensichtliche Fehler hatten. Der vollkommene Heilige des Alten Testaments war ein Mensch, der auf Gottes Wegen und nach seinem Willen wandelte, weil sein Herz ungeteilt dem Herrn gehörte (1 Kön 8,61; Jes 38,3; 1 Mo 6,9; 17,1). Der vollkommene Mensch, schreibt Du Plessis, ist derjenige, der „sich völlig dem Willen Gottes unterordnet" und sich vorbehaltlos „in seinen Dienst stellt", der ein „unbelastetes Verhältnis zu Jahwe" hat.[1]

Wenn man die Sicht der Bibel über Vollkommenheit zusammenfaßt, stellt sich heraus, daß sie nicht dem abstrakten Standard der Makellosigkeit in der griechischen Philosophie entspricht, sondern daß sie „das unversehrte Verhältnis des Menschen zu Gott und zu seinen Mitmenschen" ist.[2] Biblische Vollkommenheit schließt einen sittlichen Lebenswandel ein, aber sie umfaßt weit mehr als das. Es geht ihr hauptsächlich darum, die Beziehungen zu heilen, die durch den Sündenfall zerrissen worden sind.

John Wesleys Definition der biblischen Vollkommenheit verdient mehr Aufmerksamkeit, als ihr oftmals in adventistischen Kreisen zugebilligt wird. Wesley gelangte zu dem Schluß, daß Vollkommenheit die vollkommene Liebe zu Gott und unserem Nächsten ist, die sich in Wort und Tat ausdrückt. Liebe zu Gott bedeutet nach seiner Definition: „sich an ihm zu ergötzen, sich über seinen Willen zu freuen, ständig danach zu verlangen, ihm zu gefallen, unsere Freude bei ihm zu suchen und in ihm zu finden sowie sich Tag und Nacht danach zu sehnen, ihn völliger zu erfreuen".[3]

An anderer Stelle schrieb Wesley: Vollkommenheit „ist Reinheit der Lebensziele, Hingabe des ganzen Lebens an Gott. Sie bedeutet, Gott unser ganzes Herz zu schenken; sie bedeutet, daß unser Wesen völlig von einem Wunsch und einem Ziel beherrscht wird. Sie ist die Weihe und Übergabe nicht nur eines Teiles, sondern des Ganzen: der ganzen Seele, des ganzen Leibes und alles dessen, was wir sind und haben, an Gott. Mit anderen Worten, Vollkommenheit ist die

---

[1] P. J. Du Plessis, „Teleios: The Idea of Perfection in the New Testament" (Kampen, 1959), 241.

[2] H. LaRondelle, „Perfection and Perfectionism", 327.38f.43.48f.

[3] J. Wesley, „Works", 11/446; 7/495.

Gesinnung Christi, die es uns ermöglicht, so zu wandeln, wie Christus gewandelt ist. Sie ist die Beschneidung des Herzens von aller Unreinheit, aller inneren wie auch äußeren Befleckung. Sie ist die Erneuerung des Herzens zum vollkommenen Ebenbild Gottes, daß wir ihm, der uns geschaffen hat, völlig ähnlich werden. Anders ausgedrückt: sie bedeutet, Gott von ganzem Herzen zu lieben und unseren Nächsten wie uns selbst."

Es dürfte schwierig sein, eine solche Definition noch zu verbessern. Wesley selbst meinte, sie beschreibe „die ganze und einzige Vollkommenheit".[1]

Sündlosigkeit in der Bibel

Die Bibel lehrt ausdrücklich, daß wir in diesem Leben sündlos sein können. So jedenfalls stellt es der Apostel Johannes in verschiedenen Passagen seines ersten Briefes dar.

„Wer in ihm bleibt, der sündigt nicht ... Wer aus Gott geboren ist, der tut keine Sünde; denn Gottes Kinder ... *können nicht sündigen.*" (1 Jo 3,6.9 – Hervorhebung hinzugefügt) „Wir wissen, daß wer von Gott geboren ist, der sündigt nicht, sondern wer von Gott geboren ist, den bewahrt er, und der Böse tastet ihn nicht an." (1 Jo 5,18)

Für sich allein genommen scheinen diese Aussagen sündlose Vollkommenheit zu beschreiben und von jedem Christen zu fordern. Es gibt im selben Brief aber auch Textstellen, die scheinbar genau das Gegenteil behaupten: „Wenn wir sagen, wir haben keine Sünde, so betrügen wir uns selbst"; „wenn wir aber unsre Sünden bekennen, so ist er treu und gerecht, daß er uns die Sünden vergibt"; „wenn wir sagen, wir haben nicht gesündigt, so machen wir ihn zum Lügner"; „dies schreibe ich euch, damit ihr nicht sündigt. Und wenn jemand sündigt, so haben wir einen Fürsprecher bei dem Vater, Jesus Christus, der gerecht ist" (1 Jo 1,8-2,1).

Was soll man davon halten? Entweder gehen die Gedanken des Apostels völlig durcheinander, oder er operiert mit einer komplexe-

---

[1]   J. Wesley, „A Plain Account of Christian Perfection", 117f.

ren Definition der Sünde, als manche meinen. Ich denke hier vor allem an solche, die schnell darauf verweisen, Johannes habe gesagt, Sünde sei „Übertretung des Gesetzes" [griechisch: *anomia*; Luthertext: Unrecht] (1 Jo 3,4), und die meinen, das bezöge sich ausschließlich auf das äußere Verhalten.

Höchstwahrscheinlich hatte Johannes wirklich eine vielschichtigere Vorstellung von Sünde, als das gemeinhin angenommen wird. In 1. Johannes 5,16 spricht er beispielsweise von zwei verschiedenen Arten der Sünde: nämlich Sünde „nicht zum Tode" und solche „zum Tode".

Die Trennlinie zwischen der Sünde, die man bei Gläubigen nicht findet („Sünde zum Tode", 1 Jo 3,9; 5,16), und jenen Sünden, für die sich Christus als Vermittler einsetzt („Sünden nicht zum Tode", 1 Jo 1,9; 2,1), liegt in der Grundhaltung des Menschen. In diesem Zusammenhang sind die grammatikalischen Zeitformen der Texte von Bedeutung.

In allen Texten des ersten Johannesbriefs, in denen Sündlosigkeit gefordert wird, steht das Verb „sündigen" im Präsens, also in der Gegenwartsform. Das besagt: Diese Leute sündigen ständig und gewohnheitsmäßig. An Stellen, die davon sprechen, daß Christus für uns als Fürsprecher eintritt, wenn wir sündigen, stehen die entsprechenden Verben im Aorist. Diese grammatikalische Form kennen wir im Deutschen nicht. Der Aorist beschreibt eine in der Vergangenheit abgeschlossene Handlung, die also nicht mehr fortdauert, daher auch nicht gewohnheitsmäßig sein kann.[1]

Der erste Johannesbrief unterscheidet schon aufgrund der Zeitform zwischen zwei Gruppen von Menschen. Die einen befinden sich im Zustand der Auflehnung gegen Gott und sündigen fortlaufend und gewohnheitsmäßig. Das ist ihr Lebensstil. Die anderen sündigen zwar auch, aber sie leiden darunter, bereuen ihr Fehlverhalten und bitten um Vergebung und Reinigung. Zur ersten Kategorie gehören diejenigen, deren Sünden „zum Tode" sind, wogegen die Sünden der anderen „nicht zum Tode" sind.

---

[1] Siehe D. Guthrie, „New Testament Theology", 666f.; V. Taylor, a. a. O., 163ff.

Die einen verharren im Stande der „Gesetzlosigkeit" (1 Jo 3,4 EB) und der Auflehnung gegen Gott. Die anderen dagegen sind „aus Gott geboren", wurden von ihm an Kindes Statt angenommen und „bleiben in ihm" (1 Jo 3,9; 6,1).

Wer von Gott her geboren ist und deshalb eine neue Gesinnung hat, lehnt sich nicht mehr gegen Gott auf. Im Gegenteil, er *wandelt* „im Licht ... wie er im Licht ist" (1 Jo 1,7; vgl. 2,6). Andrerseits gibt es auch Christen, die von sich behaupten, Gemeinschaft mit Gott zu haben, obwohl sie in Wirklichkeit „wandeln in der Finsternis" (1 Jo 1,6). Johannes bringt das auf den Punkt, indem er sagt: „Wer sagt: Ich kenne ihn, und hält seine Gebote nicht, der ist ein Lügner, und in dem ist die Wahrheit nicht." (1 Jo 2,4)

Schon die Art und Weise, wie Johannes das Wort *wandeln* gebraucht, zeigt, daß er von zwei verschiedenen Lebensstilen spricht. Dies deuten schon die unterschiedlichen grammatikalischen Zeitformen der Verben an. Der eine Lebensstil ist ein *Sündenverhältnis* zu Gott, das andauernde Gesetzlosigkeit (Sünden) zur Folge hat und schließlich in den Tod führt. Der andere beruht auf einem *Glaubensverhältnis,* in dem der Mensch von Gott her neu geboren worden ist, eine andere Einstellung zur Sünde hat und Jesus als seinen Mittler anerkennt und in Anspruch nimmt. *Wer dieser zweiten Kategorie angehört, wird von Johannes als sündlos bezeichnet, selbst wenn er noch sündige Handlungen begeht, die ihm vergeben werden müssen.* Deshalb ist Sündlosigkeit im gegenwärtigen Leben nicht nur möglich, sondern auch verheißen und zugleich gefordert.

Der Christ *kann nicht sündigen* [sich im Stande der Auflehnung befinden], weil er aus Gott geboren ist (Kapitel 3,9 – Hervorhebung hinzugefügt). Andererseits sind diejenigen, die nicht aus Gott geboren sind, „Kinder des Teufels". In ihrer Auflehnung tun sie weder Gottes Willen, noch lieben sie ihren Nächsten (1 Jo 3,10).

Dasselbe Grundmuster findet sich auch in Römer 6, wo sich der Apostel Paulus mit dem Thema Sündlosigkeit befaßt. Dort wird zweimal festgestellt, daß Christen „der Sünde gestorben" (V. 2.11) und „von der Sünde frei ... geworden" sind (V. 22). Paulus will damit jedoch nicht sagen, daß Christen niemals wieder sündige Handlungen begehen; es geht ihm vielmehr darum, daß ihr Leben nicht mehr unter der Herrschaft der Sünde steht. Deshalb betont der Apostel, daß die Sünde nicht mehr [über sie] herrschen bzw. ihre Herrschaft nicht mehr über sie ausüben kann (V. 6.14).

An dieser Stelle des Römerbriefs behauptet Paulus, daß ein Mensch entweder in einem Sündenverhältnis oder in einem Glaubensverhältnis zu Christus steht. Wer in einem Glaubensverhältnis steht, ist „mit ihm [Christus] verbunden" durch den Tod seiner alten Gesinnung und auferstanden mit einer neuen Einstellung zu Gott und seinem Willen. Deshalb wandeln er in einem neuen Leben (V. 1-11), läßt weder die Sünde „herrschen" in seinem „sterblichen Leib", noch führt er ein Leben im Dienst für die Sünde (V. 12-14). Er ist in demselben Sinne sündlos, wie Johannes behauptete, daß Christen sündlos seien. Zwar gibt es auch in seinem Leben noch Sünden, aber er lebt nicht mehr im Stadium der SÜNDE, d. h. der Auflehnung gegen Gott und seine Grundsätze.

Selbstverständlich ist sich Paulus darüber im klaren, daß Christen ihre Glaubensbeziehung im „sterblichen Leib" verwirklichen müssen (V. 12). Das ist ein Aspekt des Christenlebens, der sowohl Paulus als auch Johannes veranlaßte, zwischen Sündlosigkeit und dem, was wir als absolute Sündlosigkeit bezeichnen würden, zu unterscheiden.

Eine ähnliche Differenzierung nimmt Paulus auch vor, wenn er zwischen Vollkommenheit und absoluter oder endgültiger Vollkommenheit unterscheidet. Im Philipperbrief schätzt er sich und einige Mitgläubige bereits als „vollkommen" ein, um im gleichen Atemzug einzugestehen, daß er noch nicht zur Vollkommenheit gelangt sei (Phil 3,15.12).

Der Zustand des „Schon-Vollkommenseins" bezieht sich auf die Übergabe des Herzens und der Sinne an Christus, wogegen der Zustand des „Noch-nicht-Vollkommenseins" besagt, daß sich Paulus und die anderen Gläubigen immer noch in einem Wachstums- und Entwicklungsprozeß hin zur Vollkommenheit befanden. Das heißt, sie waren einerseits bereits vollkommen (reif in ihrem Verhalten als Christen), andrerseits befanden sie sich noch auf dem Wege zu einer völligen Vollkommenheit.

Deshalb ist das Vollkommensein ein dynamischer Zustand, in dem Nachfolger Jesu bezüglich ihres christlichen Leben ständig Fortschritte machen.[1] Paulus kann daher den Philippern schreiben, daß er sich mit aller Kraft um das Wachstum und den Fortschritt seiner Vollkommenheit bemühe (Phil 3,12-14). Sein Herz, sein Denken und seine Haltung gegenüber Gott waren vollkommen, er hatte aber noch nicht die absolute Vollkommenheit erlangt. Paulus war in demselben Sinne zugleich vollkommen und auch nicht vollkommen, wie die Leser des ersten Johannesbriefs sowohl sündlos als auch noch nicht sündlos im absoluten Sinne sein konnten. Diesen Unterschied übersehen leider viele Bibelleser.

Absolute Sündlosigkeit ist ein sehr weitreichender und tiefgreifender Seinszustand. Christen, die ihn so leichthin von sich und anderen fordern, sehen in der Sünde nur bewußte Akte der Auflehnung gegen Gott, die sich möglicherweise bei gutem Willen mit einiger Anstrengung vermeiden lassen. Aber auch Denk- und Handlungsweisen, die einem gar nicht als Sünden bewußt werden, oder Unterlassungssünden lassen den Menschen vor Gott schuldig werden. Mit anderen Worten, zur absoluten Sündlosigkeit (bzw. absoluten Vollkommenheit) gehört nicht nur, daß man alle bewußten und unbewußten Sünden aufgibt, sondern auch, daß man niemals versäumt, das Gute und Richtige zu tun.

Daß diese Unterscheidung nicht aus der Luft gegriffen ist, wird an Christi Schilderung des Weltgerichts deutlich. Jesus spricht davon, daß es bei seiner Wiederkunft unter den Menschen zu einer Scheidung kommen wird. Die einen wird er in das Reich Gottes aufnehmen, die anderen schickt er in die Verdammnis. Letzteren wird nicht das Böse, das sie getan haben, vorgeworfen, sondern sie gehen verloren, weil sie das Gute unterlassen haben (Mt 25,31-46).

Die Bedeutung, die Gott den unsichtbaren Unterlassungssünden beimißt, steht in krassem Gegensatz zu der Anschauung, nur bewußt begangene Akte der Auflehnung seien als Sünde zu werten. Die Meßlatte, die sich aus Gottes Wesen ergibt, liegt erheblich höher, als es den Pharisäern aller Zeiten und Schattierungen lieb sein kann.

---

[1]   Siehe H. Ridderbos, „Paulus – Ein Entwurf seiner Theologie", 189.

Wer Sünde im Wesentlichen als bewußtes Auflehnen gegen Gott oder als absichtliches Mißachten seines Willens definiert, hat es natürlich leichter, die selbst angelegte Meßlatte zu überspringen. Aus dieser Sicht wird auch die vorwiegend negative Betrachtungsweise der Pharisäer verständlich. Sie hielten sich schon für vollkommen, weil sie das Böse mieden.

Wer behauptet, von Sünde völlig frei zu sein, definiert die Sünde falsch. Ellen White verweist auf einen viel umfassenderen Begriff von Sünde als allgemein angenommen, wenn sie schreibt: „Kein Apostel oder Prophet behauptete jemals, sündlos zu sein. Menschen, die in enger Beziehung mit Gott lebten, Männer, die lieber ihr Leben hingegeben als *absichtlich* etwas Unrechtes getan hätten, so daß Gott ihnen Erkenntnis und Vollmacht schenkte, haben immer wieder bekannt, daß sie in ihrem Wesen von Natur aus zur Sünde neigten."[1]

Zumindest zwei Punkte sollten wir in dem obigen Zitat beachten. Erstens: Ellen White bekräftigt das biblische Konzept, das zwischen bewußten und unbewußten Sünden unterscheidet (Kap. 2). Wer niemals bewußt Böses getan hat, ist deshalb noch nicht ohne Sünde. Zweitens: Die Wurzel der unbewußten Sünde liegt in der sündhaften menschlichen Natur. Diese Wurzel läßt sich bis zur Wiederkunft Christi nicht aus dem Wesen des Menschen herausreißen (vgl. 1 Ko 15,44.51-53; Phil 3,20.21).

Ellen White hatte richtig erkannt, daß die Sünde bewußte und unbewußte Aspekte enthält. John Wesley sprach in diesem Zusammenhang von echten und unechten Sünden und folgerte daraus, daß „Vollkommenheit in der Liebe" mit „tausend Fehlern" vereinbar ist.[2]

Die „Vollkommenheit" von der im Philipperbrief die Rede ist, und die „Sündlosigkeit" von der Johannes in seinem ersten Brief spricht, sind weder als absolute Vollkommenheit noch als absolute Sündlosigkeit zu verstehen. Sie bedeuten vielmehr, daß man nicht mehr in einer Haltung der Auflehnung gegen Gott lebt und seine Grundsätze, die in seinem Gesetz der Liebe geoffenbart sind.

---

[1]   E. G. White, „Bilder vom Reiche Gottes", 137f. – Hervorhebung hinzugefügt.
[2]   J. Wesley, zit. bei M. E. Dieter, a. a. O., 23.

Aufgrund ihres für die Sünde anfälligen Leibes sowie fehlerhaften Verstandes, der vieles nicht richtig erkennt und versteht (vgl. 1 Ko 13,12), begehen auch Christen Sünden aus Unwissenheit und Schwachheit.[1]

Wesleys Einschätzung trifft zu, daß es Menschen gibt, die „Gott von ganzem Herzen lieben ... Aber auch diese Seelen wohnen in einem geschwächten Leibe und werden dadurch so sehr niedergedrückt, daß sie sich in ihrem Bemühen, recht zu denken, zu sprechen und zu handeln, nicht immer in dem Maße verwirklichen können, wie sie es gern möchten. Weil es ihnen an besseren leiblichen Organen mangelt, können sie nicht verhindern, daß sie mitunter falsch denken, sprechen und handeln, aber nun wirklich nicht aus Mangel an Liebe, sondern wegen eines Mangels an Erkenntnis. Aber trotz dieses Mangels und der daraus entstehenden Folgen erfüllen sie das Gesetz der Liebe", wenn auch nicht in vollem Maße. Wegen dieses Defizits an praktischer Liebe, auch wenn es auf Unwissenheit und Schwachheit beruht, „brauchen sie noch das Blut der Versöhnung und müssen für sich selbst bitten: ... ‚Vergib uns unsere Schuld'."[2]

Es ist also durchaus möglich, in unserer Haltung und Einstellung vollkommen oder sündlos zu sein, ohne Vollkommenheit oder Sündlosigkeit im Handeln zu erreichen. Johannes, Paulus und John Wesley stimmen in diesem Punkt völlig überein. Sie sind sich außerdem darin einig, daß auch unbewußte und irrtümliche Sünden des Bekenntnisses und des Blutes der Versöhnung bedürfen (siehe Kapitel 2). Während sich das ethische Konzept der Sünde auf die Absichten und die Einstellung des Menschen bezieht, sieht das am Gesetz orientierte Konzept der Sünde alle Übertretungen, durch die Gottes Ideal verfehlt wird. Beide Arten der Sünde – bewußte und unbewußte – stehen unter der vergebenden Gnade Gottes.

Das Verständnis der Vollkommenheit als ein einerseits schon erreichter und andrerseits doch noch nicht erreichter Zustand, wie Paulus es darlegt (Phil 3,9-15), sowie die Fächerung der Sündlosigkeit in einen erreichten und einen noch nicht erreichten Zustand, wie sie

---

[1] Siehe L. Cox, „Wesley's Concept of Perfection", 168-173.
[2] J. Wesley, „A Plain Account of Christian Perfection", 84.

von Paulus und Johannes vertreten wird (Rö 6; 1 Jo 3,9; 1,9-2,1), muß unter dem Blickwinkel der Vollkommenheit als Haltung oder Einstellung im Gegensatz zur Vollkommenheit im Handeln und Verhalten gesehen werden. Während die eine schon jetzt und hier zum Merkmal des bekehrten Christen gehört, ist die andere ein Ideal, auf das der Gläubige zustrebt.

Leo Cox versuchte das, was Paulus mit „sterblichen Leibern", Wesley mit „geschwächten Leibern" und Ellen White mit „Sündhaftigkeit der menschlichen Natur" beschrieb, durch einen Vergleich deutlich zu machen. Er schrieb: „Selbst ein virtuoser Musiker kann nicht die künstlerische Leistung vollbringen, zu der er fähig ist, wenn ihm nur ein schlechtes Instrument zur Verfügung steht. Im Christenleben ist es ähnlich. Selbst ein edles und reines Herz kommt oft zu Fall, weil es in einem angeschlagenen, irdischen Gefäß schlägt. Aber Mißtöne, die durch ein mangelhaftes Instrument hervorgerufen werden, widerlegen ja nicht die Meisterschaft des Künstlers!" Edward Heppenstall schrieb in diesem Sinne, daß der Heilige Geist niemals „die Einschränkungen, denen die Menschen aufgrund der Sünde unterworfen sind, derart aufhebt, daß sie die absolute Sündlosigkeit erreichen können".[1]

Wenn die Bibel im Blick auf den sterblichen Menschen von Vollkommenheit spricht, meint sie die Vollkommenheit der Seele und nicht etwa ein allumfassendes, völliges Vollkommensein. Daher rührt die Spannung in den Schriften des Paulus, wonach der Christ vollkommen und unvollkommen zugleich ist. Herz und Geist des Gläubigen sind bereits so umgewandelt, daß er nicht mehr den starken Wunsch oder den bewußten Vorsatz hegt, der Sünde in seinem Leben freien Lauf zu lassen.

Der Christ ist nicht mehr Sklave der Sünde, sondern wird Gott und dem Mitmenschen gegenüber von der *Agape*-Liebe bestimmt. Daher ist es nach der Bibel jedem Christen möglich, ein Leben ohne Auflehnung gegen Gott und dessen Grundsätze zu führen. Judas schreibt, daß uns Gott „vor dem Straucheln" behüten und „untadelig

---

[1]   L. Cox, „Wesley's Concept of Perfection", 150; E. Heppenstall, „Let Us Go on to Perfection", in „Perfection: The Impossible Possibility", 76.

stellen kann vor das Angesicht seiner Herrlichkeit mit Freuden" (Jud 24). Und Ellen White betont, daß es dem Menschen durch Gottes Hilfe prinzipiell möglich ist, „jede Versuchung, die auf ihn einstürmt, zu überwinden".[1]

Wesley vertrat die Ansicht, daß es „in den größten Versuchungen genügt, einen einzigen Blick auf Christus zu werfen und nur seinen Namen auszusprechen, um den Bösen zu überwinden, wenn es im Vertrauen und in einem sanften Geist geschieht".[2]

Diese Art, Versuchungen zu überwinden, mag auf den ersten Blick naiv und einfältig erscheinen, aber das täuscht. Ich weiß seit langem aus eigener Erfahrung, daß ich nicht von Herzen beten und zugleich vorsätzlich sündigen kann. Ich habe es ausprobiert. Versuchung an sich ist noch nicht Sünde. Aber sie beginnt es in dem Augenblick zu werden, wo ich sie als Versuchung erkenne.

Wenn ich an diesem Punkt bin, gibt es für mich zwei Möglichkeiten: Entweder weise ich die Versuchung im Aufblick zu Jesus und mit Gottes Hilfe entschlossen zurück, oder ich liebäugle weiterhin mit ihr. Mit anderen Worten: Ich kann Gott bitten, in mein Leben einzugreifen und mir zu helfen, die Versuchung zu überwinden, oder ich lasse ihn wissen, er solle sich noch eine Weile aus der Sache raushalten, damit ich meinem sündigen Vergnügen nachgehen kann.

Ich habe entdeckt, daß mich der innere Drang zum Sündigen verläßt, wenn ich ernsthaft zu Gott bete. Offensichtlich kommt mir dann der Heilige Geist zu Hilfe. Er weckt in mir nicht nur die Abneigung gegen mein sündiges Verlangen, sondern auch die christliche Liebe zu Gott, zu meinen Mitmenschen und zu mir selbst. Irgendwie widerstrebt es mir dann, etwas zu tun, was anderen schaden und sie verletzen könnte oder wodurch Christus „von neuem gekreuzigt" würde.

Allerdings muß ich zugeben, daß dieser Vorgang durchaus nicht immer so problemlos verläuft, wie sich das hier anhören mag. Häufig geht es mir ähnlich wie dem Kirchenvater Augustin. Für ihn war damals sein liederlicher Lebenswandel das größte Problem. Er wußte

---

[1] E. G. White, „Our High Calling", 48.
[2] J. Wesley, „A Plain Account of Christian Perfection", 109.

das und wollte es auch ändern, aber er betete: „Mache mich keusch, o Herr, doch nicht gleich!"

Im Prinzip ist das auch mein Dilemma. Natürlich möchte ich über die Versuchung zur Sünde siegen, aber eben manchmal nicht sofort. Zuweilen verlangt es mich danach, die Sünde noch ein bißchen auszukosten – und sei es nur in Gedanken. Da würde es stören, wenn Gott sich allzuschnell einmischte. Wenn ich meinen sündigen Gedanken und Vorstellungen den Vorrang gebe, signalisiere ich Gott dadurch, daß mir im Augenblick wenig daran liegt, daß er mein Herr ist. Ich habe aber auch die andere Erfahrung gemacht. Wenn ich ihn ernsthaft um Hilfe bitte, verliert die Versuchung ihre Macht über mich. Mag sein, daß ich nicht gleich festen Boden unter den Füßen habe, sondern noch schwanke, dann muß ich möglicherweise ein zweites oder drittes Mal um diese Sache beten, aber Gottes Kraft steht mir zu Verfügung, wenn ich es wirklich wünsche.

Kurz gesagt, ich habe durch praktisches Erproben in meinem täglichen Leben festgestellt, daß ich nicht sündigen muß, wenn ich mich bewußt Gott anvertraue und mich ihm im Gebet nahe. Was Gott den Apostel Paulus wissen ließ, gilt in abgewandelter Form auch für jeden anderen Christen: „Verlaß dich ganz auf meine Gnade. Denn gerade wenn du schwach bist, kann sich meine Gnade an dir besonders zeigen." (2 Ko 12,9 Hfa)

Diese Ausführungen über Versuchungen müssen im Zusammenhang mit dem unleugbaren Widerhall gesehen werden, den die Sünde in unserem „sterblichen Fleisch" hervorruft. Wer die Macht der Sünde im menschlichen Leben unterschätzt, begeht einen verhängnisvollen Fehler. Andererseits sollten wir aber auch daran denken, daß Gottes Macht weit größer ist als die der Sünde. Wie stark und hartnäckig uns das Böse auch bedrängen mag, Gott wird uns davor schützen, *wenn* wir es tatsächlich wollen und ihm dazu freie Hand lassen.

Ein Hauptmerkmal christlicher Reife (oder Vollkommenheit) ist das aufrichtige Verlangen, in der Liebe zu Gott und zum Menschen vollkommen zu werden. Unreif und von Vollkommenheit weit entfernt wäre es, der Versuchung und Sünde ohne Rücksicht auf die Folgen, die aus einer zerbrochenen Beziehung zu Gott und zum Mitmenschen entstehen, nachzugeben. Vor allem dann, wenn man mit dem Gedanken spielt, Gott werde einem später schon wieder vergeben, da er ein Gott ist, der mindestens „siebzigmal siebenmal" vergibt (Mt 18,22).

Gewiß, er wird mir vergeben, wenn ich mich reumütig und vertrauensvoll an ihn wende, aber eigentlich wünscht er sich mehr. Er möchte nämlich, daß ich frei werde von der Gesetzmäßigkeit der Niederlage und zur Gesetzmäßigkeit des Sieges gelange, indem ich die geistliche Kraft in Anspruch nehme, die er für mich bereithält. John Wesley drückte das so aus: „Niemand sündigt, weil es für ihn an Gnade mangelte, sondern weil er die Gnade nicht nutzt, die ihm zur Verfügung steht."[1]

Wir wollen uns noch einmal daran erinnern lassen, daß christliche Vollkommenheit nicht nur darin besteht, eine bewußte Glaubensbeziehung einzugehen, in der falsche Handlungen als abstoßend erscheinen. Weitaus wichtiger ist es, sich Gott und den Mitmenschen in Liebe zuzuwenden. Vollkommenheit heißt, sein Leben in einer Liebe zu führen, die nach außen auf den anderen zielt. Liebe ist der beste Beweis dafür, daß Gott sowohl unsere Gesinnung als auch unser Handeln verändert hat – zwei Aspekte unseres Lebens, die man nicht voneinander trennen darf.

Christliche Vollkommenheit ist also nicht nur negativ geprägt (was ich nicht tue) oder nur nach innen – auf Seele und Geist – gerichtet. Sie ist auch positiv orientiert (was ich tue) und der Umwelt zugewandt. Dadurch trägt der Christ dazu bei, daß die Welt, in der er lebt, eine positive Veränderung erfährt.

John Wesley und die Vollkommenheit

Sowohl die methodistisch geprägten Glaubensgemeinschaften als auch Ellen White in ihrem Buch „Der große Kampf" sehen in Wesley eine Fortsetzung der Protestantischen Reformation.

---

[1] J. Wesley, „Works", 6/512.

J. Kenneth Grider schreibt, daß Wesleys Beitrag „jene Lehre ist, die besonders Martin Luthers Versuch im 16. Jahrhundert, die christliche Lehre entsprechend dem Neuen Testament zu reformieren, ergänzt. Es war die Aufgabe des Mannes aus Wittenberg, die Lehre von der Rechtfertigung durch den Glauben zu erneuern. Ebenso war es die Aufgabe Wesleys, des Mannes aus Epworth, die Lehre zu erneuern, daß die Gläubigen, wenn sie einmal durch den Glauben gerechtfertigt sind, durch den Glauben ... in diesem Leben völlig geheiligt [vollkommen gemacht] werden können."[1]

Den klassischen Reformatoren des 16. Jahrhunderts ging es vor allem darum – entgegen dem auf die Werke fixierten Katholizismus des Mittelalters –, Gottes Handeln *für* die Menschen in der Rechtfertigung herauszustellen. Obwohl sie nicht leugneten, daß sich auch das Leben des Gerechtfertigten verändern müsse, rückte im Laufe der Zeit die Heiligung oder Gottes Handeln *im* Menschen mehr und mehr in den Hintergrund. Zu Lebzeiten John Wesleys, in der Mitte des 18. Jahrhunderts, vertraten viele Protestanten Spielformen des Antinomismus, der Ablehnung des Sittengesetzes, weil sie die als rein juristischen Freispruch verstandene Rechtfertigung überbetonten. Das machte in der protestantischen Christenheit eine Kurskorrektur in Richtung Heiligung nötig.[2]

John Wesley sah sich zu dieser Aufgabe berufen. Nachdem er darauf hingewiesen hatte, daß „viele Reformatoren sich beklagten ... ,die Reformation sei nicht weit genug gegangen'", betonte er, daß eine vollendete Reformation nicht auf Riten und Zeremonien abzielen solle, sondern „auf eine vollständige Änderung des *Charakters* und des *Lebens* der Menschen".[3]

Donald Dayton verwies aus anderer Sicht auf denselben Punkt. Die Generation, die auf die Reformation folgte, habe in ihrer Hingabe und Treue die christliche Lehre zu verdeutlichen, die wichtigen

---

[1]   E. G. White, „Der große Kampf" (Hamburg, 1994), 159-166; J. K. Grider, „Entire Santification: The Distinctive Doctrine of Wesleyanism" (Kansas City, 1980), 11.

[2]   Siehe „The Wesleyan Theological Heritage: Essays of Albert C. Outler" (hgg. von T. C. Oden/L. R. Longden, Grand Rapids, 1991), 76-95.

[3]   J. Wesley, „Works", 13/9.

protestantischen Glaubensbekenntnisse geschaffen. Hingegen „hat uns die wesleyanische Tradition ... das Vermächtnis der Werke der Liebe hinterlassen".[1]

Die Heiligung und die christliche Vollkommenheit schon in diesem Leben zu betonen war der wichtige Beitrag, den John Wesley geleistet hat. Die christliche Vollkommenheit, so sagte er, „ist das bedeutende Pfund, das Gott bei den Leuten hinterlegt hat, die man Methodisten nennt; und es scheint, daß er uns vor allem deshalb hat entstehen lassen, damit wir es weitergeben".[2]

Jede Religion, die nicht die durch den Sündenfall verlorengegangene wahre Heiligkeit wiederherstellt, war für Wesley „nichts anderes als eine bloße Farce und eine reine Verhöhnung Gottes, die zum Verderben der eigenen Seele führt ... Von Natur aus sind wir durch und durch verdorben. Durch die Gnade werden wir völlig erneuert werden."[3]

Wesley lehnte es wegen der Unterscheidung zwischen bewußten Sünden und unechten Sünden ab, Vollkommenheit als Sündlosigkeit zu definieren. Statt dessen erklärte er Vollkommenheit als „reine Liebe, die das Herz erfüllt und all unsere Worte und Taten regiert". „Wenn", so fügt er hinzu, „in deiner Vorstellung noch mehr oder noch etwas anderes dazugehört, ist das nicht mehr schriftgemäß." Er verweist zu Recht darauf, daß *viele straucheln, weil „sie vieles nach ihrem Gutdünken hinzufügen, was nicht im Einklang mit der Schrift steht, sondern ihren eigenen Vorstellungen und Gedanken darüber entspringt, wie einer zu sein hat, der vollkommen ist. Dann sprechen sie jedem, der nicht ihren selbst erdachten Vorstellungen entspricht, ab, vollkommen zu sein".*

Deshalb forderte Wesley, daß Christen sich streng an die biblischen Definitionen zu halten hätten. „*Reine Liebe, die allein im Herzen und im Leben regiert, [allein] darin besteht die ganze schriftgemäße Voll-*

---

[1] D. W. Dayton, „The Use of Scripture in the Wesleyan Tradition" in „The Use of the Bible in Theology/Evangelical Options" (hgg. von R. K. Johnston, Atlanta, 1985), 128.

[2] J. Wesley, „Works", 6/263.

[3] Ebenda, 6/64f.

kommenheit." Gerade die Fähigkeit zu lieben war den Menschen beim Sündenfall verlorengegangen.[1] Kalvinistische Theologen haben Wesleys Definition der Vollkommenheit als vollkommene Liebe abgelehnt. Vollkommenheit sei ein absolut sündloses Verhalten, das ihrer Meinung nach unmöglich zu verwirklichen sei, solange die Menschen sterbliche Leiber besitzen. So vertreten auch die Kalvinisten die Idee der Vollkommenheit, aber sie behaupten, daß die Menschen bis zur Wiederkunft Christi nicht vollkommen sein können.[2]

Wesley dagegen lehrt aufgrund seiner Unterscheidung zwischen echten Sünden und „unechten Sünden", daß Vollkommenheit im gegenwärtigen Leben eine vollkommene Einstellung oder Haltung gegenüber Gott und den Menschen ist, die aus der Glaubensbeziehung zu Gott erwächst. Wesleys Verständnis der Vollkommenheit schließt zwar jeden Aspekt des sichtbaren menschlichen Lebens ein, erfordert aber kein absolut fehlerfreies Verhalten. Fehler oder unbeabsichtigte Sünden sind mit seinem Verständnis von Vollkommenheit durchaus vereinbar.

Wenn Wesley über Vollkommenheit spricht, bindet er sich nicht an die *formale* Definition der Sünde, die jegliche Abweichung vom Willen Gottes als Sünde definiert, ganz gleich, ob sie absichtlich oder versehentlich begangen worden ist. Er vertritt vielmehr eine ethische und beziehungsorientierte Sicht der Sünde, die in der Sünde eine vorsätzliche Ablehnung des Willens Gottes sieht. Deshalb schließt das Vollkommensein irgendwelche „Versehen" oder auch Unvollkommenheiten nicht aus. Vollkommenheit ist bei Wesley keine sündlose Vollkommenheit.[3]

Diese Position steht im Einklang mit der Stellung der Bibel zur Sünde, zur Vollkommenheit und zur Sündlosigkeit. Die Bibel weiß nichts von der griechischen, auf Absolutheit ausgerichteten Definition

---

[1] J. Wesley, „A Plain Account of Christian Perfection", 54.60f.; D. W. Dayton, a. a. O., 127 – Hervorhebung hinzugefügt.

[2] Siehe B. B. Warfield, „Studies in Perfectionism" (Phillipsburg, 1985), x, 58,; L. Berkhof, „Systematic Theology" (Grand Rapids, 1949, 4. Aufl.), 538-540.

[3] L. W. Wood, „A Wesleyan Response" in „Christian Spirituality", 84f.; J. Wesley, „A Plain Account of Christian Perfection, passim".

der menschlichen Vollkommenheit. Absolute Vollkommenheit ist nach der Bibel ein Merkmal, das allein Gott auszeichnet.

Wesley ist sich mit den kalvinistischen Theologen darin einig, daß eine absolute Sündlosigkeit im gegenwärtigen Leben unmöglich ist. Solche Vollkommenheit zum Beispiel würde nicht bedeuten, so lehrte er, daß ein Christ niemals „einen unnützen Gedanken" denken oder „ein unnützes Wort" sprechen würde. „Ich selbst glaube", so schrieb er, „daß eine solche Vollkommenheit mit einem Leben in einem vergänglichen Leibe nicht machbar ist." Falls christliche Vollkommenheit makelloses Verhalten in sich schließt, „dürfen wir sie erst nach dem Tode erwarten". Die Vollkommenheit der Liebe zu Gott und den Menschen „ist vereinbar mit tausenderlei nervösen Störungen, jene hochgeschraubte Vollkommenheit dagegen nicht".[1]

Wesley wies in diesem Zusammenhang auf eine wichtige Tatsache hin. Wer es mit der Vollkommenheit „übertreibt", indem er sie zu hoch ansetzt – so hoch, daß niemand sie jemals erreicht hat noch erreichen kann –, der „vertreibt" sie letztlich, weil sie unglaubwürdig und damit „aus der Welt hinausgedrängt" wird.[2]

Wie wahr diese Einsicht auch heute noch ist, zeigt sich am zwanghaften und verkrampften Verhalten jener Christen, die sich selbst und ihren Mitmenschen unbiblische Absolutheitsansprüche aufzwingen wollen. Es läßt sich ja nicht leugnen, daß ausgerechnet die sündlosen Perfektionisten seiner Zeit Jesus ans Kreuz gebracht haben.

Oft bieten gerade jene, die aufgrund ihres gesetzlich-formalen Verständnisses nach absoluter Vollkommenheit streben, gerade das am wenigsten überzeugende Beispiel für Vollkommenheit. Zu dieser Gruppe gehörten offensichtlich die Pharisäer, die Jesus in Matthäus 25 als „Böcke" bezeichnet. Sie waren völlig von dem Maßstab überrascht, den Gott im Gericht anlegt (Mt 25,31-46). Ihren jedenfalls nicht.

Viele dieser Frommen werden verworfen, obwohl sie im Namen Christi „große Taten und Wunder" vollbracht haben. Sie waren zwar

---

[1]   J. Wesley, „Works", 12/207.
[2]   Ebenda.

höchst aktiv, aber bei allem, was sie taten, war nicht zu spüren, daß sie die Grundsätze der Wesensart Christi verinnerlicht hätten, wie sie in dem großen Gesetz der Liebe zum Ausdruck kommen (vgl. Mt, 7,21-23; 5,48; 22,34-40; Lk 6,36).

Obwohl diese Leute ihr ganzes Leben nur dem einen Ziel geweiht hatten, das Gesetz bis aufs i-Tüpfelchen zu halten, haben sie doch Gottes Gesetzt nicht befolgt (Rö 13,8.10; Gal 5,13.14). Die i-Tüpfelchen und Buchstaben des Gesetzes haben nur dann einen Wert für den Glauben des Christen, wenn er auch von dem Geist des Gesetzes durchdrungen ist (2 Ko 3,6). Dieser Geist, der durch das Wirken des Heiligen Geistes im Herzen des Gläubigen Raum gewonnen hat, steht im Mittelpunkt der Vollkommenheit in der Bibel.

An dieser Stelle sollte erwähnt werden, daß Ellen White in einer Gemeinde wesleyanischer Prägung aufgewachsen ist. Das schlägt sich auch in ihren Schriften bis hin zu ganz bestimmten Formulierungen nieder. Während meiner Studien wurde mir zunehmend stärker bewußt, daß man Ellen Whites Verständnis wie auch ihr Konzept der Vollkommenheit nicht wirklich verstehen kann, ohne ihren methodistischen Hintergrund zu beachten. Ihr Schrifttum ist durchdrungen von jenen wesleyanischen Vorstellungen, die im Einklang mit den biblischen Lehren über Sünde, Vollkommenheit und Sündlosigkeit stehen.[1]

Andererseits unterschied Ellen White hinsichtlich des methodistischen Verständnisses von Vollkommenheit sorgfältig zwischen biblischen und unbiblischen Vorstellungen. So verfuhr sie generell, wenn sie sich bei anderen Themen ihres Schrifttums auf Auffassungen anderer bezog. Deshalb lehnte sie auch zwei Vorstellungen Wesleys konsequent ab: (1) daß ein Christ in einem Augenblick zu einem bestimmten Zeitpunkt seines irdischen Lebens vollkommen gemacht

---

[1]   Eine ausführliche Studie, die meine Schlußfolgerungen hinsichtlich des Verhältnisses von E. G. White zu Wesleys Gedanken über Erlösung und Vollkommenheit untermauert, ist enthalten bei W. W. Whidden II, „The Soteriology of Ellen G. White: The Persistent Path to Perfection, 1836-1902" (Ph. D. diss., Andrews University, 1989).

werden könne und (2) daß solche vollkommen gemachten Christen sich ihrer eigenen Vollkommenheit bewußt seien.

Abgesehen von diesen beiden Einschränkungen stimmt Ellen White bezüglich des biblischen Verständnisses von Vollkommenheit weitgehend mit John Wesley überein. Wie erwähnt, bin ich der Auffassung, daß John Wesleys Verständnis im allgemeinen mit der Position der Bibel übereinstimmt.

Wir wollen uns nun Ellen Whites Aussagen über das Thema „Vollkommenheit" zuwenden. Zunächst werden wir ganz allgemein untersuchen, was sie zu dieser Thematik geschrieben hat (Kap. 8), um uns dann jener Art von Vollkommenheit zuzuwenden, die man haben muß, um bei Christi Wiederkunft verwandelt zu werden (Kap. 9).

Kapitel 8

Was sagt Ellen White über Vollkommenheit und Sündlosigkeit?

Wer die Geschichte unserer Gemeinschaft kennt, weiß, daß sich jene, die Vollkommenheit als absolute Sündlosigkeit verstehen, überwiegend auf Ellen Whites Schrifttum stützen. Biblische Beweise für diese Sicht der Dinge bringen sie so gut wie nie bei. Das hat seinen Grund offensichtlich darin, daß sündlose Vollkommenheit aus der Bibel nicht bewiesen werden kann.

Mißverständnisse oder wirkliche Differenzen?

Ich möchte gleich zu Anfang feststellen, daß sich sündlose Vollkommenheit auch aus Ellen Whites Schrifttum nicht belegen läßt.

Ellen White hat eindeutig darauf hingewiesen, daß ihre „Zeugnisse kein neues Licht darstellen, sondern nur die bereits [in der Bibel] offenbarten Wahrheiten tiefer in die Herzen einprägen sollen". Interessanterweise betonte sie gerade im Zusammenhang mit dem Thema der Vollkommenheit: „Es wird keine zusätzliche Wahrheit dargeboten."[1] Und im gleichen Atemzug schrieb sie: „Wenn ihr in Gottes Wort mit dem Verlangen geforscht hättet, dem in der Bibel gezeigten Maßstab zu entsprechen und zu christlicher Vollkommenheit zu gelangen, dann hättet ihr die *Zeugnisse* nicht gebraucht."[2]

---

[1] E. G. White, „Testimonies for the Church", 5/665.
[2] Ebenda.

Der Zweck der *Zeugnisse* besteht nicht darin, „neues Licht" hinsichtlich der Vollkommenheit oder anderer Themen zu bringen. Sie wollen vielmehr „die großen, bereits [in der Bibel] vorhandenen Wahrheiten" einfach und verständlich darstellen. Laut Ellen White schenkte Gott der Adventgemeinde „ein kleineres Licht [ihr Schrifttum], um Männer und Frauen zum größeren Licht [der Bibel] zu führen".[1]

Manche Probleme in der Adventgemeinde hängen einfach damit zusammen, daß Ellen Whites Schrifttum häufig dazu mißbraucht wird, Menschen von der Bibel weg- anstatt zu ihr hinzuführen. Das trifft auch auf die unzähligen Zitatensammlungen zum Thema Vollkommenheit zu.

In keiner dieser Sammlungen habe ich den Hinweis gefunden, daß die eigentliche Quelle für theologisches Forschen die Bibel ist und Adventisten sich demnach zuerst und vor allem an die Bibel halten sollten, der Ellen White nichts hinzugefügt hat. Ellen White zu folgen bedeutet daher, mit ihrem Schrifttum „Menschen zum Worte Gottes zurückzuführen, weil sie es versäumt haben, ihm zu gehorchen".[2]

Mein erstes Anliegen ist deshalb die Frage nach der angemessenen theologischen Methode. Wenn Adventisten an einem grundlegenden Verständnis der christlichen Vollkommenheit liegt, sollten sie sich an die Bibel wenden und nicht an Ellen White.

Mein zweites Anliegen besteht darin, daß die Aussagen von Ellen White über Vollkommenheit innerhalb des Rahmens der biblischen Lehren über dieses Thema interpretiert werden müssen, da sie ja auf der Bibel basieren. Diese Vorgehensweise wird uns zeigen, daß Ellen White keineswegs im Widerspruch zu der biblischen Lehre über Vollkommenheit steht, die wir bereits als Liebe und als Reife im täglichen Leben innerhalb der Glaubensbeziehung zu Gott durch Jesus Christus definiert haben.

Selbstverständlich lassen sich Aussagen von Ellen White aus dem Zusammenhang ihrer gesamten Botschaft reißen, um dadurch extre-

---

[1]   Ebenda; Ellen G. White, „Colporteur Ministry" (Mountain View, 1953), 125.
[2]   E. G. White, „Testimonies for the Church", 5/663.

me Ansichten zu beweisen, die sie niemals gelehrt hat. Genauso kann man auch mit den Verfassern der Bibel umgehen.

Zum Beispiel könnte man eine Parade in Fanatismus veranstalten, wenn man 1. Johannes 3,9 aus dem Zusammenhang löste, wo es heißt (Hervorhebung hinzugefügt): „Wer aus Gott geboren ist, der tut keine Sünde; denn *Gottes Kinder* bleiben in ihm und *können nicht sündigen.*"

Das heißt doch: Wenn ich als Christ „nicht sündigen kann", trägt alles, was ich tue, das Siegel der göttlichen Zustimmung. Zu allen Zeiten haben Perfektionisten genau diese Ansicht vertreten. Aber an ihrem Lebenswandel zeigte sich schließlich, daß sie alles andere als geheiligt waren.

Wenn ich denselben Text im Rahmen des gesamten Johannesbriefs lese, wie wir das im vorigen Kapitel getan haben, zeigt sich, daß Johannes von einer aufrührerischen Grundhaltung und ständigem Sündigen spricht und nicht von absoluter Sündlosigkeit.

Leichtfertiges oder verantwortungsloses Sammeln und Benutzen von Zitaten kann der Botschaft der Bibel schweren Schaden zufügen, vor allem, wenn man zu einem Thema einseitige und unausgewogene Aussagen heranzieht. Womöglich ist bei Ellen White die Gefahr des Mißbrauchs wegen des Umfangs ihres literarischen Werks noch größer. Zitatensammlern zum Thema Vollkommenheit bot und bietet sich hier ein weites Betätigungsfeld.

Der einzige Schutz vor Fehlinterpretationen besteht darin, Ellen White im Rahmen der biblischen Aussagen über Vollkommenheit zu lesen, da sie selbst betont, nicht darüber hinaus zu gehen. Außerdem ist es immer fragwürdig, zugespitzte oder einseitig formulierte Aussagen herauszugreifen, um sie dann als *die* Stellungnahme von Ellen White zu einem Thema auszugeben.

Wenn wir Ellen Whites Ausführungen über Vollkommenheit in diesem und im nächsten Kapitel untersuchen, werden wir sehen, daß sie tatsächlich mit der Bibel übereinstimmt, der sie Zeit ihres Lebens den ersten Platz eingeräumt hat. Das ist gut, weil sie uns nicht das Recht gab, in ihrem Schrifttum nach Lehren zu suchen, die die Bibel als Wort Gottes verdrängen.

Ellen Whites Verständnis
von charakterlicher Vollkommenheit

Es dürfte die Leser dieses Buches kaum überraschen, daß Ellen White die Bedeutung der charakterlichen Vollkommenheit sehr hoch einschätzte. Manche meinen, diese Wertschätzung hänge mit der forensischen, d. h. durch Gottes Richterspruch erfolgten Rechtfertigung durch den Glauben zusammen. Der Christ sei vollkommen, weil seine Sünden durch Christi Vollkommenheit bedeckt worden sind. Christus sei unser Stellvertreter auch in bezug auf Vollkommenheit. Daher seien wir „mit dem Kleid" seiner „Vollkommenheit" bekleidet.[1]

Das ist zweifellos richtig, aber es ist nicht die ganze Wahrheit. Ellen White vertrat eine sehr klare Ansicht über Charaktervollkommenheit als einer Möglichkeit und einem Ideal für jeden Christen. Weil es also eine Vollkommenheit gibt, die sich auf das bezieht, was Gott *für uns* getan hat, gibt es auch eine Vollkommenheit, die sich auf das bezieht, was Gott durch die dynamische Kraft des Heiligen Geistes *in uns* bewirkt. Richard Lesher faßte die Stellung Ellen Whites zu diesem Thema treffend zusammen, als er schrieb, daß für sie „Vollkommenheit ohne Frage das Ziel der Heiligung" und „das Ziel jedes Christenlebens ist".[2]

Daß Ellen White damit Charaktervollkommenheit *in* Christi Nachfolgern meinte, ergibt sich aus folgenden Aussagen: „Der Herr fordert Vollkommenheit von den Gliedern seiner erretteten Familie. *Er ruft zur Vollkommenheit bei der Entwicklung des Charakters auf."* „*Vollkommenheit des Charakters ist für jeden erreichbar,* der danach verlangt." „Wir können überwinden. Tatsächlich, sogar völlig und ganz. Jesus starb, um uns einen Ausweg zu bahnen, damit wir jede schlechte Veranlagung, jede Sünde, jede Versuchung überwinden und schließlich bei ihm sein können."[3]

---

[1] E. G. White, „Das Leben Jesu", 348.

[2] W. R. Lesher, „Ellen G. White's Concept of Sanctification" (Ph. D. diss., New York University, 1970), 242.263.

[3] E. G. White, in „Seventh-day Adventist Bible Commentary", 5/1085; ders., „Selected Messages", 1/212; ders., „Testimonies", 1/114 – Hervorhebung hinzugefügt.

Eine ihrer eindrucksvollsten Ausführungen über Charaktervollkommenheit findet sich in der Abhandlung über das Gleichnis von den anvertrauten Zentnern (Mt 25,14-30) in dem Buch „Bilder vom Reiche Gottes".

„Wir sollten jede unserer Fähigkeiten", so schrieb sie, „bis zum höchstmöglichen Grad der Vollkommenheit ausbilden ... *Von uns allen wird sittliche Vollkommenheit gefordert.* Nie sollten wir den Maßstab der Gerechtigkeit senken, um ihn unseren ererbten oder liebgewonnenen Neigungen zur Sünde anzupassen ... Wer mit Gott zusammenarbeiten möchte, muß danach streben, sämtliche physischen und psychischen Fähigkeiten zu vervollkommnen ... Die Vollkommenheit des Charakters ... wird sich auf die Vollkommenheit unseres Handelns auswirken."[1]

Ellen White betrachtete die Notwendigkeit der Charaktervollkommenheit nicht nur als den Gipfel der Heiligung, sie stellte auch fest, Satan wolle „die Nachfolger Christi beständig mit seinen unheilvollen Vorspiegelungen täuschen, daß es ihnen unmöglich sei, zu überwinden ... Er [Jesus] sagt ... ‚Laß dir an meiner Gnade genügen' ... Nie soll jemand meinen, es sei ihm nicht möglich, seine Schwächen und Fehler abzustellen. Gott wird ihm den Glauben und die Gnade schenken, sie zu überwinden." „Satan freut sich, wenn er hört, daß angebliche Nachfolger Christi Entschuldigungen für ihre Charakterfehler vorbringen." Überdies, so behauptete sie, „bezichtigen jene, die sagen, es sei nicht möglich, ein vollkommenes Leben zu führen, Gott der Ungerechtigkeit und Unwahrheit".[2]

Ellen White läßt keinen Zweifel daran, daß sie glaubte, charakterliche Vollkommenheit sei möglich und Gott erwarte sie von uns. Wir müssen also untersuchen, was sie unter charakterlicher Vollkommenheit versteht.

Darauf habe ich den größten Teil dieses und des nächsten Kapitels verwendet. Zunächst muß darauf hingewiesen werden, daß Ellen

---

[1] E. G. White, „Christ's Object Lessons", 330.332 (vgl. „Bilder vom Reiche Gottes", 286.288) – Hervorhebung hinzugefügt.

[2] E. G. White, „Der große Kampf", 489; ders., „Das Leben Jesu", 300; ders. in „Review and Herald", 7.2.1957, 30.

White der Auffassung war, Gottes vergebende Gnade werde von seiner kraftverleihenden Gnade begleitet. Daher bleibt der Gläubige, selbst wenn er versagt, in der stellvertretenden, rechtfertigenden Vollkommenheit Christi geborgen. Nach Ellen White ist die verwirklichte Vollkommenheit des Charakters unmittelbar vor dem zweiten Kommen Christi von größter Bedeutung.

Diesen eschatologischen Aspekt der Vollkommenheit werden wir in Kapitel 9 behandeln. Der Rest dieses Kapitels erläutert Ellen Whites Auffassungen über die Entwicklung des Charakters wie auch über die Sündlosigkeit.

Vollkommen wie Christus

Es ließen sich viele Zitate von Ellen White anführen, die besagen, daß Nachfolger Christi auch ein „christusgemäßes" Wesen entwickeln sollten. Nachdem sie die Aussage Jesu: „Darum sollt ihr vollkommen sein, wie euer Vater im Himmel vollkommen ist" (Mt 5,48), angeführt hat, betont sie, daß diese Aufforderung eine Verheißung ist.

„Der Erlösungsplan hat unsere vollständige Befreiung aus der Macht Satans zum Ziel ... Das bußfertige, gläubige Gotteskind kann ein geheiligtes, Christus ähnliches Leben erlangen. *Das Hochziel eines christlichen Charakters ist Christusähnlichkeit. Wie der Menschensohn in seinem Leben vollkommen war, so sollen seine Nachfolger in ihrem Leben vollkommen sein ... Sein Charakter soll der unsere werden.*"[1]

Oder an anderer Stelle: „Christus hat seinen Geist als eine göttliche Kraft gegeben, um alle ererbten und anerzogenen Neigungen zum Bösen zu überwinden ... *Das Ebenbild Gottes soll im Menschen wiederhergestellt werden. Die Ehre Gottes, die Ehre Christi sind untrennbar verbunden mit einer untadeligen charakterlichen Entwicklung seines Volkes.*"[2]

Diese Ausführungen zeigen unmißverständlich, wie sehr Gott seinen Charakter in seinen Kindern vollkommen widerspiegeln möch-

---

[1] E. G. White, „Das Leben Jesu", 300 (vgl. „The Desire of Ages", 311) – Hervorhebung hinzugefügt.

[2] Ebenda, 670 – Hervorhebung hinzugefügt.

te.[1] Es wäre falsch, solche herausfordernden Aussagen abzuschwächen oder gar wegzuinterpretieren. Im nächsten Kapitel werden wir uns näher damit befassen, was es bedeutet, den Charakter Christi vollkommen widerzuspiegeln. Das ist nämlich ein Thema, das in Ellen Whites Schrifttum immer wieder auftaucht.

Dabei werden wir darauf zu achten haben, daß wir uns an die biblische Definition halten und nicht die von der griechischen Philosophie beeinflußte, absolute Vollkommenheit fordern. Herbert Douglas betont: „Vollkommenheit im biblischen Sinne ist einfach Christusähnlichkeit – die ein solches Verhältnis zu Gott, wie es Jesus pflegte, mit den Charaktereigenschaften verbindet, die Jesus vorgelebt hat."[2] Die Eigenschaften des Charakters Christi sind, wie wir sehen werden, das Hauptanliegen, wenn wir verstehen wollen, was es bedeutet, wie Gott oder Christus zu sein.

Es ist eines der großen Themen in Ellen Whites Werk „Das Leben Jesu", daß wir überwinden können, so wie Christus überwunden hat, und zwar durch die in uns wirkende Kraft des Heiligen Geistes. Wie Jesus der Versuchung widerstanden hat, den eigenen Willen zum Mittelpunkt seines Lebens zu machen (das war ja gerade der Punkt, an dem Adam und Eva zu Fall gekommen waren), so können auch wir dieser Versuchung widerstehen. Christus überwand die *grundlegende Versuchung* (VERSUCHUNG) die den Kern aller anderen Versuchungen bildet. Er konnte am Ende seines Lebens sagen: Satan „hat keine Macht über mich" (Jo 14,30).

„Satan vermochte mit seinen Spitzfindigkeiten bei ihm nichts auszurichten", schrieb Ellen White. „Jesus gab der Sünde nicht nach. Nicht mit einem Gedanken überließ er sich der Versuchung. So soll es auch mit uns der Fall sein."[3] Wie wir in Kapitel 6 bei der VERSUCHUNG Jesu festgestellt haben, weigerte er sich, vom Kreuz herabzusteigen und damit seinen Willen gegenüber dem Vater durchzusetzen.

---

[1] Siehe auch E. G. White, „Bilder vom Reiche Gottes", 53.
[2] H. E. Douglas, „Men of Faith – The Showcase of God's Grace" in „Perfection: The Impossible Possibility", 14.
[3] E. G. White, „Das Leben Jesu", 103.

Dieselbe Chance und dieselbe Kraft wird auch denen angeboten, die Christus annehmen. Durch die Kraft des Heiligen Geistes kann unser Wille seinem Willen untertan bleiben, und wir können der VERSUCHUNG widerstehen, in ein Leben der Sünde zurückzufallen, in dem das eigene Ich im Mittelpunkt steht und in dem wir nur uns selbst dienen. Wie Jesus kann jeder von uns auf dem Gebiet überwinden, „auf welchem Adam strauchelte und fiel", indem er der VERSUCHUNG widersteht, in Auflehnung gegen Gott zu verharren, und statt dessen ein Leben führt, das im Alltag das große Gesetz der Liebe verwirklicht.[1]

„Der ihm [Christus] innewohnende göttliche Geist hatte ihn für den Kampf ausgerüstet. Und Jesus kam, um uns zu Teilhabern der göttlichen Natur zu machen. Solange wir durch den Glauben mit ihm verbunden sind, hat die Sünde keine Gewalt über uns. Gott faßt unsere Hand des Glaubens und will uns leiten, damit wir einen festen Halt an der Gottheit Christi haben und einen vollkommenen Charakter entfalten können."[2]

In diesem Zusammenhang gilt es zu berücksichtigen, daß Ellen White – trotz ihrer Überzeugung, Christen sollten das vollkommene Wesen Christi widerspiegeln – lehrte, man könne niemals Christus völlig gleich werden. „Er ist ein vollkommenes und heiliges Beispiel, dem wir nacheifern sollen. *Wir können dieses Vorbild nicht erreichen,* aber wir finden Gottes Anerkennung nicht, wenn wir ihm nicht nacheifern und ihm, entsprechend den uns von Gott geschenkten Möglichkeiten, ähnlich werden."

Es ist interessant, daß diese Aussage in direktem Zusammenhang mit der Liebe zu anderen sowie der Aufforderung zum Verzicht auf alle Selbstsucht zu finden ist. Wir werden noch sehen, daß dies der entscheidende Wesenszug Jesu Christi war.[3]

Im „Review and Herald" äußerte Ellen White fast gleichlautend: „Christus ist unser Vorbild, das vollkommene und heilige Beispiel,

---

[1] E. G. White, „Für die Gemeinde geschrieben", 1/239; ders., „Testimonies for the Church", 8/208.

[2] E. G. White, „Das Leben Jesu", 108.

[3] E. G. White, „Testimonies for the Church", 2/549 – Hervorhebung hinzugefügt.

dem wir folgen sollen. *Wir können diesem Vorbild niemals gleichkom-men, aber wir können es nachahmen und ihm, entsprechend den uns ver-liehenen Möglichkeiten, ähnlich werden.*" In einem anderen Zusam-menhang schrieb sie deutlich und klar, daß „außer Jesus niemand [absolut] vollkommen ist".[1]

Bei der Lektüre der letzten Seiten hat sich wahrscheinlich eine gewisse intellektuelle Spannung aufgebaut. Schließlich hat Ellen White dazu aufgefordert, daß wir den Charakter Christi vollkommen wider-spiegeln sollen, zugleich aber betont, daß wir niemals seinem Vorbild völlig gleichen können.

Diese Passagen in Ellen Whites Schrifttum sind den Perfektioni-sten unter uns ein Ärgernis. Sie achten strikt darauf, daß die absolut klingende Aussagen Ellen Whites vom vollkommenen Widerspiegeln des Charakters Christi ja nicht weginterpretiert werden.

Aber dann machen sie selber, was sie andern vorwerfen: Sie ver-suchen jene Aussagen wegzuinterpretieren, die davon sprechen, daß der Christ dem Vorbild seines Herrn niemals völlig gleich werden kann.

Die unter uns, die den Aspekt des Nicht-völlig-gleichwerden-Könnens besonders betonen, handeln andrerseits genauso. Sie tun sich nämlich schwer mit der Forderung, das Wesen Christi vollkom-men widerzuspiegeln.[2]

Ich halte es für das beste, Ellen White zu erlauben, ihre Aussagen selbst zu interpretieren.

Der Schlüssel zu einem ausgewogenen Verständnis scheint sich in ihrem Kommentar zu Matthäus 5,48 zu finden: „Wie Gott in seinem Wirkungsbereich vollkommen ist, so sollen wir es in unserem sein." Woodrow Whidden wies scharfsinnig auf das Entscheidende in sol-chen Aussagen hin, daß nämlich „die Vollkommenheit in Gottes

---

[1] E. G. White, in „Review and Herald", 5.2.1895, 81; ders., Manuskript 24, 1892, in „1888 Materials, 1089 – Hervorhebung hinzugefügt.

[2] Als Beleg dafür, daß Ellen White selbst ihre Leser ermahnt, ihre Schriften mit gesumdem Menschenverstand und einem ausgewogenen Sinn zu lesen, siehe G. R. Knight, „Myths in Adventism: An Interpretive Study of Ellen White, Education, and Related Issues" (Washington D. C., 1985), 17-25.

Bereich etwas anderes ist als die Vollkommenheit im menschlichen Bereich".[1]

Andere Stellen in Ellen Whites Schrifttum scheinen anzudeuten, daß es sogar unter den Menschen Unterschiede in der Vollkommenheit gibt. Sie schrieb beispielsweise: „Mit unseren begrenzten Kräften sollen wir in unserem Wirkungskreis genau so heilig sein, wie es Gott in seinem Wirkungskreis ist. Nach dem Maß unserer Fähigkeit sollen wir die Wahrheit und die Liebe und die hervorragenden Eigenschaften des göttlichen Charakters darstellen."[2]

Andererseits bleibt das Herzstück aller Vollkommenheit, ungeachtet der unterschiedlichen Fähigkeit(en), immer dasselbe. Ein paar Zeilen weiter unten auf derselben Seite schreibt Ellen White deshalb: „Wo immer eine Verbindung mit Christus besteht, da ist Liebe. Welche anderen Früchte wir auch bringen mögen – wenn die Liebe fehlt, nützen sie gar nichts. Die Liebe zu Gott und zu unserem Nächsten ist der entscheidende Kern unserer Religion."[3]

Diese Liebe ist der rote Faden, der sich durch die unterschiedlichen Bereiche der göttlichen wie auch der menschlichen Vollkommenheit zieht. Sie ist der Schlüssel, der uns das Verständnis dafür erschließt, was es bedeutet, vollkommen wie Christus zu sein.

Vollkommenheit: ein dynamischer Prozeß

Eng verbunden mit der Relativität er Vollkommenheit in Ellen Whites Verständnis ist ihre Sicht der Vollkommenheit als einem dynamischen, ständig andauernden Prozeß, in dessen Verlauf sich der bekehrte Christ fortlaufend dem Wesen Gottes annähert, ohne allerdings die völlige Übereinstimmung erreichen zu können.

---

[1] E. G. White, „Testimonies for the Church", 4/591, 8/64; ders., „Patriarchen und Propheten", 556; ders., „Medical Ministry" (Mountain View, 1932), 112f.; W. W. Whidden, „The Soteriology of Ellen G. White", 350; vgl. Ellen G. White, „The Spirit of Prophecy" (Battle Creek, 1877), 2/225.

[2] E. G. White, „Für die Gemeinde geschrieben", 1/355.

[3] Ebenda.

In mindestens drei der oben angeführten Zitate zieht Ellen White eine Verbindung zwischen der Vollkommenheit und den Fähigkeiten des einzelnen. Demzufolge muß es Grade einer relativen oder bedingten Vollkommenheit geben, die von Mensch zu Mensch unterschiedlich sind, denn nicht alle besitzen dieselben Fähigkeiten.

Deshalb schreibt sie: „Der besondere uns im Leben zugewiesene Platz wird durch unsere Fähigkeiten bestimmt. Nicht alle Menschen entwickeln sich auf die gleiche Höhe oder verrichten mit gleicher Leistungskraft dieselbe Arbeit. Gott erwartet vom Ysop nicht, daß er die Ausmaße einer Zeder gewinne, oder vom Olivenbaum, daß er zur Höhe der stattlichen Palme emporwachse. Aber jeder sollte sein Ziel so hoch stecken, wie es der Vereinigung göttlicher mit menschlicher Kraft erreichbar ist."[1]

Bei allen unterschiedlichen Möglichkeiten und Fähigkeiten im Blick auf den einzelnen, gibt es allerdings eine Konstante, die für alle gleich ist. Es ist die völlige Hingabe an Gottes Ziele und die bedingungslose Bereitschaft, uns von ihm gebrauchen zu lassen. Diese totale oder vollkommene Hingabe an Gottes Willen ist ein wichtiger Aspekt der christlichen Vollkommenheit. Zugleich ist sie das genaue Gegenteil der Auflehnung gegen Gott, die wir schon mehrfach als *das* Kennzeichen der SÜNDE herausgestellt haben.

Vielleicht noch wichtiger als unsere unterschiedlichen Fähigkeiten, ist die Tatsache, daß Gläubige in der Vollkommenheit wachsen können. Ellen White verwies deshalb darauf, daß sogar Jesus, der ja schon als Kind vollkommen war, nicht nur an Alter zunahm, sondern auch an Weisheit und Gnade (Lk 2,52). Daraus folgerte sie: *„Auch der vollkommenste Christ kann ständig in der Erkenntnis und der Liebe zu Gott zunehmen."*[2]

Dieses innere Wachstum, so scheint mir, hat eine zunehmende Vollkommenheit im Handeln nach außen zur Folge, indem der Christ seine sich immer mehr entwickelnde Liebe und Erkenntnis in die Tat umsetzt.

---

[1] E. G. White, „Erziehung", 245.
[2] E. G. White, „Testimonies for the Church", 1/340 – Hervorhebung hinzugefügt.

R. N. Flew benutzte einen Vergleich, um diesen Vorgang anschaulich zu machen. Selbst wenn ein Tischler sein ganzes Können aufbietet, um Tische oder Stühle zu bauen, mögen seine Erzeugnisse nicht „vollkommen" sein. Aber sie sind auf jeden Fall das Beste, was der Tischler in dieser Phase seines Lebens zu leisten vermag. Entscheidend ist, daß er „all seine Kräfte und seine tägliche Arbeit Gott als Opfer darbringt". Er „erfüllt dadurch die Absicht, die Gott mit ihm hat".[1]

In einem anderen Zusammenhang schrieb Ellen White, daß „wir in jeder Phase der Entwicklung unseres Lebens vollkommen sein können; wenn wir jedoch entsprechend Gottes Absichten mit uns leben, wird es ständig weitere Fortschritte geben".[2] Es ist äußerst wichtig, zu erkennen, daß der vollkommene Christ der sich weiterentwickelnde Christ ist.

Diese Entwicklung beginnt bei der Bekehrung, hält während des gesamten irdischen Lebens an und wird sich in den unendlichen „Zeiträumen" der Ewigkeit fortsetzen (siehe Kapitel 10).

Neben dem festen Kern der Vollkommenheit, der aus der Hingabe an den Willen Gottes und aus der Liebe zu Gott und zum Mitmenschen besteht, gibt es den flexiblen oder relativen Aspekt in Verbindung damit, wie die Fähigkeiten und die Erkenntnisse des einzelnen zunehmen. Beides ist aber nicht voneinander zu trennen, denn der Kern sorgt dafür, daß wachsende Erkenntnisse und Fähigkeiten auch in geheiligter Weise eingesetzt werden.

Ellen White stimmt also mit Paulus darin überein, daß ein Mensch vollkommen und zugleich nicht vollkommen sein kann (Phil 3,15). Dasselbe kann man von ihrem Verständnis der Sündlosigkeit sagen. So wie für Paulus (Rö 6) und für Johannes (1 Jo 3,9; 1,9-2,1), kann auch für Ellen White ein Mensch gleichzeitig sündlos und doch nicht sündlos sein.

---

[1] R. N. Flew, „The Idea of Perfection", 405.

[2] E. G. White, „Christ's Object Lessons", 65 (vgl. „Bilder vom Reiche Gottes", 51).

Sündlos und doch nicht sündlos

Es gibt Aussagen von Ellen White, die den Gedanken nahelegen, daß ein Christ hier auf Erden ein sündenfreies Leben führen kann. Im Jahre 1906 sagte sie beispielsweise während eines Campmeetings in Kalifornien, daß „jeder, der sich völlig Gott übergibt, das Vorrecht hat, ohne Sünde im Gehorsam gegenüber dem Gesetz des Himmels leben zu können".[1]

Vier Jahre zuvor hatte sie in einem Artikel über „Satans Rebellion" geschrieben, daß „jeder, der durch den Glauben Gottes Geboten gehorsam ist, jenen Zustand der Sündlosigkeit erreichen wird, in dem Adam vor seiner Übertretung lebte".[2]

Scheinbar völlig gegensätzlich ist ihre Bemerkung, daß erst dann mit Sicherheit gesagt werden kann, „daß wir errettet und sündlos sind", „wenn die Heiligen Gottes verwandelt sein werden". Und an anderer Stelle schrieb sie: „Wir können nicht sagen ‚Ich bin ohne Sünde', ehe nicht dieser vergängliche Leib verwandelt und seinem [Jesu] Herrlichkeitsleib gleichgestaltet worden ist." „Alle, die vor dem Thron Gottes ohne Flecken oder Runzeln oder etwas Ähnlichem" stehen werden, so sagt sie ferner, „werden vollkommen in Christus sein", weil sie „mit seiner Gerechtigkeit bekleidet" sind. Diese Aussage ist ein Hinweis darauf, daß die Heiligen die umhüllende Gerechtigkeit Christi unmittelbar vor seiner Wiederkunft benötigen werden.[3]

Wie ist es möglich, daß Ellen White einerseits sagen kann, wir könnten ohne Sünde leben und so ohne Sünde sein wie Adam vor dem Fall, während sie andererseits betont, daß wir nicht behaupten können, sündlos zu sein, und die Verdienste Christi bis zu seiner Wiederkunft in Anspruch nehmen müssen?

Die Antwort ist, ähnlich wie bei den Schreibern der Bibel, in ihrer Definition von Sünde und Sündlosigkeit zu suchen. Sünde ist, wie wir in Kapitel 2 gesehen haben, ein Akt der Auflehnung gegen die

---

[1] E. G. White, in „Review and Herald", 27.9.1906, 8.

[2] E. G. White, in „Signs of the Times", 23.7.1902, 3; vgl. ders. in „Seventh-day Adventist Commentary", 6/1118.

[3] E. G. White, in „Signs of the Times", 16.5.1895, 4; 23.3.1888, 178.

Person und Autorität Gottes. Sünde ist eine bewußte, absichtliche Haltung und Handlung; oder, wie Ellen White schrieb, „eine Verleugnung Gottes, Auflehnung gegen die Gesetze seiner Herrschaft". Solche Sünden sind „gewollt" und „absichtlich".

„Niemand täusche sich in dem Glauben, heilig werden zu können", schrieb sie, „während *vorsätzlich* eins der Gebote Gottes übertreten wird. Wer *bewußt eine Sünde begeht,* bringt damit die überzeugende Stimme des Heiligen Geistes zum Schweigen und trennt die Seele von Gott." Aber *„unabsichtlich in Sünde zu fallen – nicht bewußt zu sündigen – unterscheidet sich wesentlich von einem, der die Versuchung plant, sich bewußt hineinbegibt und darüber nachsinnt, in welchen Schritten er seine sündigen Pläne in die Tat umsetzen kann".*[1]

Aus diesem Zitat ergibt sich, daß Ellen White der Auffassung war, daß es sowohl bewußte, erkannte, beabsichtigte Sünden gibt und auch solche aus Unwissenheit, die einem unbeabsichtigt und unbewußt unterlaufen. Dabei sollten wir jedoch beachten, daß sie beide Arten als Sünden bezeichnet.

Bei anderen Gelegenheiten bezeichnete sie unbeabsichtigte Sünden als „Fehler". Sie konnte daher schreiben: „Wenn uns Christi Gerechtigkeit bekleidet, *wird uns nicht mehr danach verlangen, zu sündigen [wörtlich: werden wir kein Gefallen an der Sünde finden].* Christus wird mit und an uns arbeiten. *Wir mögen weiterhin Fehler machen, aber wir werden die Sünde hassen, weil der Sohn Gottes ihretwegen leiden mußte.*"[2]

Vor diesem Hintergrund lösen sich die scheinbaren Widersprüche in den verschiedenen Aussagen von Ellen White über die Sündlosigkeit auf. Wer „ohne Sünde lebt" und wer „den Stand der Sündlosigkeit erreicht, in dem Adam vor seiner Übertretung lebte", wird ebensowenig wie Adam vor dem Fall in Auflehnung oder willentlicher Sünde leben. Weil seine Einstellung zu Gott in Ordnung ist, wird er sich nicht gegen ihn und sein Gesetz der Liebe auflehnen.

---

[1] E. G. White, „Das bessere Leben", 46; ders., „Der große Kampf", 472; ders., „Our High Calling", 177 – Hervorhebung hinzugefügt.

[2] E. G. White, „Für die Gemeinde geschrieben", 1/380 – Hervorhebung hinzugefügt.

Das schließt freilich Fehler und falsches Verhalten nicht aus, nur geschieht das alles nicht in aufrührerischer Absicht – nicht einmal bewußt. Außerdem gibt es Sünden, wie etwa die dreimalige Verleugnung des Petrus, die zwar bewußt, doch weniger aus Rebellion gegen Gott, sondern eher aus Schwachheit begangen worden sind.

Angesichts dieses Spannungsfeldes meint Arnold Wallenkampf, daß jemand durchaus eine vollkommene Haltung der Liebe zu Gott haben könne, selbst wenn es ihm nicht immer gelingt, das in den christlichen Alltag umzusetzen. John Fowler gelangte in seiner Doktorarbeit über Ellen Whites Verständnis der Charakterentwicklung zu einer ähnlichen Schlußfolgerung. Vollkommenheit, schrieb er, „erfordert, daß man Sünden, die einem liebgeworden sind, ablegt".[1]

Spätestens jetzt sollte es klar sein, daß Ellen Whites Sicht der Sündlosigkeit nicht den Verfassern des Neuen Testaments oder John Wesley widerspricht (siehe Kapitel 7). Wir brauchen uns also nicht zu wundern, daß sie auch denselben Schuldigen für die Spannung zwischen (noch) sündiger Vollkommenheit und vollkommener Sündlosigkeit ausmachte: unsere „sterblichen Leiber", mit denen sich schon Paulus im Römerbrief (6,12) und an anderen Stellen auseinandersetzen mußte.

„Alle", schrieb Ellen White, „können jetzt heilige Herzen erhalten, aber es ist falsch, zu behaupten, in diesem Leben ‚heiliges Fleisch' zu haben ... Wenn die, die so leichthin von der Vollkommenheit im Fleisch reden, die Dinge im wahren Licht sähen, wären sie entsetzt über ihre anmaßenden Gedanken ... Wenn wir auch keine Vollkommenheit des Fleisches beanspruchen, können wir doch die christliche Vollkommenheit der Seele haben. Durch das Opfer, das um unsertwillen dargebracht wurde, können die Sünden völlig vergeben werden. Unser Vertrauen beruht nicht auf dem, was der Mensch zu tun vermag, sondern auf dem, was Gott für den Menschen durch Christus tun kann ... Alle können in Christus Jesus vollkommen werden. Gott sei gedankt, daß wir uns nicht an Unmöglichem versuchen

---

[1] A. V. Wallenkampf, a. a. O., 134; John M. Fowler, „The Concept of Character Development in the Writings of Ellen G. White" (Ed. D. diss., Andrews University, 1977), 148 – Hervorhebung hinzugefügt.

müssen. Wir können beanspruchen, geheiligt zu sein ... *Wenn die Sünde auch in diesem Leben vergeben wird, so werden doch ihre Folgen jetzt noch nicht völlig beseitigt.*" Das wird erst bei Christi Wiederkunft der Fall sein.[1]

Zusammenfassend können wir sagen, daß bei Ellen White wie in der Bibel eine Spannung besteht zwischen der potentiellen Sündlosigkeit des Christen einerseits und dem Noch-nicht-gänzlich-Sündlossein andrerseits. Diese sündlosen Christen sind vollkommene Christen. Sie stehen in einer Glaubensbeziehung zu Jesus und haben ihr Herz, ihren Geist und ihren Willen uneingeschränkt Gott übergeben, um seinen Willen zu tun. Daher sind sie genauso von der aufrührerischen Sünde frei wie Adam vor dem Fall.

Andrerseits machen sie aufgrund von Unwissenheit und Schwachheit des Fleisches noch Fehler – das heißt: sie sündigen noch. Deshalb erwartet sie erst bei Jesu Wiederkunft der Stand absoluter Vollkommenheit und Sündlosigkeit, wenn er „unsren nichtigen Leib verwandeln wird, daß er gleich werde seinem verherrlichten Leibe" (Phil 3,21; vgl. 1 Ko 15,44.50-54). Wir werden die Auswirkungen dieser Umwandlung auf die Vollkommenheit und die Sündlosigkeit in Kapitel 10 untersuchen.

Das Wesen der Charaktervollkommenheit

Um Ellen Whites Sicht der Vollkommenheit abzurunden, müssen wir noch danach fragen, was sie unter Charaktervollkommenheit verstand. Das soll unter zwei Gesichtspunkten geschehen.

Einmal soll das Hauptaugenmerk auf die „Details" (d. h. ein von makellosen Taten geprägtes Leben) gerichtet werden, die Vollkommenheit auszeichnen. Zum anderen geht es um eine „Prinzip-orientierte" Sicht der Charaktervollkommenheit. Die „Detail-orientierte" Sicht ist zwar bei den heute so populären Interpretationen der Aussagen Ellen Whites die beliebtere. Ihre Schriften weisen uns aber genau in die entgegengesetzte Richtung.

---

[1] E. G. White, „General Conference Bulletin", 1901, 419f. – Hervorhebung hinzugefügt.

Ihr geht es vor allem um die Aufrichtigkeit des Menschen und darum, daß sein Herz und sein Geist im Einklang stehen mit Gottes Herz und Gottes Geist. Richtiges Handeln – die einzelnen Taten, die Details – ergibt sich natürlich und folgerichtig aus einer richtigen Einstellung und aus der Treue zu Gott.

Es gibt mindestens zwei Aspekte der Sichtweise Ellen Whites bezüglich der Prinzip-orientierten Charaktervollkommenheit. Den ersten hat sie treffend folgendermaßen formuliert: „Wahre Gerechtigkeit zeigt sich in der Treue zu unserem Erlöser. Sie wird uns dazu veranlassen, das Rechte um seiner selbst willen zu tun, weil Gott Freude daran hat."[1]

Den zweiten Aspekt der Charaktervollkommenheit beleuchtet Ellen White, wenn sie schreibt, daß es Christi Auftrag war, „die Menschen zu Teilhabern seiner göttlichen Natur zu machen, sie in Einklang mit den *Grundsätzen* des Gesetzes des Himmels zu bringen".[2] Natürlich steht, wie wir bereits der Bibel entnehmen konnten, sowohl bei der „göttlichen Natur" als auch bei den „Grundsätzen des Gesetzes" die *Agape*-Liebe im Mittelpunkt (1 Jo 4,8; Mt 22,36-40).

Ellen White verbindet die Details, die das Christenleben ausmachen, mit fundamentalen Grundsätzen zu einem folgerichtigen Konzept, das völlig mit dem übereinstimmt, was die Bibel sagt. Im Buch „Bilder vom Reiche Gottes" [früher „Christi Gleichnisse"] heißt es unmißverständlich: *„Gott möchte, daß seine Kinder vollkommen sind."* Weiter heißt es: „Das Gesetz spiegelt sein [Gottes] Wesen wider und ist gleichzeitig der ewig gültige Maßstab für unseren eigenen Charakter, so daß kein Zweifel darüber bestehen kann, welche Art von Menschen Gott in seinem Reich haben will. Christus richtete sein Leben auf dieser Erde ganz nach dem Gesetz Gottes aus. Wer also wie Christus leben will, wird wie er auch den Geboten Gottes gehorsam sein. Solchen Menschen kann der Herr sein Vertrauen schenken und sie einmal in der himmlischen Familie willkommen heißen."[3]

---

[1]   E. G. White, „Bilder vom Reiche Gottes", 77.

[2]   E. G. White, „Mount of Blessing", 50 (vgl. „Das bessere Leben", 45) – Hervorhebung hinzugefügt.

[3]   E. G. White, „Bilder vom Reiche Gottes", 274 – Hervorhebung hinzugefügt.

Bis dahin könnte die gesetzesorientierte Vollkommenheit dieses Zitats entweder im Sinne des Detail-Modells, d. h. der äußerlich sichtbaren Handlungen, oder aus der Perspektive des Grundsatz-Modells interpretiert werden. Aus dem Zusammenhang herausgelöst würden wahrscheinlich die meisten die Interpretation des Detail-Modells in diesen Abschnitt hineinlesen. Das entspräche aber nicht dem Textzusammenhang.

Im nächsten Absatz verweist Ellen White nämlich darauf, daß sich viele „zwar zu Christus bekennen und die angenehmen Seiten des Evangeliums in Anspruch nehmen möchten, es andererseits aber nicht für nötig halten, sich zu ändern. Sie wissen weder, was es heißt, Buße zu tun, noch ist ihnen bewußt, wie sehr sie Christus brauchen und im Glauben an ihn noch wachsen müssen ... Mit sich selbst vollauf zufrieden, verlassen sie sich lieber auf ihre eigenen Verdienste als auf Christus ... Viele bezeichnen sich als Christen, die man eher Moralisten nennen könnte."[1]

Dann entfaltet Ellen White ihre Vorstellungen hinsichtlich der Vollkommenheit, die „Gott von seinen Kindern fordert", noch ausführlicher. „Die Gerechtigkeit Christi", schreibt sie, „bedeckt keine Sünde, *an der wir bewußt festgehalten haben.*"

Das läßt den Schluß zu, daß Sünden, die nicht aus einer auflehnenden Gesinnung heraus begangen wurden, vergeben werden. Und weiter heißt es: „Wenn sich jemand nach außen hin nichts zuschulden kommen läßt, mag er vor der Welt [und wohl auch vor den meisten Gemeindegliedern] als rechtschaffen gelten, obwohl er vielleicht in seinem Herzen ein Gesetzesbrecher ist. *Gott jedoch sieht auch das, was wir gerne verbergen möchten, und beurteilt alles, was wir tun, nach unseren Beweggründen.* Nur das, was mit den *Grundsätzen* von Gottes Gesetz übereinstimmt, wird im Gericht bestehen können." Mit ihren nächsten Worten, „Gott ist Liebe", wird der wichtigste Grundsatz betont.[2]

Die obige Stelle ist kennzeichnend für Ellen Whites Darlegung der Charaktervollkommenheit. Sie beschäftigt sich hauptsächlich mit

---

[1]   Ebenda, 274f.
[2]   Ebenda, 275 – Hervorhebung hinzugefügt.

dem großen, motivierenden Prinzip der Liebe, die die Neigungen eines Menschen durch Gottes Gnade formt und umwandelt. Die einzelnen Forderungen des Gesetzes sind ihr wichtig, aber nur im Zusammenhang mit diesem übergreifenden Prinzip des Gesetzes. Selbst in der oben angeführten Textstelle merkt sie differenzierend an, daß nicht die einzelne rebellische Handlung an sich das Problem ist, sondern nur die, die man nicht aufgeben will. Daher zeigt Ellen White in dieser Aussage über Charaktervollkommenheit eine Sicht, in der das Prinzip, der Grundsatz, im Vordergrund steht.

Dasselbe Verständnis findet sich immer wieder in ihren Schriften. Daher verwies sie, als sie die Frage des reichen jungen Mannes bei seiner Begegnung mit Christus kommentierte, darauf, daß er sich zwar um den Buchstaben des Gesetzes bemüht, aber Christi Ideal nicht entsprochen habe. „Christus las im Herzen des jungen Mannes, dem nur eines fehlte; doch dieses eine war *lebensnotwendig*. Der junge Mann bedurfte der Liebe Gottes in seinem Herzen; dieser Mangel würde sich – es sei denn, man hülfe ihm ab – für ihn verhängnisvoll auswirken und sein ganzes Wesen verderben ... *Wollte er die Liebe Gottes empfangen* [das Grundprinzip, das ihm fehlte], *mußte er seine maßlose Eigenliebe überwinden.*"[1]

Sie fuhr dann fort: „*Christus zeigte ihm den einzigen Weg, auf dem er zu einem vollkommenen christlichen Charakter kommen konnte.*" Einige Zeilen später verwies sie auf das, worauf es ankam: „Gehorsam gegen sein Gesetz; nicht nur ein gesetzlicher Gehorsam, sondern ein Gehorsam, der unser Leben durchdringt und sich im Charakter verwirklicht."[2]

Ellen White verfährt in ihren Aussagen über Charaktervollkommenheit nach einer Methode, die sie oft anwandte, indem sie die einzelnen Taten, die ein Leben ausmachen, unter dem großen, zentralen Prinzip der Charakterentwicklung sieht. Sie läßt keinen Zweifel darüber aufkommen, was sie als Hauptsache betrachtet: Das wichtigste Ziel der Charakterentwicklung ist ein reines Herz, ein williger Geist und eine uneingeschränkte Ergebenheit gegenüber Gott. Das

---

[1] E. G. White, „Das Leben Jesu", 512f. – Hervorhebung hinzugefügt.
[2] Ebenda, 513f. – Hervorhebung hinzugefügt.

steht völlig im Einklang mit ihrer Auffassung sowie der Sicht der Bibel, daß Vollkommenheit und Sündlosigkeit vor allem eine Frage der Einstellung sind und nicht als absolute Vollkommenheit im Handeln verstanden werden dürfen. Darauf wird in Kapitel 10 näher eingegangen.

Auch hier muß betont werden, daß Charaktervollkommenheit nicht in erster Linie in dem besteht, was man vermeidet. Niemand wird dadurch vollkommen, daß er diese oder jene Sünde und Übertretung meidet – selbst dann nicht, wenn er alle Sünden miede. Andererseits ist die Entwicklung des Charakters eng verbunden mit der SÜNDE, jener Haltung, in der ich das Ich zum Mittelpunkt meines Lebens mache und meine *agape* auf mich anstatt auf Gott und die anderen richte. C. Merwyn Maxwell merkt hilfreich an, daß „es wichtig ist, die positiven Aspekte der Charakterentwicklung hervorzuheben".[1]

Ellen White betont wiederholt denselben Gedanken: „Im christlichen Glauben geht es um Christus im Leben – ein lebendiges, wirksames *Prinzip*. Es geht um die Gnade Christi, die unser Wesen formt und sich in guten Werken zeigt. Die Grundsätze des Evangeliums erfassen alle Bereiche des praktischen Lebens ... *Liebe ist das Fundament der Frömmigkeit*. Was wir auch behaupten mögen, niemand hat reine Liebe zu Gott, wenn er nicht selbstlos seinen Bruder liebt ... *Wenn unser Ich in Jesus aufgeht, dann zeigt sich seine Liebe ganz von selbst. Es ist ein Zeichen christlicher Charaktervollkommenheit, wenn wir ständig anderen helfen und ihnen zum Segen werden möchten,* wenn der Sonnenschein des Himmels unser Herz erfüllt und uns aus den Augen leuchtet."[2]

Die sich auf diesen Grundsatz gründende „Vollendung des christlichen Charakters" ist im Kern die Definition der Charaktervollkommenheit. Ellen White kann daher schreiben: „Niemand, der wirklich weiß, was ein vollkommener Charakter ist, wird das Mitge-

---

[1] C. M. Maxwell, „Ready for His Appearing" in „Perfection: The Impossible Possibility", 196.

[2] E. G. White, „Christ's Object Lessons", 384 (vgl. „Bilder vom Reiche Gottes", 336) – Hervorhebung hinzugefügt.

fühl und die Güte Christi vermissen lassen. Der Einfluß der Gnade soll das Herz erweichen, die Empfindungen verfeinern und reinigen, indem sie ein vom Himmel verliehenes Feingefühl und ein Gespür für Anstand und Schicklichkeit schenkt."[1]

Bevor wir das Thema der Vollkommenheit bei Ellen White abschließen, sind noch zwei Anmerkungen anzubringen. Erstens: Sie hat die Vollkommenheit des Charakters niemals von der umwandelnden und kraftspendenden Gnade Christi getrennt. Jean Zurcher gelangt zu dem Schluß, daß „eine ehrliche Untersuchung des Schrifttums von Ellen White zeigt, daß sie nicht ein einziges Mal von der Vollkommenheit des Charakters spricht, ohne darauf hinzuweisen, daß wir sie nur durch Jesus Christus erlangen können".[2]

Zweitens: Ellen Whites Aussagen über Vollkommenheit können leicht mißverstanden werden – je nach dem Vorverständnis oder der Gemütsverfassung des Lesers. Ann Burke bemerkt höchst zutreffend: „Unglücklicherweise wählen gewissenhafte Gläubige aufgrund ihrer Wesensart starke Aussagen Ellen Whites aus, die wahrscheinlich an sorglose Christen gerichtet waren, und beziehen sie auf sich. Sie geißeln sich geradezu mit solchen Ausführungen. Dagegen wiegen sich oberflächliche Gemeindeglieder durch Botschaften, die zweifelsohne die Übergewissenhaften trösten sollen, in falscher Sicherheit."[3] Es ist natürlich klar, zu welcher Gruppe die Pharisäer gehören würden.

In diesem Kapitel haben wir gesehen, daß Ellen Whites Definitionen der Sündlosigkeit und Vollkommenheit, wenn man ihre Aussagen im Zusammenhang der entsprechenden Abschnitte sowie unter Berücksichtigung der Tendenz ihres Gesamtwerkes liest, völlig mit den biblischen Aussagen übereinstimmen. Bedauerlicherweise neigen viele Adventisten dazu, Ellen White zusammenhanglos zu zitieren. Damit reißen sie sie nicht nur aus dem Kontext ihres eigenen Schrifttums heraus, sondern stellen sie häufig auch außerhalb des bibli-

---

[1]   E. G. White, „Mount of Blessing", 135 (vgl. „Das bessere Leben", 111).
[2]   J. R. Zurcher, „Christian Perfection", 53.
[3]   A. Cunningham Burke, „The Adventist Elephant", in „Adventist Review", 27.8.1987, 9.

schen Rahmens, den sie nach eigener Aussage niemals verlassen hat. Es ist schwer zu begreifen, wie man angesichts solcher Vorgehensweise obendrein behaupten kann, „treu zu Ellen Whites klarem Zeugnis" zu stehen. Hochgestochene oder eigenwillige Definitionen der Vollkommenheit sind in der Endzeit besonders problematisch. Diesem Gedanken wollen wir uns im folgenden Kapitel zuwenden.

Kapitel 9

Vollkommenheit
kurz vor der Wiederkunft

Adventisten sind durchweg davon überzeugt, daß Vollkommenheit wichtig ist. Das ist kein Zufall. Selbst eine flüchtige Lektüre von Offenbarung 14 – dem Kapitel, dem im Blick auf das Selbstverständnis der Adventgemeinde besondere Bedeutung beigemessen wird – hinterläßt den Eindruck, daß es am Ende der Weltgeschichte ein vollkommenes Gottesvolk geben muß.

Was sagt die Bibel
über die Vollkommenheit der Gläubigen
kurz vor der Wiederkunft?

In Offenbarung 14 wird gleich zu Anfang eine Gruppe von Gläubigen kurz vor der Wiederkunft dargestellt, die den Namen Christi und Gottes tragen. Johannes nennt sie die Hundertvierundvierzigtausend (Offb 14,1; vgl. 7,4). Von ihnen wird gesagt, daß sie „sich nicht befleckt" haben mit einer falschen Religion, sondern „dem Lamm nach[folgen], wohin es geht" (Offb 14,4). Darüber hinaus heißt es, daß sie aufrichtig und „untadelig" sind (V. 5).

Berkouwer sagt von den 144 000, daß sie sich „uneingeschränkt Christus verpflichtet" haben.[1] Was die Vorstellung von der Vollkommenheit dieser Gläubigen erweckt, ist die Wendung „sie sind untadelig".

---

[1]   G. C. Berkouwer, „Faith and Sanctification", 140.

Robert Mounce verweist darauf, daß „dieses griechische Wort, wenn es auf die neutestamentlichen Gläubigen angewandt wird, durchweg *ethische [moralische] Tadellosigkeit, Schuldlosigkeit* bedeutet". Und George Eldon Ladd meint, daß sich diese Menschen durch eine „untadelige Hingabe" an Gott auszeichnen.[1] Ganz gleich, wie man es auch sehen mag, die 144 000 besitzen eine gewisse Vollkommenheit, die wohl deshalb besonders hervorgehoben wird, weil sie aus dem Rahmen normaler geschichtlicher Erfahrung herausfällt.

Schon die frühen Adventisten glaubten, mit den 144 000 seien sie gemeint, zumal sie davon überzeugt waren, daß sich auch das Bild von den drei Engeln in den folgenden Versen auf sie bezog (V. 6-12). Ihre Botschaft an die Welt war: (1) die „Stunde seines Gerichts" ist gekommen; (2) Babylon ist gefallen; (3) im Gegensatz zu denen, die sich dem antichristlichen „Tier" beugen und sein Malzeichen empfangen, ist das Halten der Gebote Gottes das Kennzeichen derer, die Gott treu sind.

An die Botschaft der drei Engel schließt sich unmittelbar die Schilderung der Wiederkunft Christi und der „Welternte" an (V. 14-20). Das läßt es verständlich erscheinen, warum diejenigen, die sich als in Offenbarung 14 beschrieben verstanden, für diese Ereignisse bereit sein wollten. Und wie anders sollten sie „untadelig" sein als durch das Halten der „Gebote Gottes"? Die Vorstellung von einer „Endzeit-Ernte-Vollkommenheit" hat sich schon im ganz frühen Adventismus ausgebreitet.

Ich halte es für zwecklos, die Idee einer „untadeligen" Vollkommenheit des endzeitlichen Gottesvolkes weginterpretieren zu wollen. Es taucht allerdings die Frage auf, warum Gott von der letzten Generation vor der Wiederkunft mehr erwartet als von allen vorausgegangenen.

Sie läßt sich nicht mit Hilfe irgendeiner Art von Dispensationalismus beantworten,[2] nach dem Gott die letzte Generation der Gläubi-

---

[1] R. H. Mounce, „Book of Revelation", 271; G. E. Ladd, „Revelation of John", 192 – Hervorhebung hinzugefügt.

[2] Diese Lehre gliedert die Welt- und Heilsgeschichte in sieben verschiedene Zeitalter, in denen Gott unterschiedlich mit den Menschen verfahren soll. Nach

gen anders als die früheren behandelt. Die Antwort ergibt sich vielmehr aus den Auswirkungen der in Offenbarung 12,7 und 13,11-17 geschilderten Endzeitereignisse. Diese Krise spaltet die Menschheit in zwei Lager – die einen ergeben sich ganz Gott, während sich die anderen völlig dem „großen Drachen" unterwerfen (12,9), der durch die Tiermächte aus Offenbarung 13 repräsentiert wird.

In Offenbarung 12,17 ist von dieser noch nie dagewesenen Krise in der Geschichte der Menschheit die Rede. Der „Drache" führt einen gnadenlosen Vernichtungskrieg gegen alle, die dem Schöpfergott treu bleiben und das durch das Halten der Gebote bekunden. Der Höhepunkt dieser Auseinandersetzung wird in Offenbarung 13,15-17 geschildert, wo vorausgesagt wird, daß über die, die dem Tier die Gefolgschaft verweigern, die Todesstrafe verhängt wird. Sie können nicht „kaufen oder verkaufen" und werden sogar mit dem Tod bedroht.

Einige von ihnen werden in Offenbarung 14,13 erwähnt als die, die „in dem Herrn sterben von nun an". Dabei geht es offenbar um die Zeitspanne zwischen dem Beginn der Verkündigung der drei Engelsbotschaften und der großen Ernte der Erde.

In dieser spannungsgeladenen Zeit sind die Menschen in nie dagewesener Weise genötigt, entweder den Grundsätzen des Reiches Gottes zu gehorchen oder sich Satans Herrschaft zu unterwerfen. Nach Offenbarung 12,17-14,20 wird es in der Endzeit keinen Spielraum für Neutralität geben. Wer neutral zu bleiben versucht, wird das Malzeichen des Tieres an der „rechten Hand" (Offb 13,16) erhalten. Das Malzeichen an der Stirn weist auf die intellektuelle Anerkennung der Grundsätze des Tieres hin, während das an der Hand die passive Annahme der Grundsätze des Drachens bezeugt.

---

dieser Auffassung stellt das christliche Zeitalter als Periode der reinen Gnade nur einen Einschub dar zwischen dem vergangenen jüdischen Zeitabschnitt des Gesetzes und dem zukünftigen jüdischen Zeitalter, in dem die Juden wieder als Gottes Volk eingesetzt sind und unter Durchsetzung des mosaischen Gesetzes die Herrschaft über die Welt ausüben. Diese Auffassung geht auf John N. Darby (Darbysmus, Darbysten) zurück († 1882) und wird durch die Anmerkungen der Scofield-Bibel verbreitet. (Vgl. „Seventh-day Adventist Bible Commentary", Bd. 10, 344.)

Einen Mittelweg wird es nicht geben. Im Angesicht dieser letzten großen Auseinandersetzung werden sich alle, die das Malzeichen des Tieres nicht annehmen, bewußt für die völlige Treue gegenüber Gottes Grundsätzen entscheiden. Sie werden als „untadelig" bezeichnet, als unbefleckt durch fragwürdige Heilslehren, als Menschen, die Gottes Gebote halten und den Glauben an Jesus haben (Offb 14,4.5.12).

Ein Ausspruch Martin Luthers kann uns helfen, die Polarisierung in der Endzeit zu verstehen. Der Reformator hat einmal gesagt, daß „Gott viele Liebhaber in Zeiten des Friedens hat". In guten Zeiten kann man sich leicht einbilden, Gott zu lieben, doch ob die Liebe und Treue wirklich echt ist, zeigt sich erst in Krisenzeiten.[1]

Während der in Offenbarung 13 und 14 geschilderten Krise wird zum erstenmal in der Geschichte völlig klar sein, worum es in der großen Auseinandersetzung zwischen Gott und Satan wirklich geht. Diese klare Alternative wird die Menschen geradezu zu grundsätzlichen Entscheidungen zwingen, so daß ihre Entscheidung für Gott und ihre bedingungslose Treue zu ihm oder die totale Ablehnung Gottes klar erkennbar werden. Auf diese Weise macht die letzte Generation in der Weltgeschichte eine einzigartige Erfahrung.

Kenneth Strand meint, daß diese Erfahrung nicht in ihrer Art einmalig sein wird, wohl aber in der Intensität. Es hat im Laufe der Geschichte für die Gläubigen immer wieder schwierige Zeiten gegeben, aber nie in solcher Intensität und Deutlichkeit, wie das nach der Offenbarung des Johannes in der Krise am Ende der Tage der Fall sein wird, wenn sich alle Mächte der Finsternis gegen Gott erheben. Aber gerade dann wird sich erweisen, daß sie der Rebellion (SÜNDE) gegen Gott für immer abgesagt haben und ihre Liebe und Treue zu ihm „untadelig", „ohne Makel" – kurz: vollkommen ist.

Sie werden charakterisiert als solche, die die „Geduld der Heiligen" haben, während sie auf ihren Herrn warten, die Gottes Gebote halten und die dasselbe Vertrauen haben, das Christus seinem Vater entgegenbrachte (Offb 14,12). Wenn Christus in den Wolken des Himmels zur „Ernte" erscheint, werden die Seinen daher „ihm gleich sein" (1 Jo 3,2).

---

[1]   M. Luther, zit. bei P. Althaus, „Theology of Martin Luther", 146.

Allerdings waren es nicht die prophetischen Aussagen der Offenbarung allein, die die frühen Adventisten dazu bewegten, ständig die Vollkommenheit im Auge zu behalten. Ein weiterer Grund war der, wie Ladd sagt, daß die „Heiligung ein eschatologisches Ziel hat. Gott will, daß sich ihm die Gemeinde am Ende in Herrlichkeit darstellt, daß sie ‚keinen Flecken oder Runzel oder etwas dergleichen habe, sondern die heilig und untadelig sei' (Eph 5,27; vgl. Kol 1,22; 1 Th 3,13; 5,23)".[1]

Donald Guthrie verweist darauf, daß für den Apostel Petrus „die am Ende erfolgende Vernichtung aller Dinge das Motiv dafür liefert, in der Gegenwart ein Leben in Heiligkeit zu führen".[2] „Wenn nun das alles so zergehen wird, wie müßt ihr dann dastehen in heiligem Wandel und frommem Wesen, die ihr das Kommen des Tages Gottes erwartet", mahnt Petrus (2 Pt 3,11.12; vgl. 1 Pt 1,13-16).

Im Laufe der Kirchengeschichte war der Gedanke an das kommende Gericht oder auch die „Furcht" davor für viele Christen ein gängiges Motiv für einen „heiligen" Lebenswandel. Hatte nicht Paulus den Römern warnend geschrieben, daß „alle vor den Richterstuhl Gottes gestellt werden"? (Rö 14,10). Und die Korinther ließ er wissen: „Denn wir müssen alle offenbar werden vor dem Richterstuhl Christi, damit jeder seinen Lohn empfange für das, was er getan hat bei Lebzeiten, es sei gut oder böse." (2 Ko 5,10)

Solche Texte lassen es verständlich erscheinen, daß sich eine Gemeinschaft ernsthaft mit dem Gedanken der Vollkommenheit beschäftigt, wenn sie glaubt, nach Gottes Willen entstanden zu sein, um zum „Halten der Gebote Gottes" aufzurufen und zu verkündigen, daß die Stunde seines Gerichts gekommen ist. Schließlich gehört es zu ihrer Aufgabe, ihre Glieder auf „die Ernte der Erde" vorzubereiten (Offb 14,15). Es wäre höchst seltsam, wenn solche Menschen nicht über Untadeligkeit und Vollkommenheit nachdächten.

Adventisten machen sich jedenfalls ernsthafte Gedanken darüber, wenn auch manche ihrer Auffassungen über Vollkommenheit nicht den Kern der biblischen Lehre zu diesem Thema treffen. Im Rest

---

[1]   G. E. Ladd, „A Theology of the New Testament", 520.
[2]   D. Guthrie, „New Testament Theology", 674.

dieses Kapitels werden wir Ellen Whites Verständnis bezüglich der Vollkommenheit in der Endzeit untersuchen.

Dieses Verständnis muß, wie bereits erwähnt, innerhalb des Rahmens der biblischen Aussagen über Vollkommenheit, Sündlosigkeit, Sünde und Erlösung betrachtet werden. Außerdem muß dieses Verständnis dem Gesamtzeugnis Ellen Whites über diese Themen sowie dem unmittelbaren literarischen Zusammenhang ihrer Aussagen über die Vollkommenheit in der Endzeit entsprechen.

Ellen White
über die Polarisierung in der Endzeit
und die Reinigung des Heiligtums

Es ist zweifellos ein Verdienst Ellen Whites, daß sie das in Offenbarung 12,17 bis 14,20 behandelte Thema der Auseinandersetzungen in der letzten Zeit in ihrem Schrifttum aufgreift und weiter ausführt.

In Übereinstimmung mit Kapitel 12,17 spricht sie von verstärkten anklägerischen Bemühungen Satans, „je mehr wir uns dem Ende der Weltgeschichte nähern". Weil der Teufel merkt, daß die Zeit knapp wird, bemüht er sich „um so entschlossener, zu täuschen und zu zerstören. Wütend stellt er fest, daß es Menschen auf der Erde gibt, die trotz ihrer Schwäche und Sündhaftigkeit das Gesetz des Herrn achten. Er ist fest entschlossen, sie zum Ungehorsam zu verleiten ..." Darauf ist seine fieberhafte Aktivität, wie sie in Offenbarung 12,17 beschrieben wird, zurückzuführen.[1]

Genauso steht im Mittelpunkt von Ellen Whites Theologie die Spaltung der Menschheit in zwei Lager und das Reifwerden der Gerechtigkeit wie auch der Sünde zur Ernte, wie es in Offenbarung 13 und 14 dargestellt wird. Am ausführlichsten äußert sie sich wohl in ihrem Buch „Das Leben Jesu" zu diesem Thema. „Der Kampf gegen Gottes Gesetz, der im Himmel seinen Anfang nahm, wird bis zum Ende der Zeit fortgesetzt. Jeder Mensch wird geprüft werden. Gehorsam oder Ungehorsam, das ist *die* Frage, die von der ganzen Welt

---

[1] E. G. White, „Bilder vom Reiche Gottes", 144.

entschieden werden muß. *Alle werden ihre Wahl treffen müssen zwischen dem Gesetz Gottes und den Geboten der Menschen;* hier wird die große Scheidelinie gezogen werden. *Es wird dann nur zwei Klassen geben. Der Charakter eines jeden Menschen wird vollständig entwickelt sein, und alle werden zeigen, ob sie Treue oder Empöhrung gewählt haben ... Dann wird das Ende kommen."[1]*

Ellen White verknüpft in ihrem Schrifttum die Entwicklung des Charakters so häufig mit dem zweiten Kommen Christi, daß man den Eindruck gewinnt, dieses Thema müsse ihr besonders wichtig gewesen sein.

Sie hat sich sogar dahingehend geäußert, daß Christus deshalb nicht bald nach der Enttäuschung der Millerbewegung im Jahre 1844 zurückgekehrt sei, „weil die Menschen noch nicht bereit waren, ihrem Herrn zu begegnen. Sie waren noch nicht genug vorbereitet." Die enttäuschten Gläubigen brauchten erst noch „neues Licht", neue Aufgaben und eine neue Botschaft. Im Mittelpunkt dieses neuen Lichts und der neuen Botschaft steht das Allerheiligste des himmlischen Heiligtums, wo Christus den Glauben der Heiligen während des Gerichts vor Satans Angriffen verteidigt, das von 1844 an bis unmittelbar vor seinem zweiten Kommen stattfinden wird.[2]

Konsequenterweise setzt Ellen White diesen Zeitraum des Wartens mit der Reinigung der Charaktere der Gläubigen in Beziehung. Sie schrieb: „Während das Untersuchungsgericht im Himmel vor sich geht, während die Sünden reumütiger Gläubiger aus dem Heiligtum entfernt werden, muß sich das Volk Gottes auf Erden in besonderer Weise läutern, d. h. seine Sünden ablegen ... Nachdem das geschehen ist, werden die Nachfolger Christi für sein Erscheinen bereit sein."[3]

Ellen White läßt keinen Zweifel daran, daß es die Gläubigen in der Schlußphase der Weltgeschichte schwer haben werden. Dennoch werden sie ihre Freude und Zuversicht nicht verlieren, denn sie wissen sich in Christus geborgen. Vor Christi Wiederkunft „wird es

---

[1] E. G. White, „Das Leben Jesu", 764 – Hervorhebung hinzugefügt.
[2] E. G. White, „Der große Kampf", 426.
[3] Ebenda, 427.

unter dem Volke des Herrn eine solche Wiederbelebung ursprünglicher Frömmigkeit geben, wie es seit den Zeiten der Apostel nicht mehr der Fall gewesen ist". Sie sollen „Gottes Wesen vor der Welt rechtfertigen". Sie sollen eine „untadelige Vollkommenheit" erlangen, während sie der „mächtigsten und letzten Demonstration" seiner Gnade entgegengehen.[1]

Bliebe zu fragen: Was versteht Ellen White unter „ursprünglicher Frömmigkeit", „Gottes Wesen" und „untadeliger Vollkommenheit"? Mit dieser Frage werden wir uns in den folgenden Abschnitten beschäftigen. Wir werden dabei untersuchen, was es bedeutet, den Charakter Christi widerzuspiegeln, die Zeit der Trübsal ohne einen Mittler zu überstehen und welcherart Glauben Elia und Henoch bereit machte, entrückt und verwandelt zu werden. Aus den gewonnenen Erkenntnissen lassen sich einige wichtige Schlußfolgerungen ziehen.

Vollkommene Widerspiegelung des Charakters Christi

In diesem Zusammenhang wird eine Stelle aus dem Schrifttum Ellen Whites besonders häufig angeführt: „Christus wartet mit großem Verlangen darauf, daß er sich in seiner Gemeinde offenbaren kann. *Wenn der Charakter Christi von seinem Volk völlig widergespiegelt wird,* wird er wiederkommen, um diese Gläubigen als die Seinen zu sich zu nehmen."[2]

Diese Stelle ist besonders interessant, weil sie dieselbe Abfolge wie das Bild von der Ernte in Offenbarung 14 enthält. Schon im nächsten Abschnitt heißt es, daß der Same des Evangeliums in Windeseile in aller Welt ausgestreut wäre, wenn alle, die den Namen Christi bekennen, auch Frucht zu seiner Ehre tragen würden. „In Kürze wäre dann die große Ernte reif, und Christus käme, um den

---

[1] E. G. White, „The Great Controversy" 464 (vgl. „Der große Kampf", 463); ders., „Testimonies for the Church", 5/746; ders., „Testimonies to Ministers", 18.

[2] E. G. White, „Christ's Object Lessons", 69 (vgl. „Bilder vom Reiche Gottes", 53) – Hervorhebung hinzugefügt.

kostbaren Weizen einzubringen."[1] Es könnte sein – Offenbarung 14 als Parallele vorausgesetzt –, daß sich von dieser Stelle her verstehen läßt, was es bedeutet, „untadelig" zu sein und den „Glauben Jesu" zu haben (Offb 14,5.12).

Mir scheint, daß der Schlüssel zum richtigen Verständnis der oben zitierten Stelle in dem Wort „völlig" liegt. Ellen White spricht dort von der Notwendigkeit, den Charakter Christi „völlig" widerzuspiegeln. Leider hat dieser Ausspruch viel „fremdes Feuer" in der Adventgemeinde entfacht.

Beim Auslegen dieser Textstelle reißen viele Ellen Whites Worte aus dem Zusammenhang und verknüpfen sie mit ebenfalls aus dem historischen und literarischen Kontext herausgerissenen „fanatischen" Zitaten aus Büchern wie „Counsels on Diets and Foods" (Ratschläge für eine gesunde Ernährung). Was dabei herauskommt, ist eine „Theologie", über die selbst Ellen White und Gott nur staunen können.

Ich weiß, wovon ich spreche. In meinen jüngeren Jahren bin ich dieser Richtung gefolgt. Ich war in meinem Verlangen, den Charakter Christi völlig widerzuspiegeln, so konsequent, daß einige befürchteten, ich würde noch „an der Gesundheitsreform sterben".[2]

Unlängst beschrieb mein Freund Martin Weber in seinem Buch „My Tortured Conscience" [„Mein gequältes Gewissen"], welche Erfahrungen er auf diesem Weg zur „Heiligkeit" gemacht hat. Als er es in allem noch genauer nahm als die Strengsten der Strengen in gewissen – von der Gemeinschaft unabhängigen – adventistischen Institutionen, glaubte er sich auf dem einzig richtigen Weg. Es störte ihn nicht, daß ihn sogar manche seiner Mitstreiter als Fanatiker bezeichneten. „Es ist doch toll", sagte er sich, „daß ausgerechnet diejenigen, die von anderen als fanatisch eingestuft werden, mich ihrerseits einen Fanatiker nennen! Da liege ich, dem Herrn sei Dank, offenbar richtig. Ich will gern ein Narr um Christi willen sein! Diese Leute hier sind einfach nicht geistlich genug, um verstehen zu können, was Gott zur Zeit in meinem Leben tut."

---

[1]   E. G. White, „Bilder vom Reiche Gottes", 53.
[2]   Diese Episode wird ausführlicher bei George R. Knight, „Angry Saints", 147f., geschildert.

Den Gipfel seines geistlichen Kampfes erklomm Martin, als er meinte, er könne tatsächlich Christus gleich werden, wenn er nur die Nächte hindurch betete. Er hielt nämlich „Schlaflosigkeit für das Geheimnis der Vollkommenheit". Als er seine Idee in die Tat umsetzte, zeitigte das einige interessante Resultate, wenn sie auch nicht alle geheiligt waren.[1]

Das Tragische an der ganzen Sache ist, daß mein frommer Freund all diese Dinge für Christus und im Namen Christi tat. Später erkannte er, daß sein damaliges Leben nichts mit Heiligung zu tun hatte, sondern mit der schlimmsten Spielart von Gesetzlichkeit: „Es war christozentrische Gesetzlichkeit – Gesetzlichkeit durch den Glauben."[2]

Martin Weber, ich selbst und viele andere Adventisten hätten sich und ihren Mitmenschen manches Leid ersparen können, wenn wir die vielen Aussagen Ellen Whites in ihrem ausgewogenen Zusammenhang gelesen hätten. Statt dessen haben wir einzelne Sätze von ihr so oberflächlich herausgepickt und zusammengetragen, daß daraus pharisäische Ungeheuerlichkeiten entstehen mußten. Damit haben wir ihr und Gott, der sie inspiriert hat, Gewalt angetan.

Im Blick auf die vollkommene Widerspiegelung des Charakters Christi schrieb Ellen White: „Christus möchte *in den Herzen* der Menschen immer neue Gestalt gewinnen ... *In einem Leben, das das eigene Ich im Mittelpunkt stehen hat, kann es weder Wachstum noch Frucht geben.* Wer aber Christus als seinen persönlichen Heiland angenommen hat, wird anderen helfen wollen und sich selbst deshalb nicht mehr so wichtig nehmen ... In dem Maße, in dem du den Geist Christi empfängst – den Geist *selbstloser Liebe* und Arbeit für den Nächsten –, wirst du wachsen und Frucht bringen ... Dein Glaube wird wachsen, deine Überzeugung fester werden, *deine Liebe vollkommen. So wird alles Reine und Edle an dir das Bild Christi immer klarer widerspiegeln.*"[3]

Die vollkommene Widerspiegelung des Charakters Christi bedeutet, daß wir Beziehungen aufbauen, in denen die Sorge um die ande-

---

[1]   M. Weber, „My Tortured Conscience" (Washington D. C., 1991), 67.70.72.

[2]   Ebenda, 72 – Hervorhebung hinzugefügt.

[3]   E. G. White, „Bilder vom Reiche Gottes", 53 – Hervorhebung hinzugefügt.

ren im Mittelpunkt steht. Wie im Gleichnis von den Schafen und Böcken (Mt 25,31-46) dargestellt, geht es nicht darum, was wir essen oder worauf wir verzichten, auch nicht darum, wie wir den Sabbat halten. *Solche Fragen der Lebensführung sind zwar wichtig, aber nur im Zusammenhang mit einem christlichen Leben, in dem die Liebe im Mittelpunkt steht.* Darauf wollte uns Jesus im Kern in Matthäus 5,48 hinweisen, als er sagte: „Darum sollt ihr vollkommen sein, wie euer Vater im Himmel vollkommen ist." Die erhellende Parallele in Lukas 6,36 setzt nämlich Vollkommenheit mit Barmherzigkeit gleich.

Der vollkommene Christ ist also der liebende Christ. Das ist es, was sich Gott für seine „untadelige" Endzeitgemeinde wünscht, die „den Glauben an Jesus" hat und in der Christi Charakter „vollkommen widergespiegelt" ist.

Aus einem umgewandelten Herzen entspringen geheiligte Taten. Der vollkommene Christ befindet sich im Einklang mit dem großen Grundsatz des Gesetzes – der Liebe zu Gott und zum Menschen (Mt 22,36-40). „In dem Maße, wie Liebe im Menschen ist, ist er Gott ähnlich und beweist dadurch, daß er ein Kind Gottes ist", schrieb Brunner.[1]

Tragischerweise meinen zu viele Adventisten, Vollkommenheit habe es mehr mit der Lebensart eines Christen zu tun als mit seinem Charakter. Das ist ein schwerer Fehler. Ernährungsgewohnheiten und andere Lebensstilfragen sollten nur als Hilfen auf dem Weg verstanden, aber nicht zum Ziel selbst gemacht werden.

Der Herr der Ernte sucht bei uns am Ende nach einem heiligen Charakter. Es bekümmert ihn wahrscheinlich weniger, wenn ich ernährungsmäßig über die Stränge schlage, als wenn meine unmäßigen Eßgewohnheiten mich reizbar und launisch machen oder ungerecht zu meinen Kindern werden lassen. Gesundheit und andere Lebensstilfragen sind schließlich nicht reiner Selbstzweck, sondern sollen dazu beitragen, die Menschen um uns herum etwas vom Wesen Christi spüren zu lassen.

Das Vermengen oder gar Gleichsetzen von Lebensstil und Charakter endet immer in irgendeiner Form von Gesetzlichkeit. Und diese „christli-

---

[1]   E. Brunner, „Romans", 155.

che" Gesetzlichkeit ist genauso schroff, kalt, freudlos und übertrieben genau wie die der Pharisäer von damals. *Deshalb kann solches Bestreben, einen vollkommenen, christusähnlichen Charakter widerzuspiegeln, genau zum Gegenteil dessen führen, was Jesus beabsichtigt hat.*

Ellen White ist nicht der Gefahr erlegen, die Begriffe zu vermengen. Sie schrieb klar und eindeutig: „Die letzten Strahlen des Gnadenlichts, die letzte Botschaft der Barmherzigkeit sollen der Welt das liebevolle Wesen Gottes offenbaren."[1] Das entspricht genau dem, was Jesus seinen Freunden sagte: „An eurer Liebe füreinander wird die Welt erkennen, daß ihr meine Jünger seid." (Jo 13,35 Hfa)

Manche von uns möchten gern Jesu und Ellen Whites Aussagen mit dem vollkommenen Halten des Gesetzes oder mit Fragen des Lebensstils verknüpfen, deshalb ist es an der Zeit, die Dinge ins rechte Licht zu rücken. Wir sollten in dieser Beziehung mehr auf Gott hören als auf Menschen, die uns ihre pharisäische Sicht der Dinge überstülpen wollen. Tun wir das nicht, geraten wir nur allzu schnell ins religiöse Fahrwasser der Pharisäer, die damals lehrten, der Messias werde kommen, wenn das Gesetz (Thora) wenigstens einen Tag lang vollkommen gehalten würde.[2]

Ellen White wurde nicht müde zu betonen, daß Charaktervollkommenheit darin besteht, unser Leben in allen Bereichen von der Liebe Christi bestimmen zu lassen. „Wenn unser Ich in Jesus aufgeht, dann zeigt sich seine Liebe ganz von selbst. *Es ist ein Zeichen christlicher Charaktervollkommenheit, wenn wir ständig anderen helfen und ihnen zum Segen werden möchten, wenn der Sonnenschein des Himmels unser Herz erfüllt und uns aus den Augen leuchtet."*[3]

Solche Aussagen entziehen jeder gequälten oder sauertöpfischen Vollkommenheit den Boden. Wer vom Charakter Christi geprägt ist, der hat für die Zukunft nichts zu befürchten. „Gott ist Liebe, und wer in dieser Liebe bleibt, der bleibt in Gott und Gott in ihm. Das ganze

---

[1] E. G. White, „Bilder vom Reiche Gottes", 361; vgl. 362-365.
[2] Babylonischer Talmud, Sanhedrin, 97b; Schabbat, 118b; Jerusalemer Talmud, Taanith, 64a.
[3] E. G. White, „Christ's Object Lessons", 384 (vgl. „Bilder vom Reiche Gottes", 336) – Hervorhebung hinzugefügt.

Ausmaß der göttlichen Liebe zeigt sich darin, daß wir dem Tag des Gerichts ohne Angst entgegengehen können. Denn wir leben in dieser Welt so, wie es Christus will." (1 Jo 4,16.17 Hfa)

Ohne Fürsprecher durch die Trübsal?

Außer den oben genannten Aussagen gibt es auch noch andere, die von Adventisten häufig mit der „Endzeitvollkommenheit" in Verbindung gebracht werden. Sie befassen sich mit der „großen Trübsal" (Da 12,1).

Dabei geht es vor allem um die Frage, wie die Gläubigen diese Zeit ohne einen Mittler überstehen können. Dem liegt die Anschauung zu Grunde, daß der Christ dann im wahrsten Sinne des Wortes vollkommen, das heißt absolut sündlos sein müsse, da er keinen Fürsprecher mehr bei Gott habe. Schon der bloße Gedanke daran hat viele Adventisten in tiefe Verzweiflung gestürzt, weil sie meinten, das könnten sie niemals schaffen.

Adventisten glauben, daß die in Daniel 12,1 erwähnte Zeit der Trübsal zwischen dem Ende der Gnadenzeit – jenem Zeitpunkt also, an dem das ewige Schicksal jedes Menschen endgültig festgelegt ist (vgl. Offb 22,11.12) – und der Wiederkunft Christi liegt. Deshalb sehen wir im Eingreifen Michaels (Christus) in Daniel 12,1 einen Hinweis auf das Ende des Dienstes Christi in der zweiten Abteilung des himmlischen Heiligtums, wobei das Gericht seinen Abschluß findet, das vor der Wiederkunft stattfindet.

Das Vokabular, das Ellen White verwendet, wenn sie von den Endereignissen spricht, ist voll von Hinweisen auf die Vollkommenheit der 144 000 aus Offenbarung 14. Zum Beispiel schreibt sie im Zusammenhang mit dem „Spätregen" (Joel 2,23; 3,1.2), der unmittelbar vor der Trübsalszeit auf Gottes Volk fallen soll: „Das Reifen der Frucht [als Folge der zukünftigen Ausgießung des Heiligen Geistes] stellt die Vollendung des göttlichen Gnadenwerkes in der Seele dar. Durch die Kraft des Heiligen Geistes soll das *sittliche Ebenbild* Gottes im Charakter *vollendet* werden. Wir sollen völlig in das *Abbild Christi* umgewandelt werden." Und weiter: „Der Spätregen, der die Ernte der Erde zur Reife bringt, stellt die geistliche Gnade dar, die die Gemeinde auf das Kommen des Menschensohns vorbereitet." Der Spätregen dient dazu, Gottes Volk der letzten Stunde für die Verwandlung und Aufnahme in den Himmel vorzubereiten und den Gläubigen die Kraft zu verleihen, die Zeit der Trübsal zu überstehen.[1]

Ein anderes Endzeitereignis unmittelbar vor der Trübsal ist der Abschluß der Versiegelung der 144 000 (vgl. Offb 7,1-4; 14,1-5). Wie der Verfasser der Offenbarung, so verknüpft auch Ellen White die Versiegelung mit der „Untadeligkeit". „Das Siegel Gottes", schreibt sie, „wird niemals auf der Stirn eines *unreinen* Mannes oder einer *unreinen* Frau angebracht werden. Es wird niemals auf der Stirn eines ehrsüchtigen, *die Welt liebenden* Menschen zu finden sein. Es wird niemals auf der Stirn von Männern oder Frauen mit einem Mund voller Lügen noch mit Hinterlist im Herzen stehen. Alle, die das Siegel empfangen, müssen vor Gott ohne Flecken sein." Und an anderer Stelle heißt es: „Das Siegel Gottes werden nur diejenigen erhalten, *die in ihrem Charakter ein Abbild Christi sind.*"[2]

Wenn die Versiegelung abgeschlossen ist, endet auch die Gnadenzeit. Damit beginnt für Gottes Volk die Zeit der Trübsal. Dazu schrieb Ellen White: „Die auf Erden leben, wenn die Fürbitte Christi im Heiligtum droben aufhören wird, *werden vor den Augen eines heiligen Gottes ohne einen Vermittler bestehen müssen. Ihre Kleider müssen fleckenlos, ihre Charaktere durch das Blut der Besprengung von Sünde gereinigt sein. Durch Gottes Gnade und durch ihre eigenen fleißigen Anstrengungen müssen sie im Kampf mit dem Bösen siegreich bleiben.*" Die Gläubigen müssen die Sünde durch die Reinigung ihrer Seele während des Gerichtes, das vor der Wiederkunft stattfindet, beseitigt haben.[3]

---

[1]   E. G. White, „Testimonies to Ministers", 506; ders., „Spiritual Gifts", 2/226; ders., „Testimonies for the Church", 1/353 – Hervorhebung hinzugefügt.

[2]   Ebenda, 5/216; ders., „Review and Herald", 21. Mai 1895, 321 – Hervorhebung hinzugefügt; vgl. ders., „Frühe Schriften von Ellen G. White" (Wien, Wegweiser-Verlag, 1993), 61; ders., in „Seventh-day Adventist Bible Commentary", 6/1117f.

[3]   E. G. White, „Der große Kampf", 427 – Hervorhebung hinzugefügt.

An anderer Stelle heißt es: „Während unser großer Hoherpriester jetzt die Versöhnung für uns vollbringt, sollten wir versuchen, *in Christus vollkommen zu werden. Nicht mit einem Gedanken gab unser Heiland der Macht der Versuchung nach.* Satan findet in menschlichen Herzen diesen oder jenen Makel, den er sich zunutze macht; manche sündhafte Neigung *wird gepflegt,* durch die seine Versuchungen ihre Macht behaupten. Christus aber erklärte von sich: ‚Es kommt der Fürst dieser Welt, und hat nichts an mir.‘ *Satan vermochte nichts im Herzen des Sohnes Gottes zu finden, das ihm hätte helfen können, den Sieg davonzutragen.* Christus hatte seines Vaters Gebote gehalten, und es war keine Sünde in ihm, deren sich Satan zu seinem Vorteil hätte bedienen können. *Dies ist der Zustand, der jenen eigen sein muß, die in der trübseligen Zeit bestehen sollen.*"[1]

Solche und andere Aussagen blieben nicht ohne tiefen Einfluß auf die Adventgemeinde. Manche Auswirkungen waren positiv, ausgewogen und ermutigend, viele andere dagegen bedenklich, weil es häufig an Ausgewogenheit mangelte und oft auch nicht verstanden wurde, was Ellen White wirklich meinte.

A. L. Hudson – einer, der Ellen Whites Aussagen hinsichtlich des Zustands der Erlösten während der Trübsal lange Zeit unter dem Blickwinkel absoluter Sündlosigkeit interpretiert hatte – macht darauf aufmerksam, daß „diese Lehre [ohne einen Mittler auskommen zu müssen], in verschiedenerlei Weise beängstigende Auswirkungen in der Adventgemeinde hatte. In Verbindung mit anderen Vorstellungen hat das zu der Lehre geführt, daß die 144 000 so gerecht, so rein, so heilig sein werden, daß sie keinen Erlöser mehr *brauchen.* Das hat [im täglichen Leben] entweder zu unfaßbarer Selbstgerechtigkeit [in Vorwegnahme dieses Zustands] geführt oder zu tiefgreifender Entmutigung."[2]

Viele Adventisten – mich eingeschlossen – haben sowohl die Selbstgerechtigkeit des „Vollkommenwerdens" wie auch die bittere

---

[1] Ebenda, 623; siehe auch 614f., 648f.; ders., „Frühe Schriften von Ellen G. White", 38 – Hervorhebung hinzugefügt.

[2] A. L. Hudson, „Some Realities and Myths in Seventh-day Adventism", unveröffentlichtes Manuskript, 1989.

Ernüchterung und tiefe Entmutigung, von der Hudson spricht, erfahren, als sich schließlich herausstellte, daß wir weniger gerecht waren, als wir geglaubt hatten. Wir waren den Weg der Pharisäer gegangen und mußten allesamt unseren geistlichen Bankrott erklären.

In diesem Zusammenhang möchte ich noch einmal klar herausstellen, daß sich diese Probleme nicht aus den angeführten Passagen aus Ellen Whites Schrifttum ergeben, sondern aus der Art, wie wir sie lesen. *Für Adventisten scheint es ein überaus schwieriges Unterfangen zu sein, Aussagen über menschliche Vollkommenheit ohne Emotionen zu lesen.*

Im allgemeinen werden beim Lesen obiger Zitate zwei Fehler gemacht. Zum einen werden bereits in unseren Köpfen bestehende Vorstellungen in die Texte hineingelesen, zum anderen wird oft der Zusammenhang nicht beachtet, in dem solche Aussagen stehen.

Kein Wunder, daß die Erregung gerade beim Thema Endzeitvollkommenheit hohe Wellen schlägt. Das barg seit jeher die Gefahr zweier Extreme in sich. Die einen verloren sich in einem Fanatismus, der behauptete, man könne so gerecht werden, daß man Christus nicht mehr braucht. Die anderen behaupteten, vor der Wiederkunft Christi gäbe es für den Gläubigen – im Gegensatz zur stellvertretenden Vollkommenheit – keinerlei Hoffnung auf persönliche Vollkommenheit. Ich kenne beide Interpretationen sehr genau, da ich sie selbst durchlebt habe.

Inzwischen habe ich aber begriffen, daß eine sorgfältige Lektüre des Schrifttums von Ellen White zu einer maßvollen und ausgewogenen Haltung in Sachen Charaktervollkommenheit des Christen führt. Dabei muß man (1) *sorgfältig die Worte lesen, die tatsächlich dastehen* (und nicht Worte aufgrund unserer Befürchtungen, unseres theologischen Hintergrunds oder unserer Wunschvorstellungen hinzufügen); (2) sorgfältig zu verstehen versuchen, *was Ellen White mit diesen Worten gemeint hat* (anstatt unsere eigenen Definitionen und die von Extremisten oder auch von Gemäßigten zu diesem Thema einzuschleusen); (3) den *gesamten Kontext lesen,* in dem eine Aussage ursprünglich geschrieben worden ist (statt sich mit Bruchstücken aus offiziellen oder inoffiziellen Sammlungen zu begnügen) und (4) die Sätze im *gesamten Rahmen der Aussagen der Bibel und Ellen G. Whites über Sünde und Erlösung lesen.* Wer diese vier Schritte konsequent befolgt, wird sich weniger mit selbstgerechter Verkrampfung und Verweigerung plagen, sich dafür aber einer wohltuenden christlichen Ausgewogenheit erfreuen dürfen.

Für das Lesen von Texten gibt es nur eine einzige richtige Methode, nämlich das zu lesen, was der Verfasser *tatsächlich* geschrieben hat, und nicht, was jemand denkt oder gar befürchtet, der Autor könne es geschrieben haben.

Hier ist nicht der Platz, um alle Aussagen Ellen Whites über die Zeit der Trübsal und den fehlenden Mittler gemäß den genannten vier Punkten unter die Lupe zu nehmen. Doch zu einigen möchte ich Stellung nehmen, um meine Meinung zu erklären.

Erstens muß darauf hingewiesen werden, daß sie nicht sagte, die Menschen hätten in der Zeit der Trübsal keinen Erlöser. Sie hat vielmehr geschrieben, daß sie „ohne einen Hohenpriester im Heiligtum", ohne einen „Vermittler" sein werden. Und zwar in dem Sinne, daß Christus seinen Mittlerdienst im himmlischen Heiligtum beendet haben wird.[1]

Das heißt doch nicht, daß Christus die Seinen während der Zeit der Trübsal im Stich läßt. Im Gegenteil, er sagte unmißverständlich: „Ich bin bei euch alle Tage bis an der Welt Ende." (Mt 28,20) Andererseits sagt sie, daß er zumindest *eine Funktion* nicht mehr ausüben wird, wenn er das himmlische Heiligtum verläßt – er wird nicht mehr als „Mittler" dienen. Zu welchen Schlußfolgerungen das führt, werden wir später erörtern.

Ein Grund für den Abschluß des Mittlerdienstes ist darin zu sehen, daß das vor Christi Wiederkunft stattfindende Gericht abgeschlossen, die Gnadenzeit beendet ist und die Gläubigen für die Ewigkeit versiegelt sind. Zu Beginn der Trübsalszeit steht also das Schicksal jedes Menschen für immer fest. Sowohl Matthäus (25,31-46) als auch Johannes (Offb 14 und 22,11) weisen darauf hin, daß es bei der Wiederkunft Jesu unter den noch auf Erden Lebenden nur zwei Gruppierungen geben wird.

---

[1]   E. G. White, „Frühe Schriften von Ellen G. White", 61f.; ders., „Der große Kampf", 614f., 648f., 427.

Das Ende der Gnadenzeit bedeutet, daß sich bis dahin jeder entweder für Christus oder Satan als seinen Herrn entschieden hat. Die eine Gruppe hat das Siegel Gottes empfangen, die andere das Malzeichen des Tieres. Christus verläßt nun das himmlische Heiligtum, weil der Dienst, den er dort zu erfüllen hatte, abgeschlossen ist. Durch die *Grundsätze*, nach denen sie ihr Leben führten, haben alle bewiesen, auf wessen Seite sie stehen und wem sie in Treue dienen. Entweder haben sie sich für Gottes Gesetz der Liebe entschieden oder für Satans Gesetz der Selbstsucht.

Als Zweites sei erwähnt, daß die oben zitierten Aussagen Ellen Whites keine endgültige, sündlose Vollkommenheit der Gläubigen lehren. Die Autorin deutet das an, indem sie darauf hinweist, daß der Zweck der Trübsal für die Heiligen darin besteht, „in den Feuerofen gebracht zu werden", denn „das Irdische an ihnen muß vernichtet werden, *damit sie das Bild Christi vollkommen widerstrahlen können*".[1] Das kann doch nur heißen, daß die Heiligen der Endzeit auch noch während der Zeit der Trübsal wachsen müssen.

Der dritte und wichtigste Aspekt dieser Darlegung ist es, das Vokabular zu untersuchen, das Ellen White verwendet. Sie sagt oft im Zusammenhang mit Stellen, in denen sie von der Trübsalszeit spricht, daß die Heiligen Christi Charakter widerspiegeln oder ihm ähnlich sein müssen.

Wir haben in dem Abschnitt „Vollkommen wie Christus" gezeigt, daß dies nicht ein absolut sündloses Verhalten bedeutet, sondern auf ein Leben hinweist, das von einer liebevollen Haltung und von Werken der Liebe erfüllt ist. Ein ähnlicher Sinn steckt zweifellos hinter der Vollendung des „sittlichen Bildes" Christi im Gläubigen der allerletzten Zeit.[2]

Im „Großen Kampf" spricht Ellen White im Zusammenhang mit der Versuchung Jesu davon, daß die Gläubigen in der Zeit der Trübsal wie Christus sein müssen, und sie weist darauf hin, daß nicht Unterlassungssünden oder unbewußte Sünden das eigentliche Pro-

---

[1] Ebenda, 621; vgl. ders., „Our High Calling", 321 – Hervorhebung hinzugefügt.

[2] E. G. White, „Testimonies to Ministers", 506; ders., in „Review and Herald", 21.5.1895, 321; ders., „Der große Kampf", 621.

blem darstellen, sondern die *gepflegten sündhaften Neigungen.*[1] Im Gegensatz dazu steht Christus, der Satan keine Angriffsfläche bot und Gottes Gesetze befolgte.

In Kapitel 6 haben wir ausführlich besprochen, daß es bei der lebenslangen VERSUCHUNG Jesu um die Frage ging, ob Christus sein Ich und seinen Willen zum bestimmenden Element machen würde oder Gott und dessen Willen. Er ging daraus siegreich hervor, weil er sich für Gott und dessen Willen entschieden hatte. Christi Nachfolger in der letzten Phase der Endzeit können und müssen dieselbe Entscheidung treffen. Das ist „der Zustand, in dem sie sich befinden müssen, wenn sie in der Zeit der Trübsal bestehen wollen". Sie sind „vollkommen in Christus. Nicht einmal von einem Gedanken" haben sie sich gegen Gott aufstacheln und zur Sünde verführen lassen, weil ihre Gedanken durch den Heiligen Geist völlig umgewandelt worden sind.

Die scharfe Polarisierung der Endzeit *zwang sie dazu,* sich entweder für ein Leben nach dem GESETZ der Liebe oder nach Satans Grundsätzen zu entscheiden. Sie haben sich für ein Leben nach dem GESETZ entschieden, das ihnen ihr Meister beispielhaft vorgelebt hat. Daher spiegeln sie in ihren Gedanken und Taten den Charakter Christi wider. Sie sind in dem Sinne vollkommen, daß sie nicht mehr an der SÜNDE der Auflehnung gegen Gott und den sich daraus ergebenden Sünden oder sündigen Verhaltensweisen „festhalten". Die Gläubigen der Trübsalszeit hegen keine aufrührerische Gesinnung mehr und handeln dementsprechend. Sie bedürfen daher auch keines Mittlers mehr.

Das vor der Wiederkunft stattfindende Gericht ist dann zwar abgeschlossen, aber das bedeutet nicht, daß die Heiligen völlig sündenfrei oder absolut vollkommen wären. Sie sind vollkommen, aber doch noch nicht vollkommen, sie sind sündlos, aber doch nicht sündenfrei.

Sie besitzen insofern Vollkommenheit des Charakters, als sie sich den großen Grundsatz des Gesetzes in ihrem Leben zu eigen gemacht haben, sie befinden sich aber noch immer auf dem Weg zur

---

[1] Ebenda, 623; vgl. 620f.; ders., „Our High Calling", 321 – Hervorhebung hinzugefügt.

absoluten Vollkommenheit. Sie sind in dem Sinne sündlos, daß sie weder an der Sünde noch der Auflehnung gegen Gott festhalten, aber völlige Sündlosigkeit erwartet sie erst beim endgültigen Triumph Gottes zur Zeit der letzten Posaune.

Ellen White drückt das so aus: „Wir können nicht eher sagen ‚Ich bin sündlos‘, bevor nicht unser vergänglicher Leib verwandelt und Seinem verklärten Leib gleich geworden ist." „Wenn wir auch keine Vollkommenheit des Fleisches [vor der Wiederkunft] beanspruchen können, so können wir doch christliche Vollkommenheit der Seele erlangen."[1]

Das Grundproblem hinsichtlich der Sündlosigkeit auf dieser Erde liegt darin (vgl. Kap. 7 und 8): Wegen der Schwäche unseres Leibes und unseres Geistes machen wir Fehler, sündigen wir noch oder unterlassen es, das Gute zu tun – auch dann noch, wenn unsere Gesinnung und unser Wille mit Gott in Einklang ist. Um wirklich sündlos und vollkommen zu sein, dürfte es solche Probleme aber nicht mehr geben.

Deshalb werden die Gläubigen der Endzeit Jesus auch noch in der Zeit der Trübsal brauchen. C. Mervyn Maxwell verweist in diesem Zusammenhang darauf, daß „Christi Mahnung ‚Ohne mich könnt ihr nichts tun‘ nicht nur während unseres irdischen Lebens, sondern auch in der Ewigkeit gültig bleibt".[2]

Selbst wenn Christus seinen Mittlerdienst im himmlischen Heiligtum beendet hat, wird sich sein Wirken als Erlöser weiterhin zumindest in doppelter Weise auf das Leben derer auswirken, die verwandelt werden sollen. Zum einen werden ihre unbeabsichtigten Verfehlungen und Unterlassungssünden durch sein vollkommenes Leben bedeckt, das jedem Gläubigen in der fortdauernden Rechtfertigung zugerechnet bleibt, weil sie noch „in ihm" sind. Deshalb schreibt Ellen White, daß „nur jene, die mit dem Kleid *seiner Gerechtigkeit* bekleidet sind, imstande sein werden, den Glanz seiner Gegenwart

---

[1] E. G. White, in „Signs of the Times", 23.3.1888, 178; ders., „Selected Messages", 2/32.

[2] C. M. Maxwell, „Ready for His Appearing" in „Perfection: The Impossible Possibility", 190.

zu ertragen, wenn er mit ‚großer Macht und Herrlichkeit' erscheinen wird".[1] Kein Mensch wird in diesem Leben auf Erden in dem Sinne vollkommen wie Christus sein, daß er aufgrund seiner eigenen Gerechtigkeit vor Gott bestehen könnte. Keiner wird so sündlos sein, wie Christus sündlos gewesen ist.

Andrerseits werden die Heiligen Christus aber in seinem liebenden Charakter und in der Übergabe des Willens an Gott gleichen. Doch selbst dann können sie nicht aus eigener Kraft vor Gott bestehen, sondern werden durch seine Gnade mit Kraft ausgestattet, ein christusgemäßes Leben zu führen, genauso wie es vor der Zeit der Trübsal der Fall war.

Was sich geändert hat, ist dies: Sie benötigen keinen Mittler mehr, weil sie mit der bewußten, willentlichen, einer aufrührerischen Gesinnung entspringenden Sünde Schluß gemacht haben. Sie haben sich unwiderruflich für ein christusähnliches Leben entschieden. Diese Entscheidung ist von Gott, der alles tut, um seine Kinder zu retten, für alle Ewigkeit besiegelt worden.

Die Gläubigen werden während der Trübsalszeit in ihrer Einstellung und ihrem bewußten Handeln ohne Sünde sein. Ihre Sündlosigkeit wird aber erst bei Jesu Wiederkunft zur Vollendung gelangen. Denn da wird Gott ihre sterblichen Leiber (denen seit Adams Zeiten aufgrund der Sünde und der Neigung, Böses zu tun, Schwächen anhaften) in „geistliche Leiber" umwandeln (die weder sündigen Neigungen noch anderen durch die Sünde bedingten Einschränkungen unterworfen sind).

Die Gerechten werden zur Zeit der letzten Posaune „verwandelt". Wenn Christus wiederkommt, „wird unser hinfälliger, sterblicher Leib verwandelt und einem auferstandenen, unvergänglichen Leib gleich werden" (Rö 5,12; 1 Ko 15,44.51-53; Phil 3,20.21 Hfa).

Aufgrund der Veränderungen, die sich bei Jesu Wiederkunft vollziehen, werden die Gläubigen dann auch aufhören, unbewußte Sünden zu begehen. Zu jener Zeit werden sowohl ihr Wille als auch ihre Leiber völlig und uneingeschränkt mit Gottes Grundsatz der Liebe im Einklang stehen. In diesem Sinne werden sie sündlos sein, auch

---

[1] E. G. White, in „Review and Herald", 9.7.1908, 8 – Hervorhebung hinzugefügt.

wenn sie noch nicht absolut vollkommen sind. Das Wachstum in der Vollkommenheit nach Christi Wiederkunft wird das Thema des zehnten Kapitels dieses Buches sein.

Glauben wie Henoch und Elia, um verwandelt zu werden

Fassen wir noch einmal die Merkmale zusammen, die Ellen White als unverzichtbare Bestandteile der Charaktervollkommenheit nennt: Der Christ spiegelt das Bild Christi dadurch wider, daß er (1) seine Mitmenschen wie sich selbst liebt, daß es (2) keine Sünde mehr gibt, an der er bewußt in Auflehnung gegen Gott festhält, und daß er (3) bereit ist, seine ichhafte Selbstbestimmung immer wieder „ans Kreuz" schlagen zu lassen. Das sind die Wesensmerkmale derer, die durch die letzte große Trübsal hindurch müssen und bei Jesu Wiederkunft lebend verwandelt werden.[1]

Diese Charakterzüge kennzeichneten auch die beiden einzigen Menschen, von denen die Bibel berichtet, daß sie verwandelt wurden, ohne den Tod erleiden zu müssen. Offensichtlich hatten diese Männer ein Leben in fortschreitender Heiligung und in einer immer engeren Gemeinschaft mit ihrem Schöpfer geführt. Schließlich konnte Gott sie von dieser Erde wegnehmen, ohne daß sie vorher sterben mußten (vgl. 1 Mo 5,21-24; Hbr 11,5; 2 Kön 2,11). Die Bibel geht mit Informationen über dieses Thema ziemlich sparsam um. Dennoch rankte sich im Judentum um die Verwandlung dieser beiden Männer und die damit verbundene eventuelle Sündlosigkeit eine umfangreiche Literatur.[2]

Auch Ellen White hat sich zu diesem Thema geäußert: „Henoch und Elia waren zwei geeignete Repräsentanten, an denen deutlich wurde, wie die Menschheit durch den Glauben an Jesus Christus sein könnte, wenn sie es nur wollte ... Diese ehrenhaften, heiligen

---

[1] Siehe E. G. White, „Testimonies for the Church", 1/340 und den Abschnitt unter der Überschrift: „Vollkommen wie Christus".

[2] „The New Internaional Dictionary of New Testament Theology" unter „sin", „resurrection".

Männer bewahrten sich ihren makellosen ... vervollkommneten, ihren gerechten Charakter und wurden für würdig befunden, in den Himmel entrückt zu werden."[1]

Dieses Zitat wird häufig angeführt, ohne den so außerordentlich wichtigen Zusammenhang zu beachten, aus dem es entnommen ist. So wie eben zitiert, erweckt es den Eindruck, als handle es sich bei diesen Männern um ein Leben absoluter Vollkommenheit. Doch in dem Abschnitt, in den es eingebettet ist, werden diese Männer Mose gegenübergestellt. Satan triumphierte über Mose, weil der der Versuchung erlegen war, sich selbst zu rühmen, während Henoch und Elia Überwinder waren. Wir können denselben Sieg erringen wie sie, wenn wir uns für ein Leben entschließen, in dem unser Ich gekreuzigt ist und bleibt. Das ist der Grund, warum „Henoch und Elia zwei geeignete Repräsentanten [waren], an denen deutlich wurde, wie die Menschheit durch den Glauben an Jesus Christus sein könnte, wenn sie es nur wollte".[2]

Weil sie der VERSUCHUNG, aus der alle anderen Versuchungen entspringen, widerstanden hatten, so schreibt Ellen White, blieben Henoch und Elia „inmitten einer sittlich verdorbenen Umgebung unbefleckt". Sie pflegten die Sünde nicht, wie es damals gang und gäbe war, sondern lebten in ungebrochenem Vertrauen zu Gott und in Übereinstimmung mit ihm, statt sich wie die Umwelt gegen ihn aufzulehnen.

In einem anderen Zusammenhang schrieb Ellen White: „So wie es bei Henoch der Fall war, muß auch die Heiligkeit des Charakters bei denen beschaffen sein, die bei der Wiederkunft des Herrn errettet werden."[3]

Auch dieses Zitat wird häufig aus seinem Zusammenhang herausgerissen und mit anderen Aussagen kombiniert, so daß der Eindruck endgültiger, absoluter Vollkommenheit erweckt wird. Im Textzusammenhang beschäftigt sich Ellen White recht ausführlich mit der Heiligkeit Henochs. Sie sagt zum Beispiel: „Die Liebe zu Gott ...

---

[1] E. G. White, in „Review and Herald", 3.3.1874, 91.
[2] Ebenda.
[3] E. G. White, „Gospel Workers", 54.

stand Tag und Nacht im Mittelpunkt seines Denkens. Mit der ganzen Inbrunst seiner Seele versuchte er diese Liebe an die weiterzugeben, unter denen er lebte." Das Gebet wurde ihm „zum Atmen der Seele", und „dreihundert Jahre lang trachtete er nach der Reinheit des Herzens".[1]

An einer anderen Stelle schrieb Ellen White im Zusammenhang mit Henoch: „Der gottähnliche Charakter dieses Propheten verkörpert jenen Zustand der Heiligkeit, den alle erreichen *müssen*, die bei Christi Wiederkunft ‚erkauft sind von der Erde'." Er hatte Gottes Gesetz der Liebe gehalten und sich von der Auflehnung gegen Gott abgewandt. „Wie Henoch werden die Kinder Gottes [der letzen Tage] nach Herzensreinheit und Übereinstimmung mit Gottes Willen streben, bis sie das Bild Christi widerspiegeln."[2]

Wie sich aus diesen und anderen Aussagen schließen läßt, bestand die Vollkommenheit Henochs und Elias darin, daß sie ein Leben des Glaubens führten, in dem das Ich gekreuzigt war, daß sie die Auflehnung gegen Gott und die aufrührerischen Sünden eines rebellischen Zeitalters ablehnten und den Charakter Christi widerspiegelten. Die Tatsache, daß ihr Leben niemals den Grad irgendeiner absoluten Sündlosigkeit erreicht hatte, läßt sich aus Ellen Whites Aussage schließen, „Jesus war der einzige Sündlose, der je auf Erden gelebt hat" (vgl. Rö 3,23).[3]

An einer anderen Stelle, die nichts mit Henoch und Elia zu tun hat, schrieb Ellen White: *„Wenn sich sein Bild in ihnen ungebrochen widerspiegelt, sind sie* [sein Volk] *vollkommen und heilig und für die Verwandlung zubereitet."*[1]

Den Charakter Christi vollkommen widerzuspiegeln steht, wie wir wiederholt festgestellt haben, im eigentlichen Mittelpunkt der Charaktervollkommenheit. Es kann nicht genug betont werden, daß Ellen White Vollkommenheit nicht in einer gesetzlichen Weise definiert, in

---

[1]   Ebenda, 51-53.
[2]   E. G. White, „Patriarchen und Propheten", 67 – Hervorhebung hinzugefügt.
[3]   E. G. White, „Das Leben Jesu", 55.
[1]   E. G. White, „Testimonies for the Church", 1/340 – Hervorhebung hinzugefügt; vgl. ders., „Bilder vom Reiche Gottes", 53.

deren Mittelpunkt beispielsweise die Ernährung, das Sabbathalten oder irgendeine andere religiöse Verhaltensweise steht. Sie definiert Vollkommenheit ausdrücklich als einen Geist der „selbstlosen Liebe und des Wirkens für andere".

So wie es in der Bibel der Fall ist, ist auch ihre Definition der Vollkommenheit und der Widerspiegelung des Bildes Christi auf die vollkommene Liebe bezogen.[1] Vollkommenheit ist ein Ausdruck der Grundsätze des GESETZES und nicht bloß das buchstäbliche Befolgen einzelner Vorschriften des Gesetzes.

Sowohl die gesetzliche Betrachtungsweise als auch die, die auf der Betonung des Grundsatzes der Liebe beruht, führen zu einer Änderung des Lebens. Die eine macht einen Christen zum Pharisäer, die andere führt dazu, daß man mit dem Leben Christi übereinstimmt.

Zwei Arten von Vollkommenheit und Gottes letzter Beweis für das Universum

Zwei Arten von Vollkommenheit

Der Kreis, der mit der Erörterung über die Pharisäer im ersten Kapitel dieses Buches begonnen hat, schließt sich nun.

Wir haben dort festgestellt, daß sich einige Pharisäer der Täuschung hingaben, dadurch zur Vollkommenheit zu gelangen, daß sie SÜNDE in kleine Stücke aufteilten, um heute mit dem einen und morgen mit einem anderen fertig zu werden. Das führte dazu, daß man – zumindest in der Praxis, wenn nicht gar in der Theorie – sowohl die Sünde als auch die Gerechtigkeit als eine Reihe einzelner Handlungen und nicht als prinzipielle Beschaffenheit des Herzens und der Gesinnung verstand.

In Kapitel 3 haben wir gesehen, wie man Gottes GESETZ im täglichen Leben in eine Reihe von Einzelvorschriften zerlegte, um dadurch schneller zur pharisäischen Gerechtigkeit zu gelangen. Der typisch pharisäischen Betrachtungsweise von Sünde, Gesetz und Ge-

---

[1]   Ebenda, 51f.

rechtigkeit lag eine unzulängliche Erkenntnis der Universalität, Gerissenheit und Macht der Sünde im Leben des Menschen zu Grunde, der zwar gut sein möchte, aber es aufgrund seiner angeborenen „Neigung zum Bösen" nicht kann.

Wir sahen auch in Kapitel 1, daß die pharisäische Sicht der Gerechtigkeit in der Adventgemeinde zahlreiche Anhänger gefunden hat. Das trifft nicht nur auf das adventistische Verständnis von Gerechtigkeit vor 1888 zu, das vielfach auf die Werke ausgerichtet war, sondern auch auf das Schrifttum von M. L. Andreasen und anderen Autoren im 20. Jahrhundert.

Andreasen sah in der Sünde eindeutig eine Reihe voneinander unabhängiger Handlungen. Er äußerte deshalb folgerichtig, daß beispielsweise jemand, der den Sieg über das Rauchen errungen hat, einen Schritt zur Gerechtigkeit hin gemacht hat. *„In diesem Punkt* [dem Rauchen] *ist er geheiligt",* schrieb Andreasen. „So wie er über *eine* Gewohnheitssünde gesiegt hat, soll er auch über *jede Sünde* siegen. Wenn dieses Werk vollendet ist, wenn er den Sieg errungen hat" über die Gesamtheit einzelner, voneinander unabhängiger Sünden, *„ist er bereit zur Entrückung.* Er ist in allen *Punkten* erprobt." Deshalb „kann er *ohne Fehl und Makel* vor dem Thron Gottes stehen. Christus drückt ihm sein Siegel auf. Er ist sicher und heil. Gott hat sein Werk in ihm beendet. Die Demonstration dessen, was Gott mit den Menschen tun kann, ist zum Abschluß gebracht."[1]

Aus Andreasens Argumentationsweise ist eine Richtung zeitgenössischer, adventistischer Theologie entstanden, die einerseits die Macht der Sünde unterschätzt, andererseits aber die Fähigkeit des Menschen zum Überwinden überschätzt hat. Die Folge dieser Denkweise war, daß manche Adventisten nach völliger Sündlosigkeit trachteten, damit Christus wiederkommen könne.

Im Gegensatz zu Andreasens atomisierender Theologie von Sünde, Gesetz, Versuchung und Gerechtigkeit behauptet das vorliegende Buch, daß die SÜNDE zuerst und vor allem eine auflehnende, aufrührerische Grundeinstellung und ein ebensolcher Zustand Gott

---

[1]   M. L. Andreasen, „The Sanctuary Service", 321.319.

gegenüber ist. Eine solche Haltung hat mindestens zwei verheerende Folgen: eine zerstörte Beziehung zu Gott und eine Vielzahl von Handlungen, die durch die Auflehnung ausgelöst werden. In eine Formel gebracht heißt das: Die SÜNDE führt zu sündigen Handlungen; SÜNDE führt zu Sünden.

SÜNDE   ➜   Sünden

Manche behaupten, daß eine Definition, die Sünde nicht als einzelne Handlung oder einen Komplex von Handlungen versteht, eine „Neue Theologie" sei. Wenn sie schon so argumentieren, dann müßten sie diese Art Theologie treffender als „Neue Theologie der Bergpredigt" bezeichnen. Eines der Hauptanliegen Jesu in der Bergpredigt war es nämlich, der atomisierenden Definition von Sünde – also das Aufspalten in einzelne sündige Handlungen – den Boden zu entziehen. Er wollte seinen Hörern vielmehr die tiefergreifenden inneren Gesichtspunkte der Sünde vor Augen stellen (vgl. Mt 5 bis 7; 15,1-20).

Christi tieferes Verständnis der Sünde widersprach damit notwendigerweise auch der pharisäischen Definition der Gerechtigkeit. Die Pharisäer verstanden Gerechtigkeit, Heiligung und Vollkommenheit als eine Reihe einzelner entsprechender Handlungen. Christus dagegen sah diese Dinge als Folge einer völligen Umwandlung von Herz und Sinn.

Wenn Herz und Sinn in Liebe umgewandelt worden sind, ergeben sich daraus im Alltag ganz von selbst gerechte Taten. Daher führt Gerechtigkeit (als eine Beschaffenheit des Herzens verstanden) zu gerechtem Verhalten im Alltag.

GERECHTIGKEIT   ➜   gerechte Taten

Im Gegensatz dazu führen gerechte Taten nicht zur GERECHTIGKEIT. Diese erhält man nur durch das Kreuz, durch den Glauben an Christus, durch die tägliche Kreuzigung des Ichs und die völlige Umwandlung von Herz und Sinn.

Die Sicht, daß man GERECHTIGKEIT nur durch Umwandlung von Herz und Sinn erhält, erfordert auch eine ganzheitliche Sicht des GESETZES, wie sie uns in der Bibel dargeboten wird. Das GESETZ ist zuerst und vor allem das Prinzip der Liebe, das die tragende Mitte des Wesens Gottes ist.

Beim wiedergeborenen Christen ist das GESETZ der Liebe tief in Herz und Sinn geprägt. Diesem GESETZ zu gehorchen ist für alle, die „in Christus" sind, ganz natürlich, weil das große Grundprinzip der Liebe ihr Herz ausfüllt. Aus diesem Grundprinzip des GESETZES, der Liebe, ergeben sich dann die einzelnen Vorschriften und Regeln, also Gesetze.

GESETZ ➔ Gesetze

Den Pharisäern kam es auf den Buchstaben der einzelnen Vorschriften und Regeln an, Jesus hingegen ging es um den Geist des GESETZES. Er legte größten Wert darauf, liebevoll zu handeln, wie es das GESETZ der Liebe erfordert. Deshalb geriet er auch so oft mit den gesetzlichen Vorschriften der Pharisäer in Konflikt, die meinten, daß man durch das genaue Einhalten der Regeln und Vorschriften, die sie um das GESETZ herum aufgestellt hatten, Gerechtigkeit und Vollkommenheit erlangt. Schließlich wurde Christus gekreuzigt, weil sein GESETZ mit den pharisäischen Gesetzen und Vorschriften im Widerspruch stand.

Ideal ist es natürlich, wenn das GESETZ der Liebe und die Gesetze und Vorschriften miteinander im Einklang sind. Die Pharisäer sind aber so sehr damit beschäftigt, Vorschriften und Regeln zu erlassen, zu erweitern und zu erfüllen, daß sie in ihrem Eifer oft das GESETZ der Liebe übertreten. Deshalb stoßen wir immer wieder auf unerträgliche Gesundheitsapostel und lieblose Sabbathalter.

Der entscheidende Punkt ist folgender: Die Pharisäer zur Zeit Jesu waren zwar ständig mit ihren Gesetzen beschäftigt, aber in ihren Herzen gab es keinen Raum für das GESETZ der Liebe. Das Neue Testament lehrt, daß das Gesetz gut ist, aber nur dann, wenn es im Geist der Liebe gehalten wird (dem eigentlichen GESETZ).

Christus lehnte die Atomisierung von SÜNDE, GERECHTIG-
KEIT und GESETZ strikt ab. Wer ihm nachfolgt, muß daher den
gesetzlichen Weg der Pharisäer vermeiden.

Weil Christus die Atomisierung generell ablehnte, vertrat er auch
eine völlig andere Sicht von Versuchung und Vollkommenheit als die
Pharisäer. Versuchung fußte für die Pharisäer auf der atomisierenden
Sicht von Sünde und Gesetz. Deshalb liegt es für ihre modernen
Nachfahren auch nahe, die Versuchung als die Verlockung zum
Stehlen eines Autos oder zum Essen von etwas Verbotenem zu defi-
nieren.

Ich will nicht bestreiten, daß solche Verlockungen tatsächlich Versuchungen sind, aber sie machen nicht den Kern der VERSUCHUNG
aus. Die eigentliche VERSUCHUNG besteht nämlich darin, daß ich
mein Ich, also mich selbst zum Mittelpunkt meines Lebens mache,
vom „Kreuz herabsteige" und darauf verzichte, ein Leben zu führen,
in dem mein Ich gekreuzigt bleibt. Aus dieser VERSUCHUNG entstehen alle anderen Versuchungen.

VERSUCHUNG ➔ Versuchungen

Wenn Christus den Menschen hilft, die VERSUCHUNG zu
überwinden, werden sie keine Schwierigkeiten mit Versuchungen
haben. Ich begehre beispielsweise nur deshalb die Frau meines
Nächsten, weil ich bereits der VERSUCHUNG nachgegeben habe.
Ich habe nämlich mein Ich statt des Willens Gottes und der Liebe zu
meinem Nächsten und seiner Frau in den Mittelpunkt gerückt. Deshalb habe ich das GESETZ gebrochen und die SÜNDE begangen.
Das ist es, was zu den einzelnen Versuchungen, Sünden und Übertretungen der Gesetze führt.

Diesen zwei Sichtweisen von Sünde, Gerechtigkeit und Versuchung entsprechen zwei unterschiedliche Sichtweisen von Vollkommenheit. Wenn ich die Sünde als eine Reihe von negativen Handlungen definiere, muß sich verständlicherweise auch die Gerechtigkeit als eine Kette von positiven Handlungen darstellen, indem ich
bestimmte Vorschriften einhalte und einzelnen Versuchungen aus

dem Wege gehe. Sobald ich all die bösen Dinge vermeide und dafür das Richtige tue, bin ich im Sinne der von Andreasen definierten Vollkommenheit vollkommen. Dann kann Christus wiederkommen.[1]

Die eigentliche VOLLKOMMENHEIT besteht aber gerade darin, daß ich (1) zu Gott in eine Glaubensbeziehung trete und mein natürliches, rebellisches Verhältnis (SÜNDE) zu ihm aufgebe, (2) der VERSUCHUNG dadurch widerstehe, daß ich ein Leben führe, in dem mein Ich gekreuzigt ist, und (3) das GESETZ der Liebe in meinem Herzen wohnt und sich im täglichen Leben auswirkt. Handlungen der GERECHTIGKEIT kommen aus einem Herzen, das mit Gott im reinen ist. Allerdings ist ein solcher Mensch nach der pharisäischen Definition von Vollkommenheit im Sinne absoluter Sündlosigkeit nicht vollkommen, aber er ist im sittlich-moralischen Sinne VOLLKOMMEN.

Es läßt sich immer wieder feststellen, daß sich aus diesen beiden entgegengesetzten Sichtweisen von Sünde, Gerechtigkeit und Vollkommenheit auch zwei unterschiedliche Geisteshaltungen ergeben. Das Paradoxe des pharisäischen Weges zur Vollkommenheit zeigt sich darin, daß die, die ihn beschreiten, durchweg ichbezogen, freudlos, abweisend, gnadenlos hart, verurteilend und nachtragend sind. Ellen White faßte diese und andere Wesenszüge in dem Begriff „Geist der Pharisäer" zusammen.[2]

Wer vom „Geist Christi" beseelt ist, verhält sich ganz anders: Ihm geht es mehr um andere als um sich selbst; sein Leben ist von Freude geprägt und strahlt Frieden aus; ihm sind Menschen wichtiger als Vorschriften, selbst Dirnen und Zöllner jagen ihm keine Gänsehaut über den Rücken; er begegnet Menschen, die ganz anders sind als er, freundlich und offen; er kann sogar Pharisäer lieben.

Kurz gesagt, der Geist Christi verlangt eine völlige Umwandlung des Herzens, der Gesinnung und des Lebens. Der Geist der Pharisäer wirft dagegen den natürlichen Charakterzügen des Menschen nur ein religiöses Mäntelchen um.

---

[1] Ebenda; vgl. R. J. Wieland, „The 1888 Message: An Introduction" (Washington D. C., 1980), 105f.

[2] Siehe G. R. Knight, „Angry Saints", 80-99.

Gottes letzter Beweis

Das bringt uns nun zum letzten Nachweis, den Gott führen wird, um dem Universum zu zeigen, was er mit der Natur des Menschen tun kann. Auch geht es darum zu verstehen, wie diese Demonstration mit dem Kommen Christi zusammenhängt. Für die Pharisäer war die Sache klar: Wenn die Thora (das Gesetz) nur einen Tag lang vollkommen gehalten würde, würde der Messias kommen.

Einige Adventisten von heute haben – in Anlehnung an Andreasens Überzeugung, daß Sünde und Heiligung in einzelne voneinander unabhängige Akte zergliedert werden könnten – offenbar dieselbe Sichtweise wie die Pharisäer. Bei einigen Verfechtern der Vollkommenheit kann man sich des Eindrucks nicht erwehren, im Mittelpunkt dieser letzten Beweisführung Gottes müten jene stehen, die sich in ganz bestimmter Weise ernähren und einen makellosen Lebensstil aufzuweisen haben.

Ellen White bereitete aber solchen Spekulationen ein Ende, als sie schrieb, daß „die letzte Gnadenbotschaft, die der Welt übermittelt werden soll ... eine Offenbarung seines [Gottes] Charakters der Liebe sein wird". Im Kontext wird dieser Gedanke durch die biblische Definition der Vollkommenheit als der Liebe zueinander verdeutlicht. Diese Aussage über „die letzte Generation" steht im Einklang mit ihrer Auffassung: „Wenn der Charakter Christi unter seinem Volk völlig wiederhergestellt sein wird ... wird er kommen, um die Seinen zu sich zu nehmen."[1]

Moment mal! höre ich einige sagen: Was ist mit Andreasens Lehre, daß die Beendigung des Dienstes Christi im himmlischen Heiligtum von einer absolut vollkommenen Endzeitgeneration „abhängt"? Hatte Andreasen nicht doch recht, als er schrieb, daß „Gott durch die letzte Generation der Gläubigen endlich gerechtfertigt wird. Durch sie bringt er Satan eine Niederlage bei und gewinnt seinen Prozeß."[2]

---

[1]   E. G. White, „Christ's Object Lessons", 415-420.69 (vgl. „Bilder vom Reiche Gottes", 360-364.53).

[2]   M. L. Andreasen, „Sanctuary Service", 321.319.

Allerdings hebt Andreasen sein eigenes Argument wenig später wieder auf. Im selben Kapitel, in dem die obigen Aussagen stehen, schreibt er: Um Satans Beschuldigung zu entkräften, daß man Gottes Gesetz nicht halten könne, „muß Gott wenigstens *einen* Menschen vorweisen können, der das Gesetz gehalten hat. Wenn es diesen Menschen nicht gibt, wird Gott verlieren und Satan gewinnen."[1]

Ich wage zu behaupten: Dieser *eine* Mensch ist Jesus Christus! Der Sieg war errungen, als Jesus ausrief: „Es ist vollbracht!" (Jo 19,30) Zuvor hatte er als Mensch ein absolut vollkommenes Leben geführt und die Sünde der gesamten Menschheit ans Kreuz getragen. „*Christi Tod*", schrieb Ellen White, „*war der Beweis, daß Gottes Regiment und Herrschaft ohne Fehl und Tadel war.*"[2] Im Gegensatz zu Andreasens Vorstellung war es Christus, durch den Gott den Sieg über Satan errang, nicht irgendein heiliger Mensch.[3]

Im übrigen entspricht der bloße Gedanke, daß Gott von der Adventgemeinschaft oder irgendeiner anderen religiösen Gruppierung abhängig sein solle, genau der Vorstellung, von der sich die Pharisäer in die Irre führen ließen. Sie hatten vergessen, daß Gottes Bund immer an Bedingungen geknüpft ist. Die Erfüllung hängt davon ab, wie der Mensch auf den Bund reagiert (vgl. 5 Mo 28,1.15). In ihrer Ichbezogenheit meinten die Pharisäer, Gottes Handeln hinge von ihnen und ihrer Gesetzestreue ab.

Gerade diese Auffassung war ein Beweis für die nicht zu überbietende Anmaßung im pharisäischen Denken. Gottes Absichten mit dem alttestamentlichen Bundesvolk waren dieselben, die er auch mit seiner Gemeinde in der Endzeit verfolgt. Aber wenn die Seinen sich weigern, sich von seinem liebevollen Wesen völlig umgestalten zu lassen, so daß sie ihm darin ähnlich werden, steht es ihm frei, sein Werk jederzeit auch ohne sie in Gerechtigkeit abzuschließen.[4]

---

[1] Ebenda, 316.

[2] E. G. White, Manuskript 128, 1897, zit. in „Questions on Doctrine" (Washington, D. C., 1957), 674 – Hervorhebung hinzugefügt.

[3] Siehe G. R. Knight, „My Gripe With God", 140-142.

[4] E. G. White, „Für die Gemeinde geschrieben", 1/70f.,123; siehe auch ders., „Bilder vom Reiche Gottes", 262.264.

Gott ist schließlich Gott! Wer sind wir, daß wir ihm vorschreiben wollen, was er wann und wie zu tun habe? Unsere Aufgabe besteht vielmehr darin, das *vollbrachte Werk Christi* anzunehmen und es dem Herrn zu gestatten, unser Herz und Leben völlig umzugestalten, damit wir bereit sind, wenn er wiederkommt.

Diese Umwandlung seiner Kinder der letzten Stunde, so daß sie ihrerseits die *Grundsätze* seines Gesetzes im täglichen Leben umsetzen, ist Gottes Ziel mit denen, die als „untadelig" bezeichnet werden (Offb 14,5). Der Erweis der Gerechtigkeit, den sie erbringen, ist zwar nicht *die* DEMONSTRATION, aber doch eine überzeugende Bestätigung der Gerechtigkeit Gottes.

An dieser Stelle höre ich einen weiteren Einwand: Gott kann doch keine Menschen, die nicht absolut sündlos sind, in den Himmel lassen!

Streiche das Wort „absolut", und du hast recht. Gott wird den Himmel nicht durch Sünder verunreinigen, d. h. durch Menschen, die sich gegen ihn auflehnen. Aber wenn Sündlosigkeit im Sinne der Perfektionisten zu verstehen wäre, ginge Gott durch die Auferweckung der Gläubigen aller Zeiten gerade dieses Risiko ein. Sie machten trotz ihres Glaubens Fehler, sündigten aus Unwissenheit oder Unachtsamkeit und hatten mit den Problemen zu tun, die sich aus den Neigungen des „sündigen Fleisches" herleiten. Da sie aber alle auferstehen werden, besteht dieses Risiko offensichtlich nicht.

Selbstverständlich werden die Gläubigen der Endzeit im rechten Verhältnis zu Gott stehen. Sie werden sowohl die SÜNDE und die aus ihr entstandenen Sünden hassen als auch die GERECHTIG-KEIT und die aus ihr entspringenden Handlungen lieben. So wird für das gesamte Universum sichtbar sein, daß an die Stelle von Selbstliebe und Eigenmächtigkeit die Liebe zum Mitmenschen und der Glaube an Gott treten kann.

Wenn dann die Leiber von Menschen mit einer erneuerten Einstellung und einem neuen Willen in „geistliche Leiber" ohne die durch die Sünde verursachte Schwachheit verwandelt werden, dürfen wir gewiß sein, daß sie nach allem, was sie durchlitten haben, im Reich Gottes nicht mehr auf die Sünde in irgendeiner Form setzen werden. Sie haben überzeugend deutlich gemacht, daß ihr einziger Wunsch darin besteht, voll und ganz auf Gottes Seite zu stehen.

Alle mit umgewandeltem, christusähnlichem Herzen und Sinn dürfen darauf bauen, daß sie in Ewigkeit erlöst sind. Man bringe reine Leiber in einer makellosen Umwelt mit reinen Herzen zusammen, und man wird ein völlig erlöstes Volk, ein sündenfreies Volk haben.[1] Aber selbst dann werden sie noch nicht absolut vollkommen sein, weil sich in der Ewigkeit ein unabsehbares Feld für die Weiterentwicklung ihrer Vollkommenheit auftun wird. Wie das zu verstehen ist, soll Thema des letzten Kapitels sein.

---

[1]   Vgl. H. Douglas, „Men of Faith" in „The Impossible Possibility", 28.30.

Kapitel 10

Ständiges Wachstum zur Vollkommenheit

Ein nicht wiedergeborener Mensch wäre im Himmel fehl am Platze, „ganz außerhalb seines Elements", schrieb ein puritanischer Geistlicher, „wie ein Fisch auf dem Trockenen".[1]

Wenn es um die Frage geht, welchen Sinn das irdische Leben eines Christen hat, scheint es zumindest in einem Übereinstimmung zu geben: Es soll uns auf das Leben in der Vollkommenheit des Reiches Gottes vorbereiten.

Durch die Wiedergeburt empfängt der Mensch ein neues Herz und einen neuen Sinn. Das hat zur Folge, daß er – zumindest gesinnungsmäßig – nicht mehr im Widerspruch zu den Grundsätzen des Reiches Gottes steht. Dieser „Geburt" zum „Säugling in Christus" folgt ein durch den Heiligen Geist ermöglichtes Wachstum in der fortschreitenden Heiligung, durch die der Christ „tauglich" wird für den Himmel.

Wenn auch die meisten meinen, daß Heiligkeit und Sündlosigkeit Gottes offensichtliche Ziele für die Gläubigen sind, herrscht doch eine erstaunliche Einmütigkeit darüber, daß niemand während des irdischen Lebens die absolute und endgültige Vollkommenheit und Sündlosigkeit erreicht.

Daher folgert R. N. Flew zurecht, daß „das vollkommene christliche Ideal beide Welten umspannen muß, das gegenwärtige und das

---

[1] J. Allein, zit. bei B. W. Ball, „English Connection", 69f.

zukünftige Leben. Es ist nur im Leben jenseits des Grabes völlig realisierbar."[1]

Wenn das zutrifft, müssen wir uns fragen, was während unseres irdischen Lebens stattfinden soll und was noch für den Himmel übrig bleibt. Und worin besteht der Unterschied zwischen dem jetzigen erfolgreichen Wachstum zur Vollkommenheit hin und dem in der Ewigkeit? Um diese drei Themenkreise soll es im letzten Kapitel dieses Buches gehen.

Das Wesen der irdischen Vollkommenheit

Die durch die Heiligung erlangte Vollkommenheit ist eine *charakterliche Vollkommenheit* und keine absolute Vollkommenheit. Zum einen hat sie mit der Verinnerlichung von Gottes Gesetz der Liebe im Herzen und Leben des Gläubigen zu tun. Zum anderen kommt es zu einer Neuorientierung des Lebens. Der Zustand der prinzipiellen Auflehnung gegen Gott (SÜNDE) wird durch die Glaubensbeziehung abgelöst.

John Wesley traf den Nagel auf den Kopf, als er schrieb: „Wir können ohne die Erkenntnis vieler Wahrheiten sterben" und doch für Gottes Reich gerettet sein, „aber wenn wir ohne Liebe sterben, was wird uns dann die Erkenntnis nützen?"[2]

Ellen White drückte das mit anderen Worten aus, als sie schrieb: „Der veredelnde Einfluß der Gnade Gottes verändert das natürliche Wesen des Menschen ... Die Neigungen, die das natürliche Herz beherrschen, müssen durch die Gnade Christi überwunden werden, ehe der in Sünde gefallene Mensch den Himmel zu betreten und

---

[1]   D. E. Priebe, „Face to Face With the Real Gospel", 67; T. A. Davis, „How to Be a Victorious Christian", 130; B. B. Warfield, „Studies in Perfectionism, passim"; E. Heppenstall, „Is Perfection Possible?" in „Signs of the Times", Dezember 1963, 10.11.30; J. R. Zürcher, „Christian Perfection", 39-43; W. R. Lesher, „Ellen G. White's Concept of Sanctification", 257; C. M. Maxwell, „Ready for His Appearing" in „Perfection: The Impossible Possibility", 171; R. N. Flew, „The Idea of Perfection", 400.

[2]   J. Wesley, „Works", 5/5f..

sich der Gemeinschaft reiner, heiliger Engel zu erfreuen vermag."[1] Positiv ausgedrückt heißt das: „Der Geist der aufopfernden Liebe Christi regiert den Himmel und ist Quelle allen Segens. Das ist der Geist, der Christi Jünger leiten soll, ein gleiches Werk zu tun." Oder: „Es ist ein Zeichen christlicher Charaktervollkommenheit, wenn wir ständig anderen helfen und ihnen zum Segen werden möchten ..." Alle, die es Gottes Geist gestatten, in ihrem Leben ungehindert zu wirken, werden mit seinem Willen so im Einklang sein, „daß wir, wenn wir ihm gehorsam sind, unsere eigenen Absichten verwirklichen".[2]

Solche Menschen haben das biblische Maß der Charaktervollkommenheit erreicht und können gewiß sein, daß sie für die Ewigkeit errettet sind. Sie sind in der Tat wie ihr Vater im Himmel (Mt 5,48).

J. C. Ryles schreibt, daß es wichtig ist, Christi Wesen schon hier und jetzt in sich aufzunehmen, weil es uns nicht möglich sein wird, an den Freuden des Himmels teilzuhaben, ohne in Übereinstimmung mit seinen Grundsätzen zu sein. „Der Tod und das Grab ändern nichts. Jeder wird mit dem Charakter auferstehen, in dem er den letzten Atemzug getan hat."[3] Wie würde sich jemand, der nicht im Einklang mit den Grundsätzen des Reiches Gottes ist, dort wohl fühlen? Es würde ihm schlimmer ergehen als mir, als ich zum ersten Mal mit einem Geistlichen an einem Tisch saß.

Damals arbeitete ich auf einem Schiff der Handelsmarine, das in der Bucht von San Francisco vor Anker lag. Mein Unbehagen hatte damit zu tun, daß zu jener Zeit alles, was ich tat und wofür ich lebte, im Gegensatz zu dem stand, was ein Geistlicher für mich verkörperte.

Seitdem weiß ich, daß es die „Hölle" wäre, die Ewigkeit mit einem allwissenden Gott zubringen zu müssen, ohne im Einklang mit seinem überströmend liebevollen Wesen zu stehen. In seiner Barmherzigkeit teilt Gott uns mit, daß ohne Heiligung „niemand den Herrn sehen wird" (Hbr 12,14).

---

[1]   E. G. White, „Das Wirken der Apostel", 273.
[2]   E. G. White, „Der bessere Weg", 53; ders., „Bilder vom Reiche Gottes", 336 (vgl. „Christ's Object Lessons", 384); ders., „Das Leben Jesu", 666.
[3]   J. C. Ryle, a. a. O., 42.

Wie es zutrifft, daß die Charakterzüge, die wir „im Leben pflegen, durch den Tod oder durch die Auferstehung nicht verändert
werden", so stimmt es auch, daß ein geheiligter Charakter, wenn er
nicht auf dieser Erde erworben wird, „überhaupt niemals mehr erworben werden kann".[1]

*Ich möchte hier nachhaltig betonen, daß diese Aussagen sowohl für die
Auferweckten als auch für die Verwandelten Charaktervollkommenheit
fordern. Der Unterschied zwischen diesen beiden Gruppen ist nicht prinzi-
pieller sondern gradueller Art, wie bereits im vorigen Kapitel ausgeführt
wurde. Alle, die in Gottes Reich aufgenommen werden wollen, müssen
sich dieses Prinzip der Liebe im Herzen zu eigen machen und im Alltag
verwirklichen.* Wenn ihnen diese Liebe nicht erstrebenswert erscheint,
befinden sie sich nicht im Einklang mit Gott, dessen Wesen Liebe ist
(1 Jo 4,8).

Eine „vollkommene" Einstellung zu Gott und seinen Grundsätzen
ist die Voraussetzung für das Glück im zukünftigen Leben. Diese
vollkommene Haltung drückt sich zum einen in dem Wunsch aus,
das Richtige, der Liebe Gemäße, im Leben zu verwirklichen. Zum
anderen hat sie mit der aufrichtigen Reue zu tun, die uns bei der
Erkenntnis überfällt, daß auch unser rebellisches Verhalten dazu
beigetragen hat, daß sich Christus ans Kreuz schlagen lassen mußte.

Wiedergeborenen mögen sündige Taten unterlaufen, aber wenn
sie ihre Sünden erkennen, schämen sie sich ihrer und hassen sie. Und
nicht nur das, sie verabscheuen auch ihre Schwäche, die sie immer
wieder Sünden begehen läßt.

Welche Bedeutung haben Auferstehung und Verwandlung auf dem Weg zur Vollkommenheit?

Viele Christen leiden darunter, daß ihre Lebenspraxis nicht immer
im Einklang mit ihrer gläubigen Gesinnung steht.

Warum ist das so? Der Kern des Problems scheint zu sein, daß
Gottes Werk selbst bei wiedergeborenen Christen im irdischen Le-

---

[1]   E. G. White, „The Adventist Home", 16; ders., „Testimonies for the Church",
2/267; vgl. ders., „Bilder vom Reiche Gottes", 232f.,240f.

ben nicht vollendet wird. Daher ergänzt der Apostel: „Deshalb bin ich auch ganz sicher, daß Gott sein Werk, das er bei euch durch den Glauben begonnen hat, zu Ende führen wird, bis zu dem Tag, an dem Jesus Christus wiederkommt." (Phil 1,6 Hfa)

Ähnlich heißt es im Hebräerbrief, daß diejenigen, die in der Vergangenheit im Glauben verstorben sind, „nicht ohne uns vollendet werden" sollen (Hbr 11,39.40). Mit anderen Worten: Bei Jesu Wiederkunft tut Gott in Verbindung mit der Auferstehung der Toten und der Verwandlung der lebenden Gläubigen den nächsten Schritt auf dem Weg zu ihrer Vollkommenheit (1 Ko 15,42-56).

Paulus verweist darauf, daß Gottes Werk noch nicht vollendet ist, wenn er sagt, daß die Gläubigen noch auf die „Erlösung" ihres „Leibes" warten (Rö 8,23.24). Jesus selbst nennt den Grund, warum Wollen und Vollbringen auch beim wiedergeborenen Christen häufig noch auseinanderklaffen: „Der Geist ist willig; aber das Fleisch ist schwach." (Mt 26,41)

Doch Gott bietet nicht nur eine teilweise Erlösung an, sondern eine vollständige. Das schließt auch die Erlösung des Leibes ein. Unser „natürlicher Leib" (vgl. 1 Ko 15,44) – der Körper, den wir von Geburt an besitzen – stellt insofern ein Problem dar, als ihm eine angeborene Schwäche für das Böse anhaftet. Außerdem ist das Hirn ein Problem, denn es ist nicht allen Anforderungen gewachsen.

Unsere Denkprozesse sind eingeschränkt, entstellt und verzerrt. Diese Gegebenheiten schränken unsere Fähigkeit ein, im täglichen Leben richtig zu handeln und uns immer sachgemäß zu verhalten. Hinzu kommt, daß wir in einer Welt und Gesellschaft leben, die von antichristlichen Prinzipien beherrscht werden. Diese Grundsätze entsprechen der Schwachheit des „natürlichen Leibes".

Ellen White erkannte dieses Problem, als sie schrieb: „Wir können nicht behaupten: ,Wir sind sündlos', solange nicht unser vergänglicher Leib verwandelt und seinem [Christ] herrlichen Leibe gleich sein wird. Wenn wir aber ständig danach trachten, Jesus nachzufolgen, haben wir die Hoffnung, ohne Fehl und Makel vor dem Throne Gottes stehen zu dürfen ... vollkommen in Christus, angetan mit dem Kleid seiner Gerechtigkeit und Vollkommenheit." Im ähnlichen Sinne schrieb sie auch, daß wir in diesem Leben „die christliche Vollkommenheit der Seele haben können", selbst wenn „wir nicht behaupten dürfen, die Vollkommenheit des Fleisches zu besitzen".[1] Charaktervollkommenheit ist eine Möglichkeit in diesem Leben, aber eine umfassendere Vollkommenheit erlangen wir erst beim Kommen Christi.

Deshalb bemerkt Alister McGrath, daß wir „*hier und jetzt* noch nicht die Fülle des Auferstehungslebens besitzen". Und Leo Cox verweist darauf, daß „vollkommene Liebe" nicht die „Auferstehungsvollkommenheit ist. Diejenigen, deren Liebe vollkommen gemacht worden ist, haben noch viel zu erwarten."[2]

Dieses „viele, was noch zu erwarten" ist, stellt in der Lehre des Neuen Testaments über Vollkommenheit ein wichtiges Bindeglied dar. In dem Abschnitt, in dem Paulus die Spannung zwischen dem Vollkommensein und Noch-nicht-Vollkommensein aufgezeigt hat (Phil 3,12.15), spricht er auch über die Auswirkung der Wiederkunft Christi auf die Vollkommenheit. „Unser Bürgerrecht aber haben wir im Himmel. Von dort erwarten wir auch Jesus Christus, unseren Retter. Dann wird unser hinfälliger, sterblicher Leib verwandelt und seinem auferstandenen, unvergänglichen Leib gleich werden. Denn Christus hat die Macht über alles." (V. 20.21 Hfa)

Die Verwandlung des Leibes, von der in Philipper 3 die Rede ist, wird in 1. Korinther 15 näher beschrieben. Dort heißt es, daß die Erlösten verwandelt werden, wenn Christus wiederkommt. Ein Teil dieser Verwandlung besteht darin, daß wir einen „geistlichen Leib" erhalten (V. 44). C. K. Barrett zeigt, daß ein geistlicher Leib ein „vom Geist Gottes belebter Leib" sein wird, während F. W. Grosheide sagt, daß es ein Leib sein wird, der „vom Geist des Herrn regiert wird".[3]

---

[1] E. G. White, in „Signs of the Times", 23.3.1888, 178; ders., in „General Conference Bulletin", 1901, 419f.

[2] A. McGrath, „The Mystery of the Cross" (Grand Rapids, 1988), 33; L. G. Cox, „Wesley's Concept of Perfection", 192.

[3] C. K. Barrett, „The First Epistle to the Corinthians", „Harper's New Testament Commentaries" (Peabody, 1987), 372; F. W. Grosheide, „Commentary on the First Epistle to the Corinthians", „The New International Commentary on the New Testament" (Grand Rapids, 1953), 385.

Paulus beschreibt den Auferstehungsleib im Gegensatz zum natürlichen Leib als herrlich, kraftvoll, geistlich, unverweslich und unsterblich (1 Ko 15,43.44.53). Es wird ein Leib sein, der frei ist von den durch die Sünde verursachten Schwachheiten, Neigungen und von der Sündhaftigkeit selbst.

Dieser Leib wird ein Gehirn besitzen, das so arbeitet, wie es Gott schöpfungsmäßig vorgesehen hatte – ohne die Einschränkungen, die dem „natürlichen Leib" anhaften. Die Verherrlichung wird daher eine Fülle an Erkenntnis zur Folge haben. In 1. Korinther 13,12 zeigt Paulus den Gegensatz zwischen der bruchstückhaften Erkenntnis, die wir in diesem Leben besitzen, und der vollkommenen Erkenntnis im zukünftigen Leben: „Jetzt schauen wir in einen Spiegel und sehen nur rätselhafte Umrisse, dann aber schauen wir von Angesicht zu Angesicht. Jetzt erkenne ich unvollkommen, dann werde ich durch und durch erkennen." (EÜ).

Nach der Auferstehung werden unser Geist und unser Körper im vollen Sinn des Wortes willens und fähig sein. Anstatt daß sie, wie John Wesley sagte, „Hemmschuhe" für unser geistliches Leben sind, werden unsere Auferstehungsleiber „gehorsame und taugliche Instrumente der Seele sein ... Wenn wir zur Auferstehung des Lebens gelangt sind, werden unsere Leiber vom Geist erfüllt, gereinigt und von ihrer irdischen Beschmutzung, ihrer Dumpfheit und Schwere befreit sein; dann werden sie geeignete Instrumente der Seele für ihre himmlische Berufung sein."[1]

Es ist eine der großen Wahrheiten der Heiligen Schrift, daß wir, wenn Christus wiederkommt, „ihm gleich sein" werden (1 Jo 3,2). „Wie eine Braut soll seine Gemeinde sein: schön und makellos, ohne jeden Fehler, weil sie allein Christus gehören soll." (Eph 5,27 Hfa).

Aber bei Jesu Wiederkunft wird noch eine weitere Veränderung stattfinden, die im Zusammenhang mit der Vollkommenheit steht: Das Böse wird unwiederbringlich vernichtet werden, das heißt, den mit Sünden und Versuchungen verseuchten Lebensraum unserer irdischen Existenz wird es nicht mehr geben.

---

[1]   J. Wesley, „Works", 7/482f.

Gottes Volk darf sich auf eine Welt freuen, in der es keinen Versucher mehr geben wird (Offb 20,10) und in der „Gerechtigkeit wohnt" (2 Pt 3,13).

Am Ende dieses Zeitalters wird es also Menschen geben, die charakterlich vollkommen sind. Bei Christi Wiederkunft werden dann vollkommene Leiber und ein vollkommener Lebensraum dazukommen. Diese Menschen werden kein Verlangen mehr nach der Sünde verspüren, denn sie wissen, was es heißt, in einer sündigen Welt zu leben. Die Auflehnung gegen Gott wird für immer ein Ende haben.

Die Gläubigen waren weder bei ihrem Tode sündlos im vollen Sinn des Wortes, noch werden sie es im Augenblick der Wiederkunft Christi sein. Weil aber ihre Herzen und Sinne gerecht geworden sind, können sie ohne Risiko errettet werden.

Werden solchen „vollkommenen" Menschen „geistliche Leiber" verliehen, womit die Sündhaftigkeit überwunden wird, und werden sie dazu in eine vollkommene Umwelt versetzt, wird sich keiner von ihnen das Elend der Sünde zurückwünschen. Von nun an können sie von sich sagen, daß sie sündlos sind. Sie sind aber immer noch nicht im letzten Sinne vollkommen.

Wann ist die wahre Vollkommenheit erreicht?

Die gute Nachricht der Bibel lautet: Selbst die Erlösten werden niemals absolut vollkommen sein. Uneingeschränkte, absolute Vollkommenheit ist ein Attribut Gottes, dem geschaffene Wesen nur annähernd entsprechen können, ohne es jemals zu erreichen – auch nicht während der unendlichen Zeiträume der Ewigkeit.

Das Leben im Reich Gottes wird für uns Menschen keineswegs trocken und langweilig sein, sondern immer neue Möglichkeiten zum Wachstum in der Erkenntnis, der Liebe und im Dienen bereithalten.

Vollkommenheit nach der Bibel vergleicht man am besten mit einer endlosen Linie und nicht mit einem Punkt. „Auch der vollkommenste Christ kann ständig in der Erkenntnis und der Liebe zu Gott wachsen und zunehmen." „Es sollte unsere Lebensaufgabe sein", schrieb Ellen White, „ständig nach der Vollkommenheit eines christlichen Charakters zu streben, immer danach zu trachten, mit dem Willen Gottes übereinzustimmen. Die Bemühungen, die schon hier begonnen haben, werden sich in der Ewigkeit fortsetzen."[1]

Mildred Wynkoop war der gleichen Meinung, als sie schrieb: „Vollkommenheit ist kein statisches ‚Haben', sondern ein dynamisches ‚Werden'. Liebe ist nicht in dem Sinne ‚vollkommen', daß man ihren Scheitelpunkt erreicht hätte, sondern in ihrer Eigenschaft als ein dynamisches Verhältnis, das einem unendlichen Wachstum unterworfen ist."[2]

Weil Vollkommenheit ein dynamischer Prozeß ist, der in Ewigkeit nicht abgeschlossen sein wird, erweist es sich sehr bald, daß der pharisäische Weg zur Vollkommenheit in den Bankrott führt. Die Schwäche der pharisäischen Definition der Sünde ist es ja, sie als einzelnen Akt oder als eine Reihe von Akten zu betrachten. Dadurch ist es ihr nicht möglich, die vorwärtsstrebende, alles umfassende Realität einer Haltung gegenüber Gott, den anderen Geschöpfen und dem Universum zu erfassen, die sowohl die Motivationen und innersten Empfindungen wie die äußeren Handlungen berührt.

Die pharisäische Definition greift mit ihrer Atomisierung zu niedrig, um der Größe und Bedeutung der Veränderungen gerecht zu werden, die Christus für die Seinen erstrebt. Der einzige Vorteil der pharisäischen Definition von Sünde als einzelner Handlung besteht darin, daß sie es einem Menschen leichter macht, dem zu entsprechen, was er selber als Vollkommenheit versteht. Solche Vollkommenheit ist allerdings weit von dem entfernt, was Christus in der neuen Theologie seiner Bergpredigt verkündigt hat.

Ein zweites und gleichermaßen ernstes Problem, das sich aus der pharisäischen Definition der Sünde ergibt, ist ihre Negativität – eine Negativität, die sehnsüchtig nach dem Zeitpunkt Ausschau hält, an dem das Ziel erreicht ist und man sich endgültig zur Ruhe setzen kann. Das Neue Testament definiert Gerechtigkeit, Heiligung und Vollkommenheit als etwas, das Menschen tatsächlich tun, und nicht

---

[1] E. G. White, „Testimonies for the Church", 1/340; ders., in „Review and Herald", 20.9.1881, 193.
[2] M. B. Wynkoop, „Theology of Love", 66.

als etwas, das sie zu unterlassen haben. Das heißt: Biblische Vollkommenheit ist etwas Positives und nicht etwas Negatives.

„Vollkommene" Christen befassen sich weniger mit dem, womit sie oder andere endlich aufhören können, sondern finden immer neue Wege, auf denen sie Gott und den Mitmenschen ihre Liebe erweisen können.

Das Problem der negativen, pharisäischen Vollkommenheit besteht paradoxerweise darin, daß ihre Ziele nicht hoch genug gesteckt sind. Es kommt nämlich einmal der Zeitpunkt, an dem man endgültig aufhören wird, all die bösen Dinge zu tun, die man vermeiden sollte. Ende! Es gibt jedoch kein Ende für Taten der Liebe. Das Universum bietet „Raum" und Möglichkeiten zuhauf. Darum ist die biblische Definition der Liebe in die positiven Begriffe einer sich verströmenden Liebe gefaßt.

Für solche Liebe besteht die Möglichkeit eines unaufhörlichen Wachstums und einer nie zu Ende gehenden Entwicklung. Darum konnte Ellen White schreiben, daß es „in unserem künftigen Stand ... das Dienen sein wird, das uns die größte Freude bereiten und das höchste Erziehungsziel sein wird, das sich finden läßt".[1]

Vincent Taylor schrieb: „Noch wird jemals in der Liebe ein Grad der Vollkommenheit erreicht, der nicht mehr zu überbieten wäre. Gott ist Liebe, und Liebe ist so unendlich wie das Wesen Gottes. Daraus folgt, daß das Ideal einer ‚vollkommenen Liebe' *immer erreicht wird und auch immer erreichbar ist. Sie gehört sowohl in dieses wie auch in das zukünftige Leben, sie ist hier und auch dort, in der anderen Welt, sie ist in diesem Augenblick und wird immer da sein."*[2]

Es ist die große Tragödie der Pharisäer alter und neuer Prägung, daß sie ihre Ziele zu niedrig ansetzen. Deshalb haben sie alle mit Kritik überhäuft, die ihre Definitionen von Sünde und Vollkommenheit nicht akzeptieren können.

Einen der prägnantesten Angriffe auf die pharisäische Gerechtigkeit unternahm Jesus in der Bergpredigt, als er seinen Hörern zurief:

---

[1]   E. G. White, „Education", 309.

[2]   V. Taylor, a. a. O., 179 – Hervorhebung hinzugefügt.

„Wenn eure Gerechtigkeit nicht besser ist als die der Schriftgelehrten und Pharisäer, so werdet ihr nicht in das Himmelreich kommen." (Mt 5,20) Und eine der wunderbarsten Verheißungen, die es in der ganzen Bibel gibt, lautet, daß Christus „alle endgültig retten wird, die durch ihn zu Gott kommen" (Hbr 7,25 Hfa).